本书由江苏师范大学哲学社会科学优秀学术著作出版基金资助。

江苏师范大学哲学社会科学文库

高校精品课程传播共享研究

王娟 著

中国社会科学出版社

图书在版编目（CIP）数据

高校精品课程传播共享研究/王娟著. —北京：中国社会科学
出版社，2015.12
ISBN 978 – 7 – 5161 – 7371 – 8

Ⅰ.①高…　Ⅱ.①王…　Ⅲ.①高等学校—课程—教学—研究
Ⅳ.①G642.3

中国版本图书馆 CIP 数据核字(2015)第 313159 号

出 版 人	赵剑英
责任编辑	卢小生
特约编辑	李舒亚
责任校对	周晓东
责任印制	王　超

出　　　版	中国社会科学出版社
社　　　址	北京鼓楼西大街甲 158 号
邮　　　编	100720
网　　　址	http://www.csspw.cn
发 行 部	010 – 84083685
门 市 部	010 – 84029450
经　　　销	新华书店及其他书店

印刷装订	北京君升印刷有限公司
版　　　次	2015 年 12 月第 1 版
印　　　次	2015 年 12 月第 1 次印刷

开　　　本	710 × 1000　1/16
印　　　张	21.5
插　　　页	2
字　　　数	364 千字
定　　　价	80.00 元

凡购买中国社会科学出版社图书，如有质量问题请与本社营销中心联系调换
电话：010 – 84083683

在创新语境中努力引领先锋学术
（总序）

任　平[*]

2013 年江苏师范大学文库即将问世，校社科处的同志建议以原序为基础略作修改，我欣然同意。文库虽三年，但她作为江苏师大学术的创新之声，已名播于世。任何真正的创新学术都是时代精神的精华、文明的活的灵魂。大学是传承文明、创新思想、引领社会的文化先锋，江苏师大更肩负着培育大批"学高身正"的师德精英的重责，因此，植根于逾两千年悠久历史的两汉文化沃土，在全球化思想撞击、文明对话的语境中，与科学发展的创新时代同行，我们的人文学科应当是高端的，我们的学者应当是优秀的，我们的学术视阈应当是先锋的，我们的研究成果应当是创新的。作为这一切综合结果的文化表达，本文库每年择精品力作数种而成集出版，更应当具有独特的学术风格和高雅的学术品位，有用理论穿透时代、思想表达人生的大境界和大情怀。

我真诚地希望本文库能够成为江苏师大底蕴深厚、学养深沉的人文传统的学术象征。江苏师大是苏北大地上第一所本科大学，文理兼容，犹文见长。学校 1956 年创始于江苏无锡，1958 年迁址徐州，1959 年招收本科生，为苏北大地最高学府。20 世纪 60 年代初，全国高校布局调整，敬爱的周恩来总理指示："徐州地区地域辽阔，要有大学。"学校不仅因此得以保留，而且以此为强大的精神动力得到迅速发展。在 50 多年办学历史上，学校人才辈出，群星灿烂，先后涌现出著名的汉语言学家廖序东教

*　任平，江苏师范大学校长。

授，著名诗人、中国现代文学研究专家吴奔星教授，戏剧家、中国古代文学史家王进珊教授，中国古代文学研究专家吴汝煜教授，教育家刘百川教授，心理学家张焕庭教授，历史学家臧云浦教授等一批国内外知名人文学者。50 多年来，全校师生秉承先辈们创立的"崇德厚学、励志敏行"的校训，发扬"厚重笃实，艰苦创业"的校园精神，经过不懈努力，江苏师大成为省重点建设的高水平大学。2012 年，经过教育部批准，学校更名并开启了江苏师范大学的新征程。作为全国首批硕士学位授予单位、全国首批有资格接收外国留学生的高校，目前有 87 个本科专业，覆盖十大学科门类。有 26 个一级学科硕士点和 150 多个二级学科硕士点，并具有教育、体育、对外汉语、翻译等 5 个专业学位授予权和以同等学力申请硕士学位授予权，以优异建设水平通过江苏省博士学位立项建设单位验收。学校拥有一期 4 个省优势学科和 9 个重点学科。语言研究所、淮海发展研究院、汉文化研究院等成为省人文社会科学重点研究基地；以文化创意为特色的省级大学科技园通过省级验收并积极申报国家大学科技园；包括国家社科基金重大、重点项目在内的一批国家级项目数量大幅度增长，获得教育部和江苏省哲学社会科学优秀成果一等奖多项。拥有院士、长江学者、千人计划、杰出青年基金获得者等一批高端人才。现有在校研究生近 3000 人，普通全日制本科生 26000 余人。学校与美国、英国、日本、韩国、澳大利亚、俄罗斯、白俄罗斯、乌兹别克斯坦等国的 20 余所高校建立了校际友好合作关系，以举办国际课程实验班和互认学分等方式开展中外合作办学，接收 17 个国家和地区的留学生来校学习。学校在美国、澳大利亚建立了两个孔子学院。半个世纪以来，学校已向社会输送了十万余名毕业生，一大批做出突出成就的江苏师范大学校友活跃在政治、经济、文化、科技、教育等各个领域。今日江苏师大呈现人文学科、社会学科交相辉映，基础研究、文化产业双向繁荣的良好格局。扎根于这一文化沃土，本着推出理论精品、塑造学术品牌的精神，文库将在多层次、多向度上集中表现和反映学校的人文精神与学术成就，展示师大学者风采。本文库的宗旨之一：既是我校学者研究成果自然表达的平台，更是读者理解我校学科和学术状况的一个重要窗口。

努力与时代同行、穿透时代问题、表征时代情感、成为时代精神的精华，是本文库选编的基本努力方向。大学不仅需要文化传承，更需要创新学术，用心灵感悟现实，用思想击中时代。任何思想都应当成为时代的思想，任何学术都应当寻找自己时代的出场语境。我们的时代是全球资本、科技、经济和文化激烈竞争的时代，是我国大力实施科学发展、创新发展、走向中国新现代化的时代，更是中华民族走向伟大复兴、推动更加公正、生态和安全的全球秩序建立和完善的时代。从以工业资本为主导走向以知识资本为主导，新旧全球化时代历史图景的大转换需要我们去深度描述和理论反思；在全球化背景下，中国遭遇时空倒错，前现代、现代和后现代共时出场，因而中国现代性命运既不同于欧美和本土"五四"时期的经典现代性，也不同于后现代，甚至不同于吉登斯、贝克和哈贝马斯所说的西方（反思）的新现代性，而是中国新现代性。在这一阶段，中国模式的新阶段新特征就不同于"华盛顿共识"、"欧洲共识"甚至"圣地亚哥共识"，而是以科学发展、创新发展、生态发展、和谐发展、和平发展为主要特征的新发展道路。深度阐释这一道路、这一模式的世界意义，需要整个世界学界共同努力，当然，需要本土大学的学者的加倍努力。中国正站在历史的大转折点上，向前追溯，五千年中国史、百余年近现代史、六十余年共和国史和三十余年改革开放史的无数经验教训需要再总结、再反思；深析社会，多元利益、差异社会、种种矛盾需要我们去科学把握；未来展望，有众多前景和蓝图需要我们有选择地绘就。历史、当代、未来将多维地展开我们的研究思绪、批判地反思各种问题，建设性地提出若干创新理论和方案，文库无疑应当成为当代人的文化智库、未来人的精神家园。

我也希望：文库在全球文明对话、思想撞击的开放语境中努力成为创新学术的平台。开放的中国不仅让物象的世界走进中国、物象的中国走向世界，而且也以"海纳百川、有容乃大"的宽阔胸襟让文化的世界走进中国，让中国精神走向世界。今天，在新全球化时代，在新科技革命和知识经济强力推动下，全球核心竞争领域已经逐步从物质生产力的角逐渐次转向文化力的比拼。民族的文化精神与核心价值从竞争的边缘走向中心。发现、培育和完善一个民族、一个国家、一个地区的优秀的思想观念、文化精神和价值体系，成为各个民族、国家和地区自立、自强、自为于世界民族之林的重要路径和精神保障。文化力是一种软实力，更是一种持久影响世界的力量或权力（power）。本文库弘扬的中国汉代精神与文化，就是培育、弘扬这种有深厚民族文化底蕴、对世界有巨大穿透力和影响力的本土文化。

新全球化具有"全球结构的本土化"（glaocalization）效应。就全球来看，发展模式、道路始终与一种精神文化内在关联。昨天的发展模式必然在今天展现出它的文化价值维度，而今天的文化价值体系必然成为明天的发展模式。因此，发展模式的博弈和比拼，说到底就必然包含着价值取向的对话和思想的撞击。20 世纪 90 年代以来，世界上出现了三种发展模式，分别发生在拉美国家、俄罗斯与中国，具体的道路均不相同，结果也大不一样。以新自由主义为理论基础的"华盛顿共识"是新自由主义价值观支撑下的发展模式，它给拉美和俄罗斯的改革带来了严重后果，替代性发展价值观层出不穷。2008 年爆发的全球金融危机更证明了这一模式的破产。1998 年 4 月，在智利首都圣地亚哥举行的美洲国家首脑会议，明确提出了以"圣地亚哥共识"替代"华盛顿共识"的主张。但是，"拉美社会主义"至今依然还没有把南美洲从"拉美陷阱"中完全拔出。从欧洲社会民主主义价值理论出发的"欧洲价值观"，在强调经济增长的同时，倡导人权、环保、社会保障和公平分配；但是，这一价值并没有成为抵御全球金融危机的有效"防火墙"。改革开放以来，中国是世界上经济增长最快的国家。因此，约瑟夫·斯蒂格利茨指出，中国经济发展形成"中国模式"，堪称很好的经济学教材。[①] 美国高盛公司高级顾问、清华大学兼职教授乔舒亚·库珀·拉莫（Joshua Cooper Ramo）在 2004 年 5 月发表的论文中，把中国改革开放的经验概括为"北京共识"。通过这种发展模式，人们看到了中国崛起的力量源泉。[②] 不管后金融危机时代作为"G2"之一的中国如何，人们不可否认"中国经验"实质上就是中国作为一个发展中国家在新全球化背景下实现现代化的一种战略选择，它必然包含着中华民族自主的社会主义核心价值——和合发展的共同体主义。而它的文化脉络和源泉，就是"中国精神"这一理想境界和精神价值，与努力创造自己风范的汉文化精神有着不解之缘。文库陆续推出的相关著作，将在认真挖掘中华民族文化精神、与世界各种文化对话中努力秉持一种影响全球的文化力，为中国文化走向世界增添一个窗口。

文库也是扶持青年学者成长的阶梯。出版专著是一个青年人文学者学术思想出场的主要方式之一，也是他学问人生的主要符码。学者与著作，

---

① 《香港商报》2003 年 9 月 18 日。
② 《参考消息》2004 年 6 月 10 日。

不仅是作者与作品、思想与文本的关系，而且是有机互动、相互造就的关系。学者不是天生的，都有一个学术思想成长的过程。而在成长过程中，都得到过来自许许多多资助出版作品机构的支持、鼓励、帮助甚至提携和推崇，"一举成名天下知"。大学培育自己的青年理论团队，打造学术创新平台，需要有这样一种文库。从我的学术人生经历可以体会：每个青年深铭于心、没齿难忘的，肯定是当年那些敢于提携后学、热荐新人，出版作为一个稚嫩学子无名小辈处女作的著作的出版社和文库；慧眼识才，资助出版奠定青年学者一生学术路向的成名作，以及具有前沿学术眼光、发表能够影响甚至引领学界学术发展的创新之作。我相信，文库应当热情地帮助那些读书种子破土发芽，细心地呵护他们苗壮成长，极力地推崇他们长成参天大树。文库不断发力助威，在他们的学问人生中，成为学术成长的人梯，学人贴心的圣坛，学者心中的精神家园。

是为序。

2011 年 2 月 28 日原序
2013 年 11 月 5 日修改

序

　　精品课程的建设与发展研究是新世纪以来通过优质教育资源、先进教育理念的共享以促进教育公平、提升教育质量的重要举措，彰显了在高等教育信息化、大众化、全球化背景下，通过优质资源供给形成中国特色高等教育内涵式发展道路的新追求。美国、澳大利亚、加拿大等教育信息化走在世界前列的国家都将开放课程作为技术变革教育的发展战略，国内围绕开放课程的研究与实践也在如火如荼地开展。

　　王娟曾于 2012 年 1 月至 2013 年 1 月在华东师范大学访学，时逢我团队正在开展高教社精品资源共享课规范的研制，我将国内精品课程及其形态变迁、未来发展趋势和她进行了分享、交流和探讨，这为她后续的研究埋下了"种子"。时隔三年，她在开放课程研究中找到了自己的研究方向，当初撒下的种子有了收获的"果实"——正是手边这本《高校精品课程传播共享研究》书稿。

　　作为国内第一本从信息传播视野系统探讨高校精品课程建设、应用及可持续发展的学术专著，全书凝聚了王娟博士的智慧结晶，体现了其对技术变革教育的深刻认识。王娟的学习能力、坚持的毅力、合作精神给我留下了深刻印象，在这三年里，我也见证了一名教育技术领域年轻学者的成长过程。

　　王娟的博士论文《高校精品课程传播共享研究》获得了江苏师范大学哲学社会科学优秀学术著作出版基金的支持，将在中国社会科学出版社出版，本书的出版是王娟在科研上的一次成功展示，对此我感到十分欣慰。

　　21 世纪多学科相互交叉、相互渗透的趋势越来越明显。本书首次运用信息传播理论，探讨高校精品课程建设、应用、可持续发展的独到之处及其价值所在，这将为学界开展精品课程研究提供可资借鉴的案例。因此，厘清精品课程、精品资源共享课、视频公开课这几个概念之间的关系，全面揭示精品课程的"真实面貌"，阐明其传播共享的影响因素，实现其可持续发展，成为本书研究工作的主要内容。

　　本书的体系架构、深度剖析和案例研究，为读者勾勒出精品课程传播共享理论与实践的"全貌"。当然，精品课程的形态已发生变化，作为一种在线教育形式，我认为精品课程可以从形态变迁、创新扩散、生态发展和产业融合等层面去认识和追求。本书目前主要触及前两个层面。

　　三年的博士学习时间很短，我期望王娟将博士论文研究作为学术研究的起点。目前，她已发表了一系列关于精品课程、精品资源共享课、视频公开课的学术研究论文，正在形成自己的研究特色。我相信她以后会做得更好，也期待着她产生新的研究成果。

　　希望这本书能给广大教育研究者与实践者带来启示，让更多的人了解精品课程，从事开放课程研究，推进在线教育的深入发展。我想这既是作者撰写本书的初衷，也是我以及每一个关心教育事业的人的最大愿望。

　　是为序。

2015 年 2 月 8 日

目　录

前　　言

通过优质教育资源共享促进教育公平，提升教育质量已逐渐成为众多高等教育机构战略变革的重要举措。精品课程建设是解决高等教育大众化背景下教学资源紧缺的最佳方案；精品课程研究是国家中长期发展规划（2010—2020 年）提出的促进优质教育资源普及与共享的重要课题。"十二五"期间，教育部将组织高校建设 1000 门精品视频公开课和 5000 门精品资源共享课。作为国家精品课程建设项目的延续和拓展，如何使既有的精品课程继续发挥作用，如何借鉴精品课程建设的经验教训建设新课程，促进精品课程的可持续发展，是迫切需要关注和解决的焦点问题。

一　内容与结构

本书关注精品课程传播共享现状、影响因素及发展策略；采用文献研究法、内容分析法、问卷调查法、访谈法、比较研究法、因子分析法和案例分析法等研究方法。研究的整体思路是：首先，对精品课程传播共享的现状进行调研，分析国内精品课程与国外开放课程传播共享的差别；其次，重点分析精品课程传播共享的影响因素，挖掘主要因子；再次，根据主要因子构建精品课程传播共享的策略模型；最后，将策略方案应用到精品课程转型升级上，通过实证方式验证策略的有效性和可行性。本书主要包括五部分内容：

第一部分是理论阐释。本书界定了精品课程、传播及共享等相关术语，阐述了精品课程与精品资源共享课的关联；同时基于信息传播理论，以创新扩散理论、混合学习理论及认知负荷理论为指导，这些理论是研究开展和实践的基础，为研究提供了整体思维框架、研究方向和方法策略。

第二部分是调查研究。调研学习者对精品课程的认识了解、精品课程的使用现状、使用影响因素及未来发展；调研对象为东北、华东、中南、华北、西北、西南六大地域的高校学生及精品课程评审专家、主持教师、制作人员、普通教师和管理人员。本书同时展开精品课程与国外开放课程传播共享的比较。研究发现：精品课程受到学习者的普遍欢迎，精品课程对师生的工作学习具有较大帮助，精品课程的使用频率不高、传播共享效果不理想；精品课程建设需系统规划，需优化课程结构及教学设计；精品课程与国外开放课程在教师授课风格、课程设计及宣传推广上存在差异。

第三部分是归因分析。通过因子分析、研究发现，传播者因子影响精品课程的传播共享，由课程主持教师的影响力、课程所属学校的知名度等决定；受众因子影响精品课程的传播共享，由个人学习习惯、动力兴趣、计算机技术能力及知识结构等决定；传播内容因子决定精品课程的传播共享，由课程内容吸引力、课程内容教学设计及课程网站页面设计等决定；传播环境因子影响精品课程的传播共享，由课程网站平台多样、课程网站的宣传推广、政策机制及共享机制等决定；反馈因子影响精品课程的传播共享，由互动交流、学程监控等决定；传播渠道因子影响精品课程的传播共享，应扩大精品课程的宣传推广。

第四部分是策略研究。借鉴信息扩散原理，构建了精品课程传播共享的策略模型，体现为以传播者"顶层设计、区域协调、高校本位、教师组织"为动力的规划策略；以传播内容"实用性、标准化、可获取性、可理解性"为核心的设计策略；以传播渠道"大众传播与人际传播融合"为基础的推广策略；以传播环境"软硬件环境营造"为保障的支持策略；以受众"需求获得满足"为关键的目的策略。

第五部分是案例研究。以精品课程转型升级为精品资源共享课开展个案研究，以验证精品课程传播共享策略的可行性和有效性。研究提出了精品资源共享课建设的规范和理念，并对个案的课程结构、教学设计、资源组织及平台进行了整体规划，体现为导航、内容模块、知识点、学习活动、视频、师生交互及学习支持等层面的设计与实现。

二 学术价值和特色

教育技术的本质是创新。精品课程研究能为各学科的课程建设提供理念、方式和方法上的示范，促进不同学科之间的交流和共享，适应 21 世纪多学科相互交叉、相互渗透的趋势。本书的价值和特色如下：

研究价值高。精品课程研究是"促进优质资源普及共享"的重要举措，是国家中长期发展规划（2010—2020 年）提出的促进优质教育资源普及共享的重要课题。作为精品课程的继承和发展，如何使既有课程继续发挥作用，如何建设新课程，以逐步解决高校间优质资源共享与有效应用的"瓶颈"问题，已成为当下研究的热点和焦点问题。

　　研究视角新。本书首次将信息传播理论应用到精品课程研究中，探讨精品课程的建设与发展，将为精品课程的可持续发展注入新的元素；同时也为学界进行更深入、系统的开放课程理论与实践研究提供一个可资借鉴的案例。这种交叉融合的研究趋势，有利于尝试运用新的思维模式与方法探讨精品课程研究中存在的问题。

　　著作数量少。目前关于精品课程的著作较少，既有相关书籍多数是"精品课程规划教材"；对精品课程进行全面、系统的研究不多，尚无著作系统地探讨精品课程的建设、应用及可持续发展，且理论研究明显滞后于建设实践，理论研究成果亟待完善。

　　本书在组织过程中注意精品课程、视频公开课、精品资源共享课等资料的收集，研究得出的精品课程传播共享影响因素及构建的策略方案可为优质教育资源建议及开放课程的可持续发展提供借鉴和参考。

第一章　导论

21 世纪以来，高等教育逐渐呈现信息化、大众化、全球化趋势。通过优质教育资源、教育理念的共享促进教育公平，提升教育质量已成为众多高等教育机构战略变革的重要举措。2010 年 7 月颁布的《国家中长期教育改革和发展规划纲要（2010—2020 年）》明确指出："要加强优质教育资源开发与应用……建立开放灵活的教育资源公共服务平台，促进优质教育资源普及与共享。"南国农教授提出，我国教育信息化发展新阶段的三大核心任务，即实现教育公平、提高教育质量和推进教育创新[①]，加强优质教育资源开发与应用是新阶段的新使命。国家精品课程建设项目是解决高等教育大众化背景下教学资源相对紧缺的最佳方案，旨在实现优质教育资源的广泛共享，全面提升高等学校教学质量，缩小地域间的数字鸿沟，实现教育公平。

第一节　选题背景

一　国外开放教育运动产生的深远影响

2001 年，美国麻省理工学院在全球率先启动开放课件项目（MIT OCW），通过互联网向全球免费开放从本科至研究生的全部课程（约 1800 门），从此拉开了国际开放教育资源（OER）运动的序幕。MIT OCW 的成功实施在全世界范围内引起巨大反响，在 MIT OCW 的示范和推动下，其理念导向、运作模式和应用情况为诸多组织所关注、认同和仿效，世界各国多数高等院校纷纷投入开放式课程运动中来。[②] 2005 年由 MIT 牵头、

---

① 南国农：《我国教育信息化发展的新阶段、新使命》，《电化教育研究》2011 年第 12 期。
② 王龙、丁兴富：《麻省理工学院开放课件运动评述》，《中国远程教育》2006 年第 8 期。

全世界 100 多家领先的教育机构组成了 OCW（Open Course Ware）联盟；越南胡志明市富布莱特商学院也发起自己的开放课件项目（FTEPOCW）；日本东京大学、早稻田大学、大阪大学等六所高校成立了开放课程联盟，将六所大学的课程资料公开在网上；法国巴黎工程技术大学等 11 所高校发起的巴黎高科 OCW（Paris Tech OCW）项目，资源涵盖了几乎所有的学科；开放课件项目的翻译和本土化先后在欧洲的国际大学联盟（主要是西班牙语和葡萄牙语）、中国大陆开放教育资源共享协会、中国台湾的开放式课程原始码计划等机构展开。

2006 年，开放课件联盟门户网站正式发布，为世界各地的机构组织和个人提供"使用、共享、支持"等多方面的管理协调服务，共同推动开放教育资源的研究与发展。① 至 2008 年，世界上已有几十个国家的100 多所大学在没有任何资金支持的情况下，将自己的课程内容免费共享给上百万用户。② 至 2011 年，继麻省理工学院之后，哈佛大学、耶鲁大学、约翰霍普金斯大学等 200 多所大学或机构发布和推出了超过 20 个语言环境下 14000 多门开放课程。③ 2003 年，中国开放教育资源协会（China Open Resources for Education，CORE）成立，以促进国际教育资源共享为目标，致力于引进国外优质开放资源和促进本土精品开放资源的国际化。

二　精品课程资源广泛共享的诉求

2003 年，中国教育部陆续下发《教育部关于启动高等学校教学质量与教学改革工程精品课程建设工作的通知》（教高［2003］1 号）、《国家精品课程建设工作实施办法》（教高［2003］3 号）等一系列文件，正式启动国家精品课程建设项目。2012 年 3 月，教育部发布《教育信息化十年发展规划（2011—2020）》指出，数字化教育资源共建共享的有效机制尚未形成，优质教育资源匮乏，并明确提出优质数字教育资源建设与共享行动，各级部门应建立以网络资源为核心的交互资源与公共服务体系。精品课程建设的最终目的是实现优质教育资源的广泛共享，全面提升高等学

---

① OCW Consortium, http：//www. ocwconsortium. org/index. html，2013 年 3 月 9 日。

② Tom Caswell, Shelley Hensen, Martion Jensen, and David Wiley, Educational Resources：Enabling Universal Education, Intennational Review of Researchon open and Distance Learning. www. irrodlorg/index. php/irrodl/aticle/469/1001，2008 年 4 月 1 日。

③ China Open Resources for Education, http：//ww. core. org. cn，2012 年 5 月 30 日。

校教学质量。目前精品课程建设取得巨大的成绩，但其推广和使用效果并不理想；绝大多数课程的知晓率和访问率低，课程使用仍限于局部范围，没有超越校际间的樊篱，课程重复建设现象严重，优质教学资源没有得到充分的共享和应用，这些问题严重困扰精品课程的可持续发展。

为进一步深化本科教育教学改革，提高本科教育教学质量，提升人才培养水平，教育部决定在"十二五"期间实施"国家精品开放课程"建设项目。[①] 精品开放课程是国家精品课程建设项目的继承和发展，如何使既有的精品课程继续发挥作用，如何建设新课程，通过互联网实现大范围的优质教学资源共享，逐步解决困扰高校间优质资源共享与有效应用的"瓶颈"问题，扩大资源传播范围、提高传播效果，使各高校通过精品课程将自身优势学科课程的教学内容对外开放，接受社会评鉴，促进不同学科间的知识交流、互相学习和相互借鉴，以提高高等学校教学质量和人才培养质量，已成为当下我国教育领域研究的热点问题。[②] 目前，教育部对精品开放课程项目提供了政策支持、资金支持和技术支持，高等院校积极响应，全社会大力支持，广大学习者诉求推动，这些势必加快我国精品课程可持续发展进程。

三 信息时代传播范式的迁移

以数字化、网络化、智能化和多媒体化为特征的信息化的出现和信息泛化，极大地冲击了教育传播原有规则和运作方式，打破了信息单向传播的特点。教育传播强调信息传播的互动性、参与性和接收的多元化、个性化，形成了数字化的传播环境，为自主学习、互动式学习、探索性学习、个性化学习及移动学习提供了前所未有的条件和可能。教育传播范式开始从"以教为中心"向"以学为中心"转变，从"传统媒体技术"向"数字化媒体技术"转变。教育传播范围的扩大，使得借助计算机网络提供的知识共享和跨时空交流便利，计算机和网络媒体比传统媒体在情境创造和互动功能上更加具有优势，信息的发送者和接收者很容易借助虚拟情境开展交流，并进行同步和异步的双向交流。信息化环境中，学习者能够更加主动参与，学习过程拥有丰富的资源和技术支持，凸显了信息时代的主

---

① 《教育部、财政部关于"十二五"期间实施"高等学校本科教学质量与教学改革工程"的意见》（教高［2011］6号）。

② 李彦敏、周跃良：《基于开放课程构建校际协作学习新模式》，《中国电化教育》2012年第4期。

动性。①

作为新的教育资源，国家精品课程利用率低，丰富的教育资源陷入"信息孤岛"困境；而消除"信息孤岛"需要创设数字化学习情境，要做到针对学习者的多元、多向、混合的复杂传播模式。在观念上要与信息时代相适应，增强不同教学单位，系统之间的交流和互动；在主观上打破信息孤岛，改变信息传播范围狭窄（各高校各自为政、重复建设、兼容性差、缺乏沟通，服务面向不同）、传播信道受阻（网络连通性）、传播内容杂乱（信息巨大，无从定位）、传播者获取信息能力受限（信息素养不高）等问题，充分发挥信息化教育环境下学习个性化、自主化、开放化特点，赋予学习者更大的发展空间，及时反馈交流，最终实现资源共享，优化传播过程，提高传播效果。

四　传播理论自身发展的需要

（一）传播理论引入精品课程研究的必要性

教育技术学是一门交叉学科，目前国内对教育技术学科的定位主要有三种观点：定位于教育、定位于技术以及教育与技术的双重定位。② 教育技术是用来"辅导"、用来"探究"、用作"工具"和用来"交流通信"的，教育技术所具有的潜力应该取决于"如何应用"，而不是技术功能本身。一般来说，考察技术在教育中的基本作用有传媒观、工具观和环境观三种观点。传媒观是教育技术的经典思想，它是将教学过程看作是信息传递过程。③ 即教育技术可以看作是"用于探究、交流、建构、表达的媒体"。本书借助技术应用于教育的传媒观，将传播理论应用到精品课程中，对精品课程展开多层面、多角度的研究，力求精品课程的高实用性和可用性，为精品课程研究提供新的思维模式与方法。

教育技术学是运用相关学科理论与技术，促进学习者学习和工作绩效提高的一门学科，是多学科交叉的边缘学科。传播学理论、学习科学理论和系统科学理论构成了教育技术学的理论基础。④ 信息时代，传播是信

①　胡钦太：《信息时代的教育传播——范式迁移与理论透析》，科学出版社2009年版。

②　李龙：《论我国教育技术的定位》，《中国电化教育》2001年第1期。

③　祝智庭、顾小清主编：《教学样式优化学生学习的策略》，沈书生、刘强等译，华东师范大学出版社2008年版。

④　王运武：《基于协同理论的数字校园建设的协同机制研究》，博士学位论文，北京师范大学，2011年。

息、物质与能量一起构成世界的三大要素的运动形式；简言之，"传播"＝"信息"的运动；"信息"＝"传播的材料"。① 当下，教育技术学研究呈现出研究视角多元化、研究内容丰富化、研究方法多样化特征。因此，运用教育技术学基础理论的传播理论去研究其实践领域的精品课程，是教育技术工作者应该关注的研究领域。

自 20 世纪中叶，香农、施拉姆、贝罗等传播学大师构建起各种传播模式，对教育技术的冲击巨大，并从此奠定了传播学在教育技术领域的地位。然而传播学和教育技术学研究缺乏互动和合作，传播理论没有十分紧密地与教育技术学理论结合，尤其是 AECT94 定义的出现，使得传播学的研究时新时弱，还曾出现过断层现象。此外，对学科界定的划分未凸显传播学的地位，导致相关研究缺乏系统性和深入性，没有体现传播学作为教育技术基础理论的地位。② 传播研究缺乏理论创新，对部分新问题关注不够；再加上基础理论研究及传播史学研究的缺失，致使传播学与教育技术学没有很好的契合点而"失宠"了。③ 因此，借助传播理论研究精品课程，厘清信息时代精品课程传播活动的内在动力与外在影响，将为精品课程研究提供新的视角。

（二）传播理论引入精品课程研究的可行性

2003 年国家精品课程建设项目实施以来，历时八年，规模和数量不断扩大，但应用效果不理想，存在着建设模式、资源共享、服务面向、评估体系等问题。"十二五"期间，教育部重点展开精品开放课程的建设。作为精品课程的延伸和拓展，如何实现从课程资源建设到建设和应用并重的转变，促进优质教育资源的普及共享，面临较多困惑。目前，对精品课程的研究主要是围绕精品课程建设的理论和技术两方面展开，但理论研究明显滞后于建设实践，对精品课程进行全面、系统的研究不多，理论研究成果有待完善。

21 世纪多学科相互交叉、相互渗透的趋势越来越明显。从传播学视角对精品课程进行专题研究，将为精品课程的建设、发展和完善注入新的

---

① 张国良：《传播学原理》，复旦大学出版社 2009 年版。

② Surry, Daniel W., Diffusion Theory and Instructional Technology, http：//www.gsu.edu/~wwwitr/docs/diffusion/, 2011 年 11 月 20 日。

③ 刘晓斌：《创新推广理论——教育技术学与传播学的新结合点》，《现代教育技术》2003 年第 2 期。

元素，也为学界进行更深入、系统的理论与实践研究提供可资借鉴的案例。[①] 这种交叉融合的研究趋势，有利于尝试运用新的思维模式与方法探讨精品课程建设与实践中存在的问题。众所周知，教育技术的本质是创新，是运用现代信息技术和理念实现信息化教育，作为深化教育改革的突破点和制高点已经与全面推进素质教育、创新性人才培养、促进终身教育体系的建立等重大问题密切相关。精品课程研究能为各学科课程建设提供理念、方式和方法上的示范，促进不同学科之间的交流和共享，对教育技术学专业的发展及人才培养具有重要意义。

第二节　问题提出

国家精品课程的传播共享效果不理想，和国外开放课程，尤其是 MIT OCW 相比差距较大。研究精品课程的传播共享，有利于实现资源的均衡配置、缩小地域数字鸿沟，促进教育公平。因此，如何促进大范围的优质教学资源共享，提高高等学校教学质量已成为当下需要迫切解决的问题。目前，已有的精品课程研究多为宏观建设经验的总结或具体课程的个案研究，对精品课程传播共享影响因素及策略研究不多，从理论层面与实践层面共同探讨精品课程的研究不多。

精品课程通过网络传播信息，本质上是一种教育传播活动，即师生利用网络平台进行信息资源的传递与接收，凸显了网络传播特性。[②] 本书将精品课程传播共享看作是置身于信息空间、信息环境中的一种教学信息传递过程。通过对精品课程传播过程的分析，探寻运行的内在机理，以提高精品课程的质量。本书基于信息传播理论，首先，对精品课程传播共享的现状进行调研；其次，探究主要影响因素，并以此为依据构建精品课程传播共享的策略模型；最后，将策略方案应用到精品课程的转型升级上，期望通过实践检验策略方案的有效性和可行性，为"十二五"期间精品资源共享课的建设与传播共享提供指导和建议。

---

① 杨豫晖：《数学教师教学决策研究——基于小学高年级教师个案研究》，博士学位论文，西南大学，2009 年。

② 刘斌等：《传播学视角下移动学习探究——基于要素分析的移动学习过程模型构建与解析》，《现代教育技术》2009 年第 6 期。

本书的问题界定为：探究精品课程传播共享的影响因素，构建对策方案，以有效促进精品课程的传播共享，实现精品课程的可持续发展。因此，可以将上述问题分为以下几个子问题：（1）什么是精品课程？精品课程和精品资源共享课有何区别？（2）精品课程的传播共享现状如何？（3）哪些因素影响了精品课程的传播共享？哪些是最重要的影响因素？（4）如何提高精品课程的传播共享，有何策略？提出的策略如何指导精品课程转型升级为精品资源共享课？（5）如何优化精品课程的结构设计和教学设计，提高课程的传播共享效果？

第三节　研究现状

一　开放教育资源研究

对开放教育资源的研究主要围绕开放课程、开放课件和开放教育资源展开。笔者检索了 2001—2013 年的相关文献，检索时间 2013 年 1 月 19 日，以"开放课件"为关键词在中国知网 CNKI 中检索到 21 条记录，以"开放课程"为关键词检索到 5000 多条记录，以"开放教育资源"为关键词共检索到 2000 多条记录。另以"Open Educational Resources"为关键词在 Elsevier SD 外文期刊库中检索到 1225 篇文献，以"开放教育资源"为关键词在中国知网 CNKI 中检索到 7 篇博士学位论文和 109 篇硕士学位论文。通过对检索到的文献进行提出和归类、阅读与分析，将开放教育资源的研究概括为以下几个方面。

（一）开放课件的研究

1. 内涵研究

OCW（Open Cousewere，OCW）直译为开放课件或开放式课件，有学者将其译为开放课程或开放式课程。[1] 开放课件的"开放"是开放教育资源运动的核心理念，其内涵沿袭了开源软件的诸多要素。S. Downes 认为，"开放"的概念包含"对资源的消费者或用户免费"，但"开放"不是无限制的。[2] Li Yuan 认为，开放性最重要的是可以自由获取资源及在使用

---

① 丁兴富、王龙：《麻省理工学院开放课件运动述评》，《中国电化教育》2004 年第 10 期。

② Downes, S., Models for Sustainable Open Educational Resources, *Interdisciplinary Journal of Knowledge and Learning Objects*, No. 3, 2007.

资源时尽量减少约束（包括技术、法律和价格方面的障碍）。[1] I. Tuomi 在给 OECD 的一份报告中从技术、社会和资源三个领域对"开放性"进行了更深层的分析，将开放性分为不同的级别。[2] 约翰·丹尼尔（John Daniel）等提出了开放的4A定义：可访问（accessible）、适用（appropriate）、可信任（accredited）及付得起（affordable）。[3]

对 OCW 普遍定义为：在遵守知识共享许可协议的前提下，通过网络向社会免费开放的某门学科的教学内容及实施的教学活动总和的数字化教育资源。包括课程的教师信息、课程一般描述、教学大纲、课程日历、讲授笔记或类似内容，教学录像、考试试卷、问题解答、学习指南、范例或模拟演示学习工具、超文本电子书、参考资料等类型的资源。

2. 评价研究

MIT 计划用十年时间在国际互联网上开放全部课程资料，为世界各地学生提供免费、便捷的全球开放式教育资源获取渠道，实现教育的"国际接轨"，满足学生对共享资源的强烈需求，培养学生自主性的学习能力。MIT OCW 十分注重对资源使用的评价与反馈来保障自身的动态性、科学性与前沿性。将评估整合进项目目标和过程目标中，并安排专职的评估专家整理收集数据，采用多种工具获取数据以分析网站的访问情况。[4]

MIT OCW 评价是一个包括评价目的、评价逻辑模型、评价方法、评价报告及评价咨询委员会的完整的、连续性评价。[5] 王龙等认为，MIT 项目非常成功，并总结了其取得成功经验的 11 个方面。[6] 丁兴富等从开放课件运动的背景、原因、目标、资源特点、建设模式和开发管理流程、应

① Li Yuan, S. M. W. K., Open Educational Resources—Opportunities and Challenges for Higher Education, JISC CETIS, 2008.

② Tuomi, I., Open Educational Resources：What they are and why do they Matter, OECD, 2006.

③ John Daniel et al., Elearning and Free Open Source Software：the Key to Global Mass Higher Education, http：//www. col. org/speeches/JD_ 0601eLearningKualaLumpur. htm, 2006 年 8 月 30 日。

④ 马红亮、Li Yuan、Stephen Powell、傅钢善：《引入国外开放课程构建网络学习新模式》，《电化教育研究》2011 年第 9 期。

⑤ OCW site get over 13 million hits, Http：//web. mit. du/news offices/tt/2002/oct09/ocw - final. html, 2013 年 3 月 9 日。

⑥ 王龙、王娟：《麻省理工学院开放课件项目经验评述》，《开放教育研究》2005 年第 8 期。

用、发布及评价等方面对 MIT 项目进行了述评。[①] 汤益芳从 MIT 的教学理念，即开放和共享的教育思想、结构化的网络课程材料设计、以交流为原则的反馈和更新等对 MIT 项目进行评析。[②]

3. 对我国精品课程建设的启示

我国的精品课程虽然在数量上可以与 MIT OCW 媲美，但在国际影响力、知名度、应用范围、课件网络技术、使用效率、评估反馈机制、开放共享程度等方面与之相比还存在一定的差距。[③] 谭凤认为，精品课程建设应拓展"开放共享"理念，推进课程建设的国际化步伐，扩大世界影响；应寻找专业网络技术公司作为合作伙伴，促进课程教师与网络专职人员分工合作；同时采用 MIT OCW 的创作共享协议，做好知识产权的授权、审查工作，严格课程网络发布出版程序。[④] 王琳等认为，应建立精品课程质量监控和评估反馈体系，加强评估结果的研究和分析，注重评估的国际合作。[⑤] 李海花等认为，应组成全国甚至全球范围内高等教育联盟以革新教育，打破远程学习与传统课堂学习的界限，让网络技术与远程交流为课堂教学服务。[⑥]

（二）开放课程研究

国内外大部分研究将开放课件等同于开放课程，两者区别不大，只是在课程呈现的内容上略有差异。[⑦] 本书认为，课件是针对教学内容的软件，一般不包括教学计划，课程的概念更能体现 OCW 的内涵。[⑧] 目前，对开放课程的研究聚焦在课程推进实践模式及存在问题两个方面。

1. 实践模式的研究

贾义敏认为，精品课程的实践模式有三种：独立开发实施的开放课

---

① 丁兴富、王龙：《麻省理工学院开放课件运动述评》，《中国电化教育》2004 年第 10 期。

② 汤益芳：《麻省理工学院网络课件开放工程评析》，《中小学电教》2005 年第 2 期。

③ 唐燕儿、刘召山：《MIT OCW 项目和国家精品课程建设理念与运行机制比较》，《现代远程教育研究》2011 年第 3 期。

④ 谭凤：《MIT OCW 的成功之道对我国精品课程建设的启示》，《比较教育研究》2008 年第 2 期。

⑤ 王琳、栾开政、张会杰：《MIT 开放课程的评价及对我国精品课程建设的启示》，《现代远距离教育》2007 年第 5 期。

⑥ 李海花、周元春：《美国麻省理工学院网络课件开放工程的启示》，《中国远程教育》2003 年第 5 期。

⑦ 贾义敏：《国际高等教育开放课程的现状、问题与趋势》，《现在远距离教育》2008 年第 1 期。

⑧ 王龙、丁兴富：《开放课件运动的国际拓展》，《中国远程教育》2006 年第 8 期。

程；成立开放课程协作体或联盟，共建共享开放课程；翻译已发布的开放课程资源，并进行教学应用。① 其中独立开发实施开放课程模式，以 MIT OCW、中国国家精品课程、英国开放大学的开放学习（Open Learn）项目为代表；其特点为独立开发课程，免费向社会开放。开放课程协作联盟主要分布在日本、法国、越南等国家，大学间或国家范围内成立开放课程协作联盟。如日本 6 所大学成立的开放课程同盟②，巴黎高科 OCW 项目（Paris Tech OCW）③，翻译开放课程，实现 OCW 运动扩展与资源的应用，如国际大学联盟、中国开放教育资源共享协会等机构。④

2. 存在问题的研究

实现课程开放共享的可持续发展，需要解决资金、版权、技术、质量等问题，这是一个长期过程。第一，目前开放课程的网站建设多利用 XML 和 Access 数据库在 ASP、JSP、JAVA 等环境下开发，平台多样，如何建立兼容良好的技术平台、降低技术操作难度是开放课程得以推进的技术问题。第二，如何不断得到资金支持，是开放课程可持续发展的主要问题。第三，知识产权保护问题一直是最敏感、最有争议的话题。第四，如何建立开放课程的质量保证体系，拓展开放课程的广度和深度，促进其可持续发展是需要深入解决的难题。第五，评价问题日渐凸显，目前对开放课程的评价多是自我评价，反思评价少，部分评价涉及项目影响及应用，如《OCW 评价结果报告》（2004—2006）、《北京市 AAIU 评估报告》（2005）。⑤

（三）开放教育资源的研究

在世界诸多高校、教育部门、相关机构的参与下，在有关基金会和公司的支持下，开放课程资源种类越来越多，内容越来越丰富，使用范围不断扩大，影响力不断增强。⑥ 目前，开放教育资源由最初的开放课件发展

① 贾义敏：《国际高等教育开放课程的现状、问题与趋势》，《现代远距离教育》2008 年第 1 期。

② History of OCW（MIT& JOCW）. http：//www. jocw. jp/OCWHistory. htm，2007 年 3 月 10 日。

③ Paris Tech Graduate School. http：//graduate－school. paristech. org/，2007 年 10 月 14 日。

④ Mit open courseware evaluation report，http：//ocw. mit. edu/ans7870/global/05_ Prog_ Eval_ Report_ Final. pdf/，2009 年 8 月 25 日。

⑤ 贾义敏：《国际高等教育开放课程的现状、问题与趋势》，《现代远距离教育》2008 年第 1 期。

⑥ 赵国栋、姜中皎：《高校开放教育资源建设模式与发展趋势》，《北京大学教育评论》2009 年第 7 期。

到包含开放教育内容、开放协议、开放平台、软件等在内的多种类型的教育资源（Hylén，2007），逐步形成课程类、视频类、素材类、百科全书类等不同的资源类型①；由资源建设转向应用，由理念推广转向资源质量、资源有效应用方式的探究及开放教育资源的可持续发展。②

此外，开放教育资源研究领域逐渐扩大，参与者和影响面由原来的高等院校推广至基础教育、开放教育乃至企业培训等诸多领域（Hafner，2010）；由最初英美发达国家扩大至印度、越南、非洲等广大发展中国家和地区，如印度国家知识委员会发起的知识本土化举措，印度理工学院的开放教育 Ekalavya 项目，开源的教育资源动画仓库（奥斯卡）提供动画网上互动教学等。③ 另外，围绕开放教育资源的创新项目及实践模式逐渐涌现，如支持开放教育资源建设和发布的内容管理系统（OCWCMF），资源汉化翻译的 CORE 模式（高质量的本土化、教师加义工）、OOPS 模式（义工、低成本、网络协作）等。④

活跃在 OER 实践的机构有三类：一是以麻省理工学院开放课件项目为代表的 OCW 项目组，中国精品课程建设项目的各有关普通高等院校（含网络教育机构），英国开放大学、中国中央广播电视大学等远程教育机构，Open Cnexions 等开放课件项目组，日本、韩国、巴黎等国家的开放课件联盟等协作体机构。二是注重组织管理、研究评价的推动机构，如世界开放课件联盟（OCWC）、联合国教科文组织（UNESCO）、世界经济合作与发展组织（OECD）、国际开放与远程教育理事会（ICDE）、中国开放教育资源共享协会（CORE）、开放共享协议组织（CC）等。三是提供资金或技术支持的相关机构，如休利特基金会（the William and Flora Hewlett Foundation）、微软公司等。⑤ 具体如表 1－1 所示。

---

① 王龙：《开放教育资源可持续发展能力建设的再思考——美国犹他州立大学开放课件项目关闭的警示》，《现代远程教育研究》2010 年第 1 期。

② 焦建利、贾义敏：《国际开放教育资源典型案例：一个研究计划》，《现代教育技术》2011 年第 1 期。

③ M. S. Vijay Kumar, Open Educational Resources in India's national development, Open Learning, No. 2, 2009, pp. 77 - 84.

④ 王龙：《中国高等教育精品课程资源共建共享的现状、问题、对策与相关分析》，硕士学位论文，首都师范大学，2006 年。

⑤ 王龙：《回顾与展望：开放教育资源的七年之痒》，《开放教育研究》2009 年第 4 期。

表 1 - 1　　　　　　　　　　开放教育资源发展情况

开放教育资源 类型	教育内容	课程类
	开放协议	视频类
	开放平台	素材类
	开源软件	百科全书类
开放教育资源 研究领域	高等院校	英美发达国家
	基础教育	
	开放教育	印度、越南、非洲等
	企业培训	广大发展中国家
开放教育资源 研究机构	远程教育机构	组织管理、研究评价的推动机构
	开放课件联盟 协作体机构	提供资金或技术支持的相关机构

近年来，开放教育资源研究已成为高等教育领域有关人员共同关注的主题。研究主要集中在美国、日本、英国、法国、荷兰、越南等 26 个国家和地区开展的各种形式的教育资源开放共享的实践。[①] 涌现出内容丰富、种类多样的 OER 项目，比如，MIT OCW、英国开放教育资源项目（UKOER）、英国开放大学（OU）的开放学习项目、印第安纳大学与麻省理工学院等协同开发的开源课程管理系统 Sakai、卡耐基梅隆大学（CMU）的开放学习项目（OLI）、赖斯大学 Connexions 项目、中国的国家精品课程项目等。因此，围绕这些项目的个案研究、应用现状及问题研究也逐渐成为众多学者关注的热点，对开放教育资源的研究可以概括如下：

1. 内涵的研究

与开放教育资源相关的术语有"Open content"、"Open course"等。目前 OER 常见的定义多源于联合国教科文组织 UNESCO，休利特基金会和经济合作与发展组织（OECD）三个机构，由于这些研究报告的权威性，这些定义都被广泛应用。

2002 年 7 月，联合国教科文组织（UNESCO）在巴黎召开题为"开放课件对发展中国家高等教育的影响"的论坛，来自 10 个发展中国家的

① 赵国栋、姜中皎：《高校开放教育资源建设模式与发展趋势》，《北京大学教育评论》2009 年第 7 期。

高等教育届代表、MIT 与北美院校代表以及国际非政府组织代表讨论了开放课件的意义、发展前景及面临的问题，并首次提出"开放教育资源"（Open Educational Resources，OER）这一术语。论坛定义为：在基于非商业用途的前提下，通过信息通信技术，将教育资源提供人们自由地参考、使用和修改。[1] 之后的多次国际性论坛，OER 的范围和内涵得到了进一步发展。

2004 年在 UNESCO 专题讨论中，提出的 OER 包括：（1）学习资源，包括课件、内容模块、学习对象、学习者支持和评估工具、在线学习社区等；（2）支持教师的资源，包括为教师创建、修改和使用 OER 所提供的工具和辅助素材、对教师的培训素材以及其他教学工具；（3）确保教育和教育实践质量的资源。[2]

2005 年 UNESCO 在 OER 论坛上，提出的 OER 包括：（1）创建开源软件和开发工具；（2）创建和提供开放课程内容；（3）开发标准和许可协议工具。[3]

2006 年 UNESCO 关于 OER 论坛的总结报告为 OER 给出的定义为：OER 是指基于网络的数字化素材，人们在教育、学习和研究中可以自由、开放地使用和重用这些素材。[4]

2007 年休利特基金会在发表的《OER 开放教育资源运动回顾》（Atkins et al.，2007）中对 OER 定义为：开放教育资源是教、学和研究的资源，存放于公共区域，或者经知识产权许可发布后，允许这些资源由他人自由使用或作他用。2007 年经济合作与发展组织（OECD）的报告对 OER 的定义最全面：向广大教育者、学生、自学者免费、开放提供，供他们在教学、学习和研究中使用、再应用的数字化材料。[5]

祝智庭教授从"开放"、"教育"和"资源"三个方面解读了 OER 的

---

[1] Unesco Forum on the Impact of Open Courseware for Higher Education in Developing Countries, Final Report, UNESCO IIEP, 2002.

[2] Johnstone, S., Open Educational Resources and Open Content, UNESCO International Institute for Educational Planning, Internet Discussion Forum on Open Educational Resources, 2004.

[3] Albright, P., Final Forum Report, UNESCO International Institute for Educational Planning, Internet Discussion Forum on Open Educational Resources, 2005.

[4] Joyce, A., OECD Study of OER: Forum Report, UNESCO International Institute for Educational Planning, Internet Discussion Forum on Open Educational Resources, Findings from an OECD Study, 2006.

[5] OECD, Giving Knowledge for Free: The Emergence of Open Educational Resources, 2007.

内涵。"开放"指资源可以自由获取、使用和重用，而不受（或尽量少受）社会、经济、法律的约束，人们在使用资源的同时，也对资源作出贡献，使资源的整体价值增值；"教育"包括：资源的内容是与教育相关的，如课件、学习对象、教学工具等；资源的使用者是与教育密切相关的教师、学生、自学者；资源的目的是用于教育和教育实践。"资源"指开放教育资源不仅包括课程、课程组件、开放存取期刊和参考书等内容资源，还包括学习/内容管理软件、内容开发工具以及发布数字资源的标准和许可协议等。[①]

任友群教授在《大学的开源何以可能》一文中总结出开放教育资源具有成本最低、容易获取、共建共享、权限约束等特点。[②]

开放教育资源是教育与当代信息技术在理念层次和实践层次上相互影响、相互渗透、相互促进中产生的，其核心是开放共享。[③] 广义的开放教育资源泛指在遵守知识共享许可协议的前提下，向社会免费开放的以教育应用为主要目的的资源总和；狭义的指，"通过信息通信技术为全社会提供开放共享的教育资源，供特定用户非商业用途的咨询、改编、应用、再传播"的教育资源。[④]

目前，被广泛采用的开放教育资源概念是"为满足教育者、学生和自学者教学、学习和研究的使用和再使用的需要而免费和公开提供的电子资源"。[⑤] 开放课程、开放课件及开放教育资源的最大区别是除了提供免费的学习资源外，还包括一定程度的教学支持、学习活动的组织和管理以及获取学分的可能。[⑥]

2. 对存在问题及对策的研究

开放教育资源运动历经十年发展，技术支持、经费、政策导向、版权

---

① 祝智庭、余平：《OER 典型项目的剖析研究》，《电化教育研究》2009 年第 10 期。

② 任友群：《大学的开源何以可能》，《中国教育信息化》2009 年第 13 期。

③ 蔡春燕：《开放教育资源模式及运行情况比较研究——以 MIT OCW 与北京市精品课程网上资源为例》，硕士学位论文，厦门大学，2006 年。

④ UNESCO, Forum on Open Educational Resources for higher Education, http：//www. unesco. org/iiep/virtualuniversity/forumsfiche. php? queryforumspages - id ＝23，2006 年 11 月 20 日。

⑤ 马红亮、Li Yuan、Stephen Powell、傅钢善：《引入国外开放课程构建网络学习新模式》，《电化教育研究》2011 年第 9 期。

⑥ 王龙、王娟：《麻省理工学院开放课件项目经验评述》，《开放教育研究》2005 年第 8 期。

等问题已经显现，这些问题逐渐成为广大学者关注和探讨的焦点。① 资金问题是决定资源质量好坏所要面临的首要问题。国外 OER 项目的经费组成主要由威廉和弗洛拉·休利特基金会、安德鲁·梅隆基金会、Google 与 Seagate 等 IT 公司及来自社会的个人捐助构成。但如何不断筹集到资金，让所有参与开放共享的人都能得到经济补偿，是开放教育资源可持续发展面临的一个挑战。如何让政府在开放教育资源上增加财政资助或纳入政府预算，或在政策上予以推动，是保障经费有效的办法。②

目前，部分开放教育资源仅停留在展示课程阶段，后续的教学服务缺乏，师生之间交流困难，资源利用率差。如何解决开放教育资源运动中出现的问题，实现开放教育资源的可持续发展需要世界各方面力量。提高资源的可获取性是开放教育资源可持续发展的重要保证，应加大知识产权保护，加大语言翻译工作的力度，建设资源发布标准规范，探索可共享推广的技术模式，实现政府和社会公益提供经费保障。

在"2008 开放教育国际会议"上，"用户需求"较以往引发了更多关注，日本东京大学的 Hideki Mima 谈及资源搜索体系建设时着重从用户需求的角度做了阐述；美国国际互联网档案馆的 Steward Cheifet 为用户开发了一个专用的搜索软件。③ 由于教育资源建设的多地域性、技术平台的广泛性，使得资源的全球共享难度系数较大，应成立资源标准化的工作组织，遵循统一的规格和协议。如以学习者为中心的质量保证（Surry 大学英语学院的实践）、学习系统的质量保证（Nielsen，2007）等。

3. 共享机制的研究

当下，开放教育资源的研究热点逐渐转向开放标准、开放协议和开源软件，世界许多大学纷纷投身于教育开发软件的编程开发中，现在国外最为著名和成熟的开源代码软件是 Sakai、Moodle，运用范围最广的是 Moodle 课程管理系统。国外开放教育资源的很多项目都采取了多种技术方法，以提升资源的适用性和重用性。在技术运作上，Sapient、Microsoft、Aka-

---

① EDITORIAL, Open Educational Resources: Reviewing Initiatives and Issues, Open Learning, 2009（2），pp. 3 - 10.
② 翁朱华：《开放教育资源：实现全民教育的有效手段——2007 国际开放与远程教育理事会常设校长会议综述》，《开放教育研究》2007 年第 8 期。
③ 刘莉：《开放教育资源运动：焦点与轨迹——2008 开放教育国际会议的几点启示》，《中国远程教育》2008 年第 6 期。

mai 等公司为国外 OER 项目提供内容设计、咨询服务、平台搭建、建立镜像等服务，具有统一的技术平台、专业的技术支持及统一的结构外观，只是内容有所不同。常见的有：

（1）分布式网络结构，通过建立镜像站点和翻译等工作，扩大资源的获取范围，提升资源的获取速度，如 MIT OCW。

（2）采用学习对象技术，小粒度、模块化资源组织方式，方便资源的重组和重用。

（3）提供多种媒体格式乃至适用于多种不同终端的资源，以满足用户的不同需求，如 Connexions 提供了多种格式的资源导出方案，可以导出 PDF、ZIP 文件，还可以将资源导出至智能手机、PDA 等手持终端，便于移动浏览和移动学习。[①]

（4）采用标签、关键词检索等多种资源标注方式，以扩大用户知晓和获取信息的机会，如 CMU OLI 项目。

（5）OER 项目对知识的版权要求高，基本都采用了开放的协议与标准。如 Connexions、MIT OCW、P2PU 等采用了《CC 协议》；OER Commons 则采用了《知识共享许可协议》、《GNU 自由文档许可协议》、《惯例许可协议》，学习者可以自行选择共享方式。MIT OCW 获得资源发布授权及教师在课程中引用第三方资源所有者的授权，教师既可以保留对课程资源的所有权，也可以选择同意或者拒绝对 MIT OCW 的授权，MIT OCW 对不能取得授权的内容考虑用其他内容替换。

（6）OER 项目提供资源的更新信息，支持 SCORM、IMS 等教育技术标准，注重元数据应用，采用开源内容管理平台，内容的制作与发布/出版后，提供配套的服务，支持用户查找资源和使用资源。[②]

4. 共享模式研究

据 MIT OCW 2005 年报告，开放教育资源项目价值的体现是为用户增加价值，教师使用 MIT OCW 的目的是设计或开发一门课程、准备讲授一堂课、扩展自身知识、改进教学方法；除了辅助教学之外，OER 项目还能满足自学者促进个人发展的需求。目前的共享模式多样，根据合作层次划分为学历教育和非学历教育；根据合作内容划分为课程合作（共享课

---

① 吉喆、焦丽珍：《连通开放教育资源——赖斯大学 Connexions 项目评析》，《现代教育技术》2011 年第 2 期。

② 祝智庭、余平：《OER 典型项目的剖析研究》，《电化教育研究》2009 年第 10 期。

程）、专业合作（共享专业）、项目合作及人员合作等形式。① 此外，开放虚拟学习社区为志趣相近的人提供了沟通和共同进步的平台；开放课件使不同大学的师生可以分享教学资源，跨越了地域的限制，这些共享模式都不可避免地影响着教育教学。

5. 共享效果的研究

国外 OER 项目的共享应用主要体现在获取情况（知晓度、网站流量及获取满意度）、应用情况（应用范围、动机、方式及结果）及影响力（社会、学校、师生）三方面。② 从应用范围看，国外 OER 项目不仅本校师生普遍使用，在世界范围内应用也极为广泛，课程平均访问量较高，技术支持好，重视流量和外部反馈，知晓度较高，运行效果好，课程影响力强。

国外 OER 项目提供的免费开放教育资源促进了跨国界的合作与高等教育的质量提升，促进了教师、学生与院校之间的联系，对教育公平化、民主化有着重要的意义，为终身学习提供了必要的组织框架。③ 开放教育资源对发展中国家学习和借鉴发达国家先进的文化理念，缩小知识鸿沟，形成国际化的教育观念和人才培养标准，解决教育系统经费匮乏及教师人才结构性短缺等问题都具有极高的价值和意义。④ 如荷兰 Nederland 开放大学的 OER 实验，南亚地区的虚拟大学联盟（VUSSC）等。⑤

国外 OER 项目赋予学习者自主学习权利，形成注重参与、试错、交互、建构、兴趣驱动的教学或学习模式，便于沟通学习者的非正规学习和正规学习。⑥ 开放教育资源使得大学开放性加强，大学间得以借鉴、参考、改编、利用外部包括外校的教育资源⑦；如由某一地区、国家或国际

① 黄传慧：《开放教育资源整合与共享探索——主要模式、机制与形式探析》，《开放教育研究》2010 年第 2 期。

② 蔡春燕：《开放教育资源模式及运行情况比较研究》，硕士学位论文，厦门大学，2007 年。

③ 克里斯托弗·K. 纳普尔、阿瑟·J. 克罗普利：《高等教育与终身学习》，华东师范大学出版社 2003 年版，第 22 页。

④ Robert Schuwer and Fred Mulder, Open ER, a Dutch Initiative in Open Educational Resources, *Open Learning*, 2009 (2), pp. 67－76.

⑤ 李亚婉：《世界开放教育资源运动与中国开放大学建设》，《现代远距离教育》2011 年第 2 期。

⑥ 弗莱德·穆德：《利用开放教育资源推进终身学习》，《开放教育研究》2007 年第 8 期。

⑦ 亚克·德洛尔：《教育财富蕴藏其中》（国际 21 世纪教育委员会向联合国教科文组织提交的报告），北京教育科学出版社 1996 年版，第 106 页。

间多个院校或组织建立某种形式协作组织，在协作体内开展资源的共建共享。① 开放教育资源运动使得高校师生应具备良好的信息技术应用能力及英语能力②，如越南的胡志明市经贸大学将 OCW 翻译成越南语后运用到教学中、泰国的朱拉大学将 OCW 翻译成泰语后在全世界范围推广。

6. 评价机制的研究

国外 OER 项目注重对资源使用的评价与反馈来保障其自身的动态性、科学性与前沿性，将评估整合融入项目和过程中，并安排专职评估专家整理收集数据，采用了多种工具获取数据以分析网站的访问情况。③ 学习者只要登录网站页面，便可免费享受所有发布到网上的课程。评价以学生为主，MIT OCW 的评价机制较成熟和完善，评价主要包括项目评价和过程评价两部分。项目评价确定目标实施程度，建立持续的反馈过程，提高项目运行的内部效率。过程评价包括组织、沟通推广、决策、发布流程、技术规划等环节，为每个模块建立了良好的反馈机制，有助于提高和保证执行效率。④ MIT OCW 制定了详细的评价指标，每年都会根据评价指标体系对 OCW 的课程应用进行评估报告，以此来推进 MIT OCW 课程的改进和完善。⑤ 此外，多数 OER 项目采用了同行评审、管理员审核、用户评价（星级评价和评语）、用户收藏或推荐等一种或多种评价方式。⑥

综上所述，目前对 OER 项目的研究主要涉及内涵、问题及对策、共享机制、共享模式、共享效果、评价机制的研究。通过对 OER 研究的深入剖析，便于了解和把握国际开放教育资源运动的发展动态，揭示其在设计、开发、实施、应用、评价等诸多环节的经验与不足，促进我国精品课程的建设与发展。

---

① 李莲、高园园、韩锡斌、程建钢：《开放教育资源潮涌全球》，《中国教育网络》2009 年第 5 期。

② 蔡春燕：《开放教育资源运动的"开放"理念》，《厦门教育学院学报》2007 年第 11 期。

③ OCW site get over 13 million hits, Http：//web. mit. du/news offices/tt/2002/oct09/ocw － final. html. 2013 － 01 － 03.

④ 唐燕儿、刘召山：《MIT OCW 项目和国家精品课程建设理念与运行机制比较》，《现代远程教育研究》2011 年第 3 期。

⑤ 黄德群、陈丽亚：《在线教与学多媒体教育资源 MERLOT 项目评析》，《现代教育技术》2011 年第 5 期。

⑥ 焦建利、贾义敏：《国际开放教育资源典型案例研究之反思与展望》，《现代教育技术》2011 年第 12 期。

二　国家精品课程研究

通过中国知网 CNKI 数据库对 2004—2013 年发表的精品课程相关文献进行检索（检索时间 2013 年 3 月 20 日），笔者以"精品课程"为主题共检索到 7055 篇期刊论文，218 篇硕士论文，2 篇博士论文；以"国家精品课程"为篇名，共检索到 288 篇期刊论文、63 篇硕士论文，文献分布如图 1－1 所示。

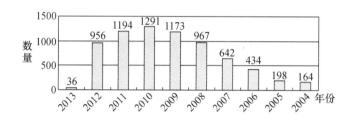

图 1－1　国家精品课程研究期刊载文分布

剔除年鉴及与研究内容相关度较小的论文，选择中国社会科学引文索引及核心期刊，选取了 652 篇文章作为分析对象，通过对这些论文按内容分析单元要求逐一筛选，可以看出文献可以归为两类：一类是教育部等政府部门颁发的有关政策文件和规范，有助于了解背景、实施要求和建设思路，这类文献不多，很多都是在研究过程中引用文件的内容；一类是有关精品课程建设项目、经验总结的文献，包括精品课程的概念内涵、建设内容、建设模式、评估、存在的问题及对策研究。文献梳理获知，对国家精品课程的研究总体上呈上升趋势，2010 年研究达到顶峰，从一定程度反映了国家政策执行情况。本书将精品课程研究划分为以下阶段：

（一）研究阶段分析

1. 初步探索阶段（2003—2007 年）：国家精品课程

2003 年，我国在高等教育领域大规模地开展了教育资源开放共享的实践，成立了"中国开放教育资源协会"，开展了"精品课程建设工程"，计划用五年时间建设 1500 门国家级精品课程，并带动和促进省级和校级精品课程建设工作，旨在利用现代化的教育信息技术手段将精品课程上网，并免费向社会开放，以实现优质教学资源共享，提高高校教学质量和人才培养质量。

2. 发展壮大阶段（2007—2010 年）：质量工程

2007 年，国家精品课程建设项目被列入"质量工程"，提出再建 3000 门课程新目标，同时兼顾专业类课程建设，开展网络教育、公安和军事院校的课程建设。"质量工程"对扩大优质教育资源受益面，形成重视教学、重视质量的良好环境和管理机制，实现高等教育规模、结构、质量和效益协调发展具有重要的意义。本轮"质量工程"于 2010 年结束，该阶段是精品课程发展的黄金时期。

3. 创新研究阶段（2011 年至今）：精品开放课程

面对国外公开课的助推，国内学习者的诉求，2011 年 6 月，教育部、财政部决定在"十二五"期间实行"国家精品开放课程"项目，未来五年将建设 1000 门精品视频公开课和 5000 门精品资源共享课。[①] 教育部不断出台相关政策文件，对精品开放课程的遴选情况、评审程序、建设要求、组织与实施、保障措施、上线要求等制定标准和规范。精品开放课程是精品课程的延伸和拓展，更强调基于网络的资源共享和服务功能。精品课程进入新的研究、发展阶段。

（二）内涵的研究

什么是精品课程？诸多专家和学者从不同层面、不同角度进行了阐释。

1. 从组成要素理解

2004 年，教育部副部长吴启迪将国家精品课程概括为："具有一流教师队伍、一流教学内容、一流教学方法、一流教材和一流教学管理的示范性课程。"[②] 即国家精品课程一般包括教学队伍、教学内容、教学条件、教学方法与手段、教学效果、课程特色六项。国家精品课程要形成一支高素质、高能力、高效益的教师梯队，教学内容要具有先进性、科学性，要使用先进教学方法和手段，实现优质教学资源共享，要实现立体化教材的建设，改革实验教学的形式和内容，要实现机制建设与创新。

---

① 《教育部财政部关于"十二五"期间实施"高等学校本科教学质量与教学改革工程"的意见》（教高〔2011〕6 号）。

② 吴启迪：《千门精品课程上网络，打造高教新质量》，《人民日报》（海外版）2004 年 2 月 24 日。

2. 从建设理念及特征理解

诸多专家认为，精品课程是"名牌课程"、"示范课程"、"有自己特色与风格"、"普遍受学生欢迎的课程"。2007年颁布的《国家精品课程评审指标（本科）》对精品课程作了界定："精品课程是具有特色和一流教学水平的优秀课程，体现现代教育思想，符合现代性、科学性、先进性和教育教学的普遍规律，集观念、师资、内容、技术、方法、制度于一身的整体建设；是具有鲜明特色，示范和辐射作用的优秀课程。"

3. 分解为"精品"与"课程"两个概念理解

郑家茂把"精品课程"划分为"精品"与"课程"两个关键词。他指出，"课程"是一个多重性的复杂概念，而"精品"的显著特征是超越平庸的，具有精华意义的高层次、高质量、高品位的物品。①

第一届高校教学名师奖获得者袁驷谈认为："精品是一种意识，精品是一种精神，精品是一种追求，精品是一种境界———一种精益求精的境界。精品课程要精在前瞻的创新，精在科学的远见。"

4. 从涵盖的内容理解

张胤认为，精品课程应体现四个主题词：国际化、综合化、系列化、层次化，即精品课程应与国际接轨，积极吸纳国际先进课程改革理念；课程的开发与实施是以"问题为中心"的综合活动。②

（三）建设内容研究

精品课程建设主要包括师资队伍、教学内容、教学方法手段、教材及教学管理的建设。

1. 关于师资队伍的研究

柳礼泉认为，应将精品课程建设和高校教师队伍建设有机结合，在建设中寻求打造高水平教师团队的有效途径，保证精品课程的可持续发展。③ 祝瑞玲认为，师资队伍建设是专业建设及影响精品课程建设的决定因素。④ 国家精品课程应由学术造诣高、教学经验丰富的名师主讲，通过

① 郑家茂：《"课程"与"精品的课程"："精品课程"解读》，《国家教育行政学院学报》2005年第5期。

② 张胤、郑家茂：《实施精品建设工程——优化课程教学资源》，《高等理科教育》2005年第6期。

③ 柳礼泉、陈宇翔：《精品课程建设与一流教师队伍培养》，《高等教育研究》2007年第3期。

④ 祝瑞玲、祝瑞花：《高职院校精品课程与师资队伍建设探索与实践》，《新疆职业大学学报》2012年第5期。

发挥名师的传、帮、带作用，逐步形成一支结构合理、教学水平高、教学效果好的教师梯队。

2. 关于教学内容的研究

教学内容建设是精品课程建设的核心要素。黄宝玉认为，精品课程的教学内容既要注重基础教育，又要重视专业教育；既要注重人文素养教育，又要重视科学精神教育；要注意加强各课程之间的联系，重视教学内容的优化整合，通过传授知识、培养能力与提高素质三结合，构建创新人才培养的课程框架。①

张玉柯认为，在教学内容改革上，应坚持贯彻"厚、宽、精、新"原则。即基本知识要宽广；基本理论要深厚；精简课时、精选课程、精练内容；鼓励学科交叉，开设新课程，把学科前沿的知识和创新意识传授给学生。② 张园等学者则对省级精品课程教学内容构建进行了研究，提出课程的设置、教材的选择及其遵守的相应原则。③

3. 关于教学方法和手段的研究

教学方法与手段建设是精品课程建设的关键和切入点。在教学方法改革中应充分体现以学生为主体的教学理念和思想，采用不同的教学方式和方法。柳礼泉结合精品课程建设的具体实践经验，提出了"五结合"教学法，应坚持以人为本，贴近实际、贴近生活、贴近学生。

4. 关于教材的研究

教材建设是精品课程建设的重要组成部分。在教材建设中倡导"精品"意识，即教材建设要考虑课程背景，要与课程定位相一致，思想要先进，体裁要合适，结构要合理，内容要适用，难易要适中，要符合专业特色。

周远清认为，精品教材应更多地采用立体化形式，吸收国外高水平大学同类教材成果，并与我国教学改革实践相结合。④ 2010 年以后，对精品

①　黄宝玉、项国雄：《国家精品课程建设现状分析及思考》，《中国高教研究》2007 年第 9 期。

②　张玉柯、梅玉明：《以质量为核心大力开展精品课程建设》，《中国大学教学》2004 年第 9 期。

③　张园等：《湖北〈大学体育〉省级精品课程教学内容构建研究》，《四川体育科学》2012 年第 4 期。

④　周远清：《精品课程教材建设是教学改革和教学创新的重大举措》，《中国高教研究》2003 年第 1 期。

课程教材的研究逐渐转向电子教材、数字技术。如精品课程中电子教材的设计与开发（刘小和，2012）、依托教材建设推进"数字电子技术"课程建设（江捷，2012）等。

5. 关于教学管理的研究

科学的教学管理是提高精品课程教学质量的重要保证，完善健全的教学管理制度是精品课程建设的基本保障。李菊英认为，精品课程的教学管理包括课堂教学的组织、实践教学的安排、学习成绩的评定等环节，还包括师资队伍的配备、课程建设过程、教学保证条件建设等。[1] 谭可久等学者提出了从开源 Claroline 软件构建网络教学管理平台的构想，他们认为，该平台可以解决静态精品课程网存在的诸多问题和缺陷。[2]

（四）建设模式研究

精品课程建设模式可分为：一是从共性的角度探讨适合任何一门精品课程的开发模式；二是从个性的角度，即针对某校某门精品课程建设的经验总结并提出适合该门课程的建设方案，这种研究往往带有很强的学科特色，对学科更具有指导意义。[3] 深入探讨建设模式，有助于对精品课程建设的宏观把握和规划。

柯和平认为，精品课程开发由两部分组成，一是课程的内涵建设，二是课程的技术加工。[4] 李彦敏等学者则从校际协作学习资源共享模式出发，探讨了具体精品课程的建设和改造方案，为精品资源共享课的建设提供了建议和思考。[5]

总之，目前精品课程的开发主要采用"建设—评审—资助"建设模式；资源开发主体分散在各个高校之中，课程开发模式千差万别，资源平台形式各异。[6]

---

① 李菊英：《教育资源对高校精品课程建设的支撑与推动作用》，《大学教育科学》2008 年第 3 期。

② 谭可久、韦晓川：《基于 Claroline 的精品课程网络教学管理平台的构建》，《软件导刊》2011 年第 9 期。

③ 郭立婷、宋彩萍：《关于精品课程建设的研究综述》，《太原大学学报》2007 年第 8 期。

④ 柯和平：《精品课程高效开发模式探索》，《电化教育研究》2008 年第 7 期。

⑤ 李彦敏、周跃良：《基于开放课程构建校际协作学习新模式——以国家精品课程"现代远程教育（MDE）"为例》，《中国电化教育》2012 年第 4 期。

⑥ 焦建利、贾义敏：《国际开放教育资源典型案例研究之反思与展望》，《现代教育技术》2011 年第 12 期。

（五）评价研究

1. 评审指标的研究

评审指标是衡量课程质量的尺度和标准，是精品课程建设的重要参考，也是评审专家组对上报课程进行评审的重要依据。精品课程建设伊始，其评审指标经多次修改，研究一直备受关注。

张秀梅通过分析网络教育类和本科类国家精品课程评审指标体系及"广播电视大学精品课程评审指标"存在的弊端，提出了精品资源共享课的建设与评选要加大"学生评教"的权重，弱化"教师队伍"的比重，合理分配指标的权重。[①]

王芳亮认为，应建立科学评价机制，制定切实可行的基于过程的动态评价体系，结合不同的院校层次和学科课程类型制定评价指标，评价方式要多样化，支持课程的动态管理，突出"精品"质量意识。[②]

2. 评价模式的研究

周超认为，国家精品课程的评价模式是在借鉴国外泰勒的"目标评价模式"、斯塔弗尔比姆的"CIPP 模式"和斯太克的"外观评价模式"等课程评价模式基础上，结合我国实际情况形成的一种综合性、多方位的评价模式，它涵盖了教学内容、课程建设、教学过程和教学效果四部分内容。[③] 但目前精品课程的评价主要集中在成果评价与背景评价，对实然层面项目实施以来产生的实际效果与现实影响鲜有论及。

3. 评价方式的研究

在精品课程评价方面，我国一直采用"评审 + 年度自检"评价方式，没有建立动态的评价体系，缺少对学习者自身的评价、同伴评价及过程性评价；部分课程的"指标体系"评估标准不当，评价等级缺乏解释。焦建利等认为，精品课程应加强对用户反馈和需求的调查，组织第三方独立评价机构，以学习者为中心，形成多元的评价主体和评价方式。[④]

---

① 张秀梅：《精品课程评审指标体系分析》，《中国电化教育》2012 年第 10 期。

② 王芳亮：《高校精品课程后续建设存在的问题及对策》，《现代教育科学》2011 年第 1 期。

③ 周超：《课程评价理论在国家精品课程中的应用研究》，硕士学位论文，西北大学，2007 年。

④ 焦建利、贾义敏：《国际开放教育资源典型案例研究之反思与展望》，《现代教育技术》2011 年第 12 期。

4. 评价方法的研究

目前的评价方法研究存在着定性，主观的缺点，缺乏运用定量和定性研究方法的综合性研究，缺乏中外开放课程的比较研究及精品课程宏观和微观评价策略层面的全面反思。① 周光明、梅家斌等学者提出将模糊数学的概念引入，对精品课程实施定性和定量相结合的模糊综合评判方法，将使评价更加科学、客观和公平。梅家斌将模糊综合评判方法分两步进行：首先在专家打分的基础上，利用层次分析法给出各因素权重，然后通过模糊综合评判法对评判对象给出综合评价。

（六）机制研究

为推动中国与国外高校、教育机构在开放教育资源共享运动中的联系沟通和紧密合作，IET 教育基金会牵头成立了中国开放式教育资源共享协会（CORE）。在本土化世界知名大学开放课程资源的同时，CORE 选择了国内的一些精品课程，将其翻译为英文开放课程，以促进世界范围内的教育资源交流和共享。CORE 与国际开放课件联盟（OCWC）、经济合作与发展组织（OECD）、教育通讯西方合作处（WCET）等机构建立了良好的合作关系。清华大学教育技术研究所借助"清华教育在线"（THEOL）网络教学资源库管理平台，积极倡导建立校级数字化教学资源中心，采用开发本校特色资源与共享国际开放教育资源相结合的思路，在近 200 所国内高校推进资源的共建与共享，取得了良好的效果。因此，精品课程机制的健全程度是衡量其建设成功与否的重要标志。

1. 共享机制的研究

精品课程共享问题受到教育主管部门、各级高校和社会大众的广泛关注。有学者认为，实现共享取决于两方面因素，即课程能否向用户提供有价值的、无限制的资源及广大用户是否具备深度共享资源的能力，资源共享的有效途径是实现精品课程的校本化。

龙怡分析了精品课程资源共享在观念和操作上的障碍，提出了国家资助和使用者付费两种"收益补偿成本"的信息共享机制。② 许晓东则提出分层次共享资源机制，即从共享目标、内容、运营管理机构、网络平台、

---

① 秦炜炜、焦建利：《国家精品课程评价研究之内容分析》，《中国电化教育》2009 年第 9 期。

② 龙怡、盛宇、吴英、郭金兰：《国家精品课程资源网络化信息共享机制研究》，《情报科学》2009 年第 5 期。

教学过程、利益分配等环节构建科学、规范、合理的长效运行机制。①

张虹波等学者通过对来自不同地区、不同国家、不同形态资源共享环境的研究与分析，提出了构建先进资源共享环境的 ALRSEAM 模型。②

孙新波等学者指出，学校应提供强有力的激励机制、管理措施和技术支持，加强高校间的交流与合作，通过多校共建形成教学资源全国范围的共享模式。③

胡小勇等学者提出，发挥地缘优势，加强与周边地区高校及教育部门的交流合作，通过开展跨区域合作和交流，开发高质量的优质资源，以实现区域间教育优质资源的优势互补和均衡协调发展。④

吴宇等学者则对精品课程建设中存在的问题，提出了课程转型升级为精品资源共享课的一些认识和思考，并结合具体课程，提出了相应的解决方案。⑤

2. 运行机制的研究

运行机制是精品课程在规划、组织实施和评价过程中的组织实施、技术保障、经费保障、应用推广等各种关系的总和。

（1）组织实施。王龙等认为，精品课程采用以自上而下为主的组织管理模式，实行先建设、后资助的规划机制，推荐、评审与公示的工作机制，三级评审的遴选竞争机制，荣誉授予和资金支持的激励保障机制。课程发布采用"规划—建设—评审—公示—立项—资助—完善"的模式，经遴选后进入更高一级的建设流程，形成了"校—省—国家"三级精品课程体系。⑥ 蔡自兴等学者对精品课程的运行机制进行重点介绍，探讨了

---

① 许晓东、陈国松：《基于辅修专业的国家精品课程共享模式构建》，《中国电化教育》2009 年第 9 期。

② 张虹波、李玉顺：《教育资源共享环境及共享机制建设发展现状研究》，《中国电化教育》2009 年第 11 期。

③ 孙新波、查慧：《高校精品课程建设研究综述》，《黑龙江高教研究》2011 年第 12 期。

④ 胡小勇、赖露媚：《区域性教育信息资源均衡发展研究：案例比较与优化策略》，《现代远程教育研究》2010 年第 6 期。

⑤ 吴宁、冯博琴：《对国家精品课程转型升级与资源共享建设的认识与实践》，《中国大学教学》2012 年第 11 期。

⑥ 王龙、周效凰：《中国精品课程建设的实践模式研究》，《现代远程教育研究》2010 年第 4 期。

精品视频公开课规划、申报、建设的步骤及体会。[①]

（2）技术保障。唐燕儿等学者认为，精品课程在技术运作上主要由各参与高校自主确定技术规划方案，网站建设大多选择 B/S 或 C/S 模式设计软件架构，利用 XML 和 Access 数据库在 ASP、JSP、JAVA 等环境下进行开发，也有部分高校利用 Skyclass、eYouCT、Blackboard 和 Moodle 等平台进行课程建设。[②]

（3）经费保障。精品课程是国家教育行政部门主导的行政行为，由"质量工程"提供专项资金，支持经费包括建设补助费和维护升级费，但对课程 5 年有效期满后的后续建设和维护费用却没有明确规定。陈荣明提出，政府在共享方面的投入要相互配合、相互协调，注意平衡空间结构和部门结构，设立精品课程资源共享工程专项经费，提高资金使用效率，提高精品课程的建设质量，以保证精品课程建设和运行得以稳定地开展。[③]

（4）应用推广。应用推广是实现精品课程预期目标的关键。秦丽娟提出精品课程的三种推广模式：行政推动模式、共建共享模式和自发推广模式，并揭示了精品课程共建共享的关键因素，为课程的推广提供了参考和示范。[④] 徐恩芹等则分析了影响精品课程推广应用的用户特征，提出了优化外部变量，提高课程易用性和有用性策略。[⑤]

（七）存在的问题及对策研究

1. 缺乏可持续发展

王根顺等学者在对西部高校国家精品课程建设现状、问题和对策进行分析后，从宏观和微观角度提出了解决方案。[⑥] 黄宝玉等学者认为，精品课程建设存在一定的功利性、短期性、盲目性，课程申报被当成一

---

① 蔡自兴、刘丽珏：《质量工程的新亮点——国家精品视频公开课》，《计算机教育》2012年第18期。

② 唐燕儿、刘召山：《MIT OCW 项目和国家精品课程建设理念与运行机制比较》，《现代远程教育研究》2011年第3期。

③ 陈荣明：《教育资源优化配置与共享的现实基础与制度安排：以南京市为例》，《南京理工大学学报》（社会科学版）2009年第8期。

④ 秦丽娟：《国家精品课程推广模式研究》，《中国电化教育》2009年第3期。

⑤ 徐恩芹、张景生、任立春：《基于技术接受模型的精品课程推广应用研究》，《中国电化教育》2011年第3期。

⑥ 王根顺、孙俊俊：《西部高校国家精品课程建设的现状、问题和对策研究》，《中国远程教育》2012年第8期。

种奖励，造成精品课程重申报、轻建设；重形式、轻内涵；重评审、轻共享；重要求、轻服务，为精品而精品。[①] 被评为国家精品课程后，专家们便不再关心甚至不再参与课程教学，多数精品课程资源被束之高阁，不再注重更新教学内容及与用户交流，没有实现真正的资源共享，导致资源极大浪费。精品课程只有发挥长期的示范作用，才能保持可持续发展。

2. 教学应用有效性和可用性缺失

王佑镁通过对国内精品课程网络资源的教学应用及有效性进行抽样调查发现，精品课程网络教学资源存在导航不清、信息架构不良、页面布局不统一、内容表达书本化，教学有效性差等问题[②]；在"满足学生需求"方面稍好；在"促进深层学习"、"提升学习效果"方面居中，而在"保持学习兴趣"、"改善思维能力"、"形成学习方法"方面较差，课程资源连通性差、可用性不强。[③] 评估导向的精品课程建设思路难以满足高校课程改革与信息化教学的需求，作为一种知识和信息量密集型的产品，精品课程在教学有效性和可用性方面存在缺失。

3. 缺乏有效管理平台

黄新斌认为，精品课程缺乏对课程建设与教学应用的有效管理和支持服务，缺乏整体规划和整合平台，资源零散，运用效率不高，互动性不强，教学内容更新不及时，教学研究成果未引入教学，不注意教学方法、教学经验和教学资源的积累，技术应用多样但缺乏统一的规范和标准，性价比不高等问题。[④] 丁兴富等学者认为，应充分应用信息技术创造的教学环境，整合各种资源，构建统一的网络教学平台，保障精品课程的高质量，不断进行后续的更新与维护，实现科学规范的管理，推动教学方法和教学手段的现代化进程，实现优质教育资源共享。[⑤]

[①] 黄宝玉、项国雄：《国家精品课程建设现状分析及思考》，《中国高教研究》2007 年第 9 期。

[②] 王佑镁：《国家精品课程网络资源的教学可用性研究》，《远程教育杂志》2010 年第 4 期。

[③] 王佑镁：《高校精品课程网络资源教学有效性的调查研究》，《开放教育研究》2010 年第 5 期。

[④] 黄新斌：《我国高校精品课程研究的进展》，《当代教育科学》2010 年第 17 期。

[⑤] 丁兴富等：《北京市精品课程网上资源运行情况专题调研及主要结论》，《中国大学教学》2006 年第 5 期。

4. 版权保护亟待加强

"实施办法"规定，国家精品课程实行全部上网，供全国高校免费非商业性使用。任何人都可以在互联网上获得精品课程，不可避免地会产生侵权行为，应注重知识产权的保护。版权保护的缺失，会助长懒惰、抄袭等不正之风的泛滥，不利于调动教师参与课程建设的积极性，也不利于精品课程的可持续发展。王吉法等提出，应建立信息共享的收益补偿成本机制，处理好数字化资源共建共享与知识产权保护的关系。[①]

5. 缺乏系统规划

精品课程建设涵盖多个学科，明显存在"重理工，轻文艺"、"热本科，冷高职"的现象。此外，北京、上海等发达地区高校的课程数目明显多于贵州、宁夏、青海、西藏等地区。谢一风提出，精品课程应加大对一般院校尤其是欠发达地区和新建院校的建设和扶持力度，推动当地课程建设和改革，利用现代教育技术手段实现优质资源共享。[②]

综上所述，目前精品课程研究丰富多样；关注焦点是精品课程建设的总体情况，经验总结、存在的问题及策略研究。[③] 对精品课程后续建设、资源共享及评价的研究不多，部分研究提出了一些具体实施措施，但都不系统、不全面。本书是基于传播理论，运用定量和定性研究方法的综合性研究，研究在调研的基础上进行系统分析和理论架构，并展开实证研究，因此既有的研究成果可作为本书的理论基础，研究中未涉及的正好是本书的出发点。

（八）精品开放课程相关研究

1. 精品视频公开课研究

对精品视频公开课研究共检索到 49 篇文献（检索日期为 2013 年 3 月 20 日），其中载文 2012 年 46 篇，2013 年 3 篇，集中在视频公开课建设问题及对策、制作与经验介绍、开放教育资源与视频公开课关联等研究上。

（1）建设现状、问题及对策研究。李小刚在对我国大学视频公开课建设现状分析基础上，得出我国视频公开课存在观念落后，视频画面

① 王吉法、李阁霞：《高校精品课程建设中的著作权问题研究》，《烟台大学学报》（哲学社会科学版）2009 年第 1 期。

② 谢一风：《高职高专国家精品课程建设比较分析与对策建议》，《中国高教研究》2008 年第 9 期。

③ 唐知涵：《中外开放教育资源建设比较研究》，硕士学位论文，华中科技大学，2009 年。

缺乏感染力、视频课程的学习支持服务薄弱、质量评估机制需要完善、教师的知识产权缺乏有效保护等问题，并针对这些问题提出相应对策方案。①

刘广等学者在比较教育电视、精品课程视频和视频公开课之间在运营模式、课程内容、传播渠道等方面存在的差异后，提出了视频公开课建设与推广应构建激励机制、以课程高质量建设为根本，以课程有效推广与使用为核心、组建专业建设团队，走专业化发展道路的策略。②

王朋娇等学者在分析精品视频公开课建设环节中的选题研究、内容结构和教学方法研究、拍摄与后期制作、知识产权保护研究、评价体系和宣传与推广等问题后，进行了初步探讨并提出了相应的对策。③

（2）制作及经验介绍研究。目前，多数学者是结合具体课程的申报、制作等经验从微观的角度来谈精品视频公开课的建设，也有学者从宏观的角度进行系统分析。如张凯等学者在对中国大学视频公开课建设情况进行分析归纳后，提出了从示范效应的发挥、建设质量的提升等角度建设精品视频公开课。④

张培山对视频公开课的唱词制作进行了分析，认为规范、准确、流畅的唱词影响视频公开课的传播效果。⑤ 申艳娜结合《临床微生物学及检验概要》课程，总结了领导重视、科学定位，调整视频公开课教学内容、发扬团结协作精神，打造一流教学团队、精选题材、注重趣味的视频公开课制作过程。⑥ 石中军在分析了体育类课程特点的基础上，提出了从机位、画面质量、声音的拾取、后期制作等摄制的角度，制作体育类精品视频公开课。⑦ 蔡自兴等对"人工智能 PK 人类智能"视频公开课的建设情

---

① 李小刚、马德俊：《我国大学视频公开课建设中的问题及其对策》，《现代教育技术》2012 年第 7 期。

② 刘广、郑重：《中国大学精品视频公开课的现状、特点与发展策略》，《现代教育技术》2012 年第 10 期。

③ 王朋娇、田金玲、姜强：《高校精品视频公开课建设的问题及对策研究》，《中国电化教育》2012 年第 11 期。

④ 张凯、陈艳华：《大学视频公开课示范效应分析与思考》，《中国远程教育》2013 年第 1 期。

⑤ 张培山：《视频公开课唱词制作研究》，《中国现代教育装备》2012 年第 17 期。

⑥ 申艳娜等：《浅谈建设精品视频公开课的体会》，《检验医学教育》2012 年第 9 期。

⑦ 石中军：《体育类精品视频公开课制作策略研究》，《中国现代教育装备》2012 年第 11 期。

况进行了总体介绍。[①]

董榕等学者则从宏观建设理念，相关政策及技术标准对视频公开课进行了探讨，并结合浙江大学的具体课程案例进行了微观分析。[②]

（3）开放教育资源与视频公开课的关联研究。刘金梅认为，中国大学视频公开课是开放教育资源运动在我国高等教育发展的形式，它提供了社会化学习平台，对文化传承与传播具有积极作用。[③]

沈丽燕等学者则借鉴国外开放教育运动的发展过程，追述既往精品课程的建设过程，比较了精品课程与精品视频公开课的异同点，分析了国内外优秀视频公开课的特点，并对中国视频公开课建设提出了独到的见解。[④]

2. 精品资源共享课研究

对精品资源共享课的研究较少，仅检索到 10 篇文献（检索日期为 2013 年 3 月 20 日），均分布在 2012 年，研究聚焦在精品资源共享课建设策略上，即如何建设的问题，或围绕精品课程转型升级为精品资源共享课展开探讨。

胡来林在对精品资源共享课建设技术分析的基础上，提出"衔接—转型—升级—创新"的精品资源共享课建设策略。[⑤]

吴宁等学者则提出了精品课程转型升级为共享课的认识和思考，并结合具体的计算机课程提出了精品资源共享课的建设方案。[⑥]

盛明婷等学者在对国内外公开课进行对比研究的基础上，分析我国精品课程发展受阻的因素，提出相应的解决对策。[⑦]

①　蔡自兴等：《人工智能视频公开课建设的体会》，《中国大学教学》2012 年第 2 期。

②　董榕、许玮、张剑平：《高校视频公开课建设及其思考》，《现代教育技术》2012 年第 2 期。

③　刘金梅：《开放教育资源运动视角下对中国大学视频公开课的评述》，《长春理工大学学报》2012 年第 12 期。

④　沈丽燕、赵爱军、董榕：《从精品课程到精品视频公开课的发展看中国开放教育新阶段》，《现代教育技术》2012 年第 11 期。

⑤　胡来林：《精品资源共享课建设策略研究》，《远程教育杂志》2012 年第 6 期。

⑥　吴宁、冯博琴：《对国家精品课程转型升级与资源共享建设的认识与实践》，《中国大学教学》2012 年第 12 期。

⑦　盛明婷等：《精品资源共享课可持续发展建设研究》，《中国教育技术装备》2013 年第 20 期。

综上所述，通过对精品视频公开课和精品资源共享课的分析可知，研究主要关注课程建设现状、存在问题及对策研究；载文主要集中分布在2012 年，精品开放课程的研究已成为当下新的研究热点。

三 精品课程传播共享研究

从 CNKI 数据库的中国学术期刊全文数据库、中国博士学位论文全文数据库、中国优秀硕士学位论文全文数据库中进行检索（检索时间为2013 年 3 月 20 日），以"教育传播"为篇名，对 2003—2013 年发表的相关论文检索，检索到 1135 条记录；以"信息传播"为篇名共检索到 2817多条记录；以"精品课程和传播"为篇名，检索到 6 篇期刊文章；以"网络课程和传播"为篇名，检索结果为 13 篇；以"远程教育和传播"为篇名，检索结果为 28 篇。以"精品课程和共享"为篇名，检索到 57篇期刊文章。

（一）精品课程传播的研究

仅有的 6 篇文献涉及精品课程的传播效果及影响因素、传播媒介的融合、技术平台的架构等方面。

表 1 - 2　　　　　　　精品课程传播研究相关文献载文情况

CNKI 数据库 2003—2013 年关于"网络课程和传播"期刊论文 13 篇

年份	2003	2004	2005	2006	2007	2008	2009	2010	2011	2012
篇数	1	1	2	1	0	1	3	1	3	0

CNKI 数据库 2003—2013 年关于"精品课程和传播"期刊论文 6 篇

年份	2003	2004	2005	2006	2007	2008	2009	2010	2011	2012
篇数	0	0	0	0	0	2	0	0	2	2

CNKI 数据库 2003—2013 年关于"远程教育和传播"期刊论文 27 篇，硕士论文 3 篇

年份	2003	2004	2005	2006	2007	2008	2009	2010	2011	2012
篇数	4	2	2	4	4		3	2	3	2

CNKI 数据库 2003—2013 年关于"精品课程和共享"期刊论文 53 篇、4 篇硕士论文

年份	2005	2007	2008	2009	2010	2011	2012
篇数	2	1	8	11	10	15	10

1. 传播效果及影响因素研究

欧阳汝梅[①]提出传播源、传播内容和传播环境是影响精品课程传播效果的因素，精品课程有效传播需要课程相关教师具有网络课程设计开发能力、教学设计能力及深厚的学科知识积累、丰富的教学经验；课程资源的组织与安排需要选择适合的方式，需要保证教师梯队建设；需要通过网络平台营造自主、探究、协作的学习环境。

谢彩云等在分析了精品课程资源开放共享的阻碍因素，即网站信息组织和网站功能两方面存在问题，提出精品课程资源的结构设计、导航设计、交互方式、媒体设计、管理平台等方面需要优化，应结合学科特征设计课程的结构和内容。[②]

李庆英通过对比国外开放课程和精品课程在传播目的、版权设置、课程组织形式、内容标准差异后，从传播者教育自主权、传播内容的版权、受众群体、制定课程标准等方面提出了精品课程有效传播的策略。[③]

2. 传播模式研究

为解决精品课程传播性能问题，秦文生等学者从技术平台的视角，设计了基于集群架构的精品课程网站中采用的传播模式，经测试可较好地提升服务性能。[④]

3. 传播媒体研究

张合斌认为，Web2.0时代传播效果好坏在很大程度上由传播形式决定，他提出应引入新媒体传播技术元素和传播新理念，促进精品课程信息传播优质平台的搭建，支持智能手机、平板电脑等移动终端设备和精品课程的互通互联。[⑤]

分析可知，对精品课程传播效果及影响因素文献主要集中在2011年和2012年，这反映出当下精品课程传播研究的趋向和态势。仅有的6篇文献反映了精品课程传播研究的薄弱，这也是笔者开展该研究的重要

①　欧阳汝梅：《影响国家精品课程传播效果的因素分析》，《中国教育技术装备》2011年第15期。

②　谢彩云、赵英、李华锋：《高校精品课程网站建设阻碍因素与有效传播策略》，《现代远程教育研究》2012年第6期。

③　李庆英：《高等学校精品课程的有效传播分析》，《新闻界》2012年第9期。

④　秦文生等：《集群架构在精品课程传播模式中的应用》，《计算机技术与发展》2008年第10期。

⑤　张合斌：《新媒体传播视阈下高校精品课程建设探究》，《新闻界》2011年第5期。

原因。

（二）网络课程传播的研究

精品课程与网络课程既有共同点，又存在差异。精品课程是以网络为载体，共享优质丰富的课程资源，是在网络教学支撑环境下实施的教学活动。精品课程符合网络课程的有关属性，更强调课程资源的高标准，更强调课程资源的共享和整合。因此，网络课程的相关研究可以为精品课程建设提供决策参考。笔者对检索到的13篇文献进行分析发现，主要涉及网络课程设计及互动设计层面。

1. 传播机制研究

王佑镁从网络环境CMC传播机制出发，探讨了网络课程系统设计中应考虑的要素：交互和反馈、信息共享和交流、学习形式、学习步调、学习理论与弹性结构课程设计，提出相关教师应结合CMC特性设计网络课程。[①]

景瑞从创新扩散理论对网络游戏传播机制进行了解析，提出网络课程应加大宣传力度，利用技术设计学习环境，设计交互方式、引入多人合作与竞争机制，对网络课程内容和模块及时更新，以保证网络课程形成良性传播循环。[②]

2. 传播策略研究

陈明选从人人网的设计理念、平台多样性、互动方面解释了其符合传播学规律的成功原因，提出网络课程设计与开发应以人为本，发挥学习者的能动性，重视互动作用、建立多元的互动模式，重视传播过程中各要素间的关系，加强资源建设与课程管理等策略。[③]

刘艳从传播学的角度分析了网络课程的传播过程及传播要素，探讨了国内网络课程传播过程中存在的典型问题，提出了相应的传播策略。他认为网络课程的传播要素包括信源、信息、信道、信宿、反馈及效果几部分。[④]

---

① 王佑镁：《CMC传播机制中的网络课程系统设计简析》，《远程教育杂志》2004年第3期。

② 景瑞：《网络游戏的传播机制解析及其对网络课程的启示》，《中国教育信息化》2009年第1期。

③ 陈明选、徐旸：《人人网的成功对提高网络课程传播与互动绩效的启示》，《现代教育技术》2011年第5期。

④ 刘艳：《论网络课程的传播策略》，《中国电化教育》2002年第10期。

　　刘惠芬等学者认为，交互性是影响网络学习效果的主要因素，教师应在网络课程中发挥指导和监督作用，提供尽可能多的交互方式，引导学生学习，促进情感性内容的学习，及时反馈，实现以学习者为中心。①

　　3. 传播范式研究

　　谢振平等认为，网络传播时代网络课程建设需要传播原理的指导，需要运用网络传播范式的定位分析方法，对网络课程中的教学目标、教学内容等进行整体规划和探讨。②

　　余利花等认为，应借鉴视觉文化传播原理设计网络课程，改变传播媒介的语言，使网络课程具有多样性、系统性、完整性、实用性及互动性等特点。③

　　上述研究有从传播要素及互动分析提高网络课程传播效果的，有借用传播理论指导网络课程设计的，由于精品课程借助网络媒介开展教学活动，这些结论同样适用于精品课程研究。

　　（三）远程教育传播的研究

　　1. 传播模式的研究

　　在检索到的 28 篇文章中，有 6 篇期刊论文和 1 篇硕士论文研究远程教育传播模式。

　　杨改学教授等分析了制约现代远程教育模式选择因素及现代远程教育模式与网络选择的五种形式，及结合模式选择如何进行效果评价。④

　　龚志武分析了基于互联网网络的三类远程教育传播模式，即广播模式、协作模式和自学模式的主要特征，并对进一步优化这些模式提出了相应的建议。⑤

　　金振坤提出远程开放教育传播模式，并对影响受众学习的背景因素，

　　①　刘惠芬：《人际传播与网络交互性对教学的影响——再论数字媒体基础网络课程个案》，《现代远程教育研究》2003 年第 2 期。

　　②　谢振平、刘渊：《网络传播范式下的网站建设课程教学》，《软件导刊（教育技术）》2009 年第 12 期。

　　③　余利花等：《浅析视觉文化传播在网络课程设计中的运用》，《新课程研究》2009 年第 9 期。

　　④　杨改学、俞树煜：《现代远程教育传播模式的选择与评价》，《电化教育研究》2004 年第 3 期。

　　⑤　龚志武：《基于 Internet 的远程教育传播模式的特征及优化》，《电化教育研究》2001 年第 4 期。

即受者的学历与学习动力，需要与勤勉，意志与毅力作了简要的分析。①

王卫军则从远程教育传播模式展开分析。② 梅林则从社会互动视角对农村远程教育传播模式进行了研究，提出了影响远程教育互动的因素包括传播者与受众两方面。③

从某种程度上来说，分析远程教育的传播范式及影响因素，可为精品课程研究提供借鉴和依据。因此，研究拟从传播视角展开分析，并提出相应对策。

2. 传播要素的研究

对远程教育传播要素的分析涉及传受双方、传播符号和信息。张正提出了信号源质量、传播通道、受传者生理性和心理性及传播者与受传者关系的干扰是现代远程教育传播符号的因素，并针对现代远程教育传播符号及优化途径提出了探索对策。④

王铟分析了远程教育传播中信息与符号的本质及基本特征，探讨发挥信息与符号的潜在性能的方法，以提高远程教育传播效果。⑤

徐楠认为，在远程教育传播中，传受双方及其相互关系受到了传播渠道变革带来的重要影响，并在比较分析基础上展开了远程教育传播传受关系的研究。⑥

3. 传播过程及互动研究

吕永峰认为，互动是教学过程中的必要手段，在远程教育中尤为重要。他针对远程教育中师生缺乏互动的现象，提出了提高师生互动水平的几点建议。⑦

沈逸着重阐述了远程教育教学过程以及信息传播的构成要素，提出了优化设计远程教育传播过程的观点。⑧

① 金振坤：《从传播学视角看远程教学过程——简析远程开放教育传播模式》，《远程教育杂志》2003 年第 5 期。

② 王卫军：《农村中小学现代远程教育的传播模式分析》，《教育信息化》2007 年第 6 期。

③ 梅林：《社会互动视角下的农村现代远程教育传播模式研究——以湖北孝感"一村一名大学生"远程教育活动为例》，硕士学位论文，华中农业大学，2009 年。

④ 张正：《对现代远程教育传播符号的思考》，《北京交通管理干部学院学报》2006 年第 1 期。

⑤ 王铟：《远程教育传播中的信息与符号研究》，《现代教育技术》2003 年第 5 期。

⑥ 徐楠：《远程教育传播的传受双方研究》，《现代教育技术》2003 年第 2 期。

⑦ 吕永峰：《远程教育传播过程中的互动研究》，《软件导刊·教育技术》2011 年第 5 期。

⑧ 沈逸：《论远程教育信息传播过程及其优化设计》，《现代教育技术》2001 年第 4 期。

李晓白则从研究互动要素与完善互动机制、传播互动设计与互动科学实施、教育观念更新与信息技术应用三个方面，就如何增强远程教学节目传播中的师生互动展开探讨。[①]

4. 传播理论研究

金振坤认为，远程教育是一个信息传播过程，强调以传播理论、系统理论为指导，研究、构建远程教育传播理论体系，并对其理论构架提出了基本设想。[②]

刘广探讨了后工业化社会远程教育理论对远程教育传播方式的影响，提出通过了解学习者的需求，确定整个教育传播过程的目标和过程结构，根据传播过程中环境和组织的变化，运用生态学和教学设计指导远程教育传播的理念。[③]

分析可知，对远程教育的传播研究涉及传播模式、传播过程中的互动、传播要素等层面。

（四）精品课程共享研究

对精品课程共享的研究文献主要体现为共享模式及共享机制的研究，共检索到57篇论文，4篇硕士论文。

王龙在对北京市精品课程建设项目进行调研后，获知了精品课程获取、应用、项目影响和更新情况的现状，揭示了存在的问题，并提出了相应的解决方案。[④]

黄德群等学者在对广东高校精品课程网络资源应用现状及存在问题分析的基础上，构建了广东高校精品课程资源平台，多终端和多版本的资源开放共享途径，实用的资源开放共享协议。[⑤]

文宁等学者利用经济理论分析精品课程共享机制中引入知识产权的必要性，并提出知识共享协议和技术手段等解决方案。[⑥]

---

① 李晓白：《远程教育节目传播中的师生互动策略研究》，《长沙铁道学院学报》（社会科学版）2009年第4期。

② 金振坤：《论构建远程教育传播的理论体系》，《现代教育技术》2001年第2期。

③ 刘广：《后工业化理论对远程教育传播方式的影响研究》，《教育技术导刊》2006年第5期。

④ 王龙：《中国高等教育精品课程资源共建共享的现状、问题、对策与相关分析》，硕士学位论文，首都师范大学，2008年。

⑤ 黄德群、毛发生：《广东高校精品课程网络资源共建共享模式研究》，《中国远程教育》2012年第8期。

⑥ 文宁：《精品课程资源共享中的版权保护机制》，《现代教育技术》2010年第5期。

黄立宏等学者从湖南大学探索高校与高校、高校与企业间数字化资源共建共享的方法与策略入手，提出基于教育部教学指导委员会、教学专业学会、高校职能部门三种不同的精品课程数字化资源的共建共享模式。[1]

王爱华等学者通过对比精品课程与国外开放课程的共享利用发现，精品课程在建设、管理、利用、共享等方面存在不同，提出了加大宣传力度，向教师提供建设全程支持；制定政策措施，切实保障精品课程共享等策略。[2]

许晓东等学者依据精品课程的产品属性，分析了可能存在的共享模式，提出了分层资源共享的思想，构建了基于辅修专业的精品课程共享模式。[3]

龙怡等学者分析了精品课程资源共享在观念和操作上的障碍，得出"运营成本大于收益"的症结所在，提出国家资助和使用者付费两种"收益补偿成本"的信息共享机制。[4]

还有一些结合具体项目开展共享的经验介绍等，鉴于文献来源，这里不一一列举。

四 小结及研究问题再聚焦

(一) 国外开放教育资源传播共享效果显著

目前，国外开放教育资源在共享机制及共享效果研究等方面取得了一定的进展。开放教育资源课程知晓率高，平均访问量较高，影响力强，使用范围广、遍布世界各地，采用统一的技术平台，降低了课程负责人参与课程建设的难度，保证师生对课程建设的积极性；另将课程翻译为多种语言，促进了课程的本土化，加强大学开放性，使大学间借鉴、参考、改编、利用外部资源成为可能，有助于化解数字鸿沟。[5] 如由某一地区、国

---

① 黄立宏、李勇军：《精品课程数字化资源共建共享模式研究及探索》，《现代教育技术》2009 年第 12 期。

② 王爱华、汪琼：《精品课程与国外开放课程共享利用的对比研究》，《中国远程教育》2010 年第 6 期。

③ 许晓东、陈国松：《基于辅修专业的国家精品课程共享模式构建》，《中国电化教育》2009 年第 9 期。

④ 龙怡等：《国家精品课程资源网络化信息共享机制研究》，《情报科学》2009 年第 5 期。

⑤ 亚克·德洛尔：《教育财富蕴藏其中》（国际 21 世纪教育委员会向联合国教科文组织提交的报告），北京教育科学出版社 1996 年版。

家或国际多个院校或组织建立某种形式的协作组织，在协作体内开展资源的共建共享。[①]

（二）精品课程建设成就明显，但传播共享效果不理想

国家精品课程建设项目自 2003 年启动以来，强调现代信息技术、方法和手段的综合运用，强调开放共享与示范辐射作用的发挥。目前，广大学者围绕精品课程的内涵、建设模式、存在问题、解决对策及应用效果开展了大量研究，也有学者对精品课程网上资源的可用性、教学有效性及应用效果等进行调研，得出结论：精品课程取得了较好的建设成就，但教学有效性和可用性差，传播共享效果不理想，课程的知晓率和访问率低，诸多学习者甚至不知精品课程为何物，精品课程为"评"而建，缺乏可持续发展的目标和激励机制，缺少后续的经费保障和管理保障，远没有达到预期实现优质资源共享的目标。

（三）从传播学视角开展精品课程的研究不多

目前，精品课程或精品课程传播相关研究不多，仅有文献都集中在近两年，说明精品课程传播有效性研究或传播效果研究引起了研究者们的关注，这正是本书的空间所在和价值体现。因此，研究精品课程传播共享具有独特的价值，对促进课程有效深入的建设，丰富和优化课程资源，扩大共享范围，促进课程的可持续发展，实现课程的示范性和延续性有着重要的指导意义。

（四）精品开放课程研究将成为当下的焦点和热点

"十二五"期间，教育部将组织高校建设 1000 门精品视频公开课和 5000 门精品资源共享课。目前，对精品开放课程研究不多，研究多是对精品资源共享课建设策略的分析，也有结合具体课程申报、建设经验的探讨，或是从宏观层面分析精品课程的升级改造；视频公开课的研究集中在建设策略的探讨、视频的录制、存在的问题与对策等方面。这反映了当下和未来的研究重点将转向精品视频公开课和精品资源共享课的建设、应用和评估。

（五）研究问题的再聚焦

研究基于传播理论，拟对精品课程传播共享的现状进行调研，以探寻

---

① 李莲、高园园、韩锡斌、程建钢：《开放教育资源潮涌全球》，《中国教育网络》2009 年第 5 期。

精品课程传播共享的影响因素，构建策略模型；并以国家级精品课程升级改造为共享课为实践对象，对课程的教学设计、内容设计、结构设计等重新组织。研究进一步聚焦了研究问题，可将相关问题分解为以下几个小问题：（1）精品课程与精品资源共享课有何区别？（2）精品课程的传播共享现状如何？精品课程与国外开放课程（如 MIT OCW 项目）在传播共享上有何差异？（3）影响精品课程传播共享的因素有哪些？哪些是主要因素？（4）如何借鉴精品课程的经验建设精品资源共享课，以促进精品课程的可持续发展，有何策略？（5）如何将策略应用到精品课程转型升级为精品资源共享课的过程中？

第四节 目的意义

本书的研究目的是：在广泛借鉴国外开放教育资源、国内精品课程研究成果基础上，将传播理论引入精品课程研究，以新的思维模式与方法探讨精品课程传播共享中的问题；对存在的问题进行深入剖析，探寻影响因素，提出解决方案；最后通过实证研究验证方案的正确性和可行性，以提高精品课程的建设质量，提高传播共享效果，实现精品课程可持续发展，最终提高高等教学质量、构建学习型社会。

一 探寻精品课程传播共享的影响因素

国家精品课程建设项目实施八年来，总体应用效果不理想，存在诸多问题，如教学有效性缺失，精品不精，重建设轻共享等。但究竟哪些因素影响了精品课程的传播共享呢？如何提高精品课程传播共享效果呢？这是本书的重要目的。

二 提高精品课程的建设质量

通过比较分析国内精品课程与国外开放课程及其在课程设计、课程结构、互动设计、学习支持服务、宣传策略等方面的差异，有助于更好地规范和优化精品课程的设计与制作，提高课程的建设质量，促进不同学科、专业建设精品课程的积极性，推进精品课程的整体建设和课程改革。

三 促进精品课程的可持续发展

对精品课程展开专题研究，有助于"十二五"期间精品资源共享课的建设、申报、评审、运行、管理等环节的完善；有助于为精品课程的规划、建设、共享应用提供参考和决策依据，从一定程度上保证精品课程建设的延续性和创新性，促进精品课程的可持续发展。

四 实现优质教育资源普及共享

作为教育技术实践领域的精品课程建设、应用与发展所体现的先进的教学理念、教学方法和手段、教学模式、教学内容可以为全国的师生共享，有助于实现优质资源的扩散传播。从传播学视角研究精品课程，有助于精品课程建设走向深入，促进高校优质资源的开放共享，提高我国高等教育教学质量，促进教育公平。

第五节 研究内容

一 精品课程传播共享的现状

一方面对精品课程传播共享的现状展开调研，从传播者、传播过程、受众、通道、信息等层面了解精品课程的应用现状及传播效果，涉及高校师生对精品课程资源的需求状况、获取途径、使用困难、改进要求等。另一方面从传播者、传播内容、传播环境层面展开国家精品课程与国外开放课程的比较分析。

二 精品课程传播共享的影响因素

本书运用因子分析、相关分析和主成分分析，对精品课程传播共享的影响因素进行了梳理，探寻主要因子，以明确哪些因素影响了精品课程的传播共享，哪些因素是主要的影响因素。

三 精品课程传播共享的策略方案

通过因子分析，研究传播者、传播内容、传播媒介、传播环境和受众五个层面构建精品课程传播共享的策略模型，并结合调研数据，对策略展开论述。

四 精品课程转型升级的案例研究

研究最后针对策略模型展开个案实证研究，即国家级精品课程转型升级为精品资源共享课的实践，目的是促进课程的结构设计、教学设计、视频资源设计、教学活动设计及学习支持服务的完善。

第六节　研究设计

一　主要研究方法

本书总体采用质性研究和量化研究相结合的方法，具体包括文献研究法、内容分析法、问卷调查法、访谈法、比较研究法、因子分析法和案例分析法。

（一）文献研究法

文献研究法能够帮助研究者掌握所要研究问题的情况，选定研究课题和确定研究方向，为教育研究提供科学论证依据等。本书需要从大量相关出版书籍、国内外博硕论文、期刊及网络通信等收集传播理论与精品课程研究的文献资料，并在此基础之上创新，寻找新的研究视角。[1] 文献研究在本书中指收集并阅读近年来国内外期刊和论著中关于开放教育资源、精品课程及传播共享等资料。

（二）内容分析法

内容分析是一种以各种文本资料为研究对象的研究方法。内容分析法可以将非定量的文献材料转化为定量数据，并依据这些数据对文献内容做出定量分析和关于事实的判断和推论，这将对组成结论的因素与结构的分析更为细致和程序化。[2] 笔者运用内容分析法对开放教育资源、精品课程文献的分布情况进行分析，综述了开放教育资源、精品课程及其传播共享、影响因素等相关研究成果。

（三）问卷调查法

问卷调查法也称"书面调查法"，或称"填表法"，用书面形式间接收集研究材料的一种调查手段。这种方法的优势在于能够在较大范围内选取样本并获取信息，结果便于量化分析，但问卷的编制是个难点，获取的信息广而不深，回收率也难以保证。数据处理采用了 SPSS 统计分析，包括频次分析、均值分析、方差分析、因子分析及相关分析等。

本书需要对精品课程评审专家、主持教师、制作教师、管理者、普通

---

①　傅友等：《怎样写文献综述》，《农业图书情报学刊》2007 年第 5 期。
②　张屹、黄磊：《教育技术学研究方法》，北京大学出版社 2010 年版。

教师及学生展开调查：一方面了解精品课程使用过程中遇到的问题及改进措施；另一方面了解师生对精品课程的需求及未来发展要求。由于有些信息可能不适合用问卷的形式获得，这需要辅之以观察、访谈等质性研究方法来获取，通过这些方法的配合使用，进行互补式的"三角测量"，才有可能获取丰富完整的资料。

（四）访谈法

研究使用访谈法的目的在于厘清并验证问卷调查中获得的信息，探寻现象背后的深层次问题；补充问卷调查无法涉及的一些问题，或探析问卷调查虽然涉及但仍很模糊的问题。访谈包括正式深度访谈和非正式随意交谈。本书中通过对精品课程评审专家、主持教师、制作教师、普通教师与管理者进行有目的谈话，了解精品课程在建设、制作、管理、应用中遇到的问题，提出相应的建议。因此，需要开发相应的正式访谈提纲，听取他们的意见，收集研究资料。[①]

（五）比较研究法

比较研究法又称对比研究法，是用逻辑比较法研究社会和社会现象的方法。根据一定标准，将有联系的两个或两个以上的社会现象进行比较分析，找出它们的异同。[②] 研究对国家精品课程与国外开放课程在传播者教学风格、传播内容设计、传播环境宣传推广等层面进行比较，以借鉴国外开放课程的成功经验，提高精品课程的建设质量，促进其可持续发展。

（六）因子分析法

研究各种因子（因素）及其线性组合，是对所考察现象影响的一种多元统计分析方法，以较少的几个因子反映原始资料的大部分信息。[③] 本书利用因子分析法，探讨精品课程传播共享的主要影响因素，并提出相应的解决方案。

（七）案例分析法

个案研究是对当前现实生活存在的现象进行实证性探究，特别是对研究对象与所处背景之间界限不太清晰的现象进行探究。[④] 本书选取国家级

---

① 李克东：《教育技术学研究方法》，北京师范大学出版社 2003 年版。

② 刘蔚华等：《方法大辞典》，山东人民出版社 1991 年版。

③ 周概容、冯燕奇：《应用统计方法辞典》，中国统计出版社 1993 年版。

④ 赵明仁：《教学反思与教师专业发展——新课程改革中的个案研究》，北京师范大学出版社 2009 年版。

精品课程《异常心理学》为个案，对课程的传播理念、传播者的授课技巧和方式、传播内容的组织与安排、传播环境的营造、受传者需求的满足等环节展开实证分析。

二 研究技术路线

研究在对精品课程进行系统深入剖析基础上，调研精品课程传播共享的现状，探究影响因子，构建策略模型，并据此展开精品课程转型升级的个案实证研究，研究思路如图1-2所示。

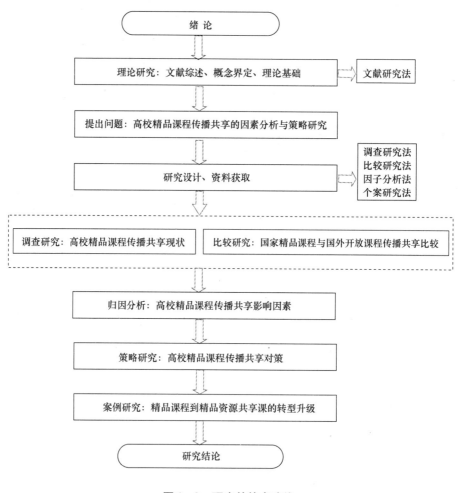

图1-2 研究的技术路线

研究从技术应用于教育的传媒观出发，将精品课程看作是置身于

"编码、抽象、扩散"组成的信息空间、信息环境中的教学信息传递过程，它改变了教学活动的时空结构。本书主要围绕传播者、传播内容、传播媒介、受传者众及传播环境等方面展开（因子分析获知），研究框架如图1-3所示。

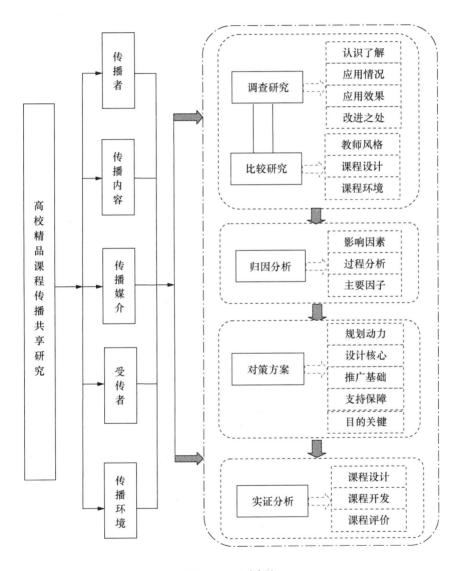

图1-3 研究框架

第二章 理论阐释：概念内涵及理论基础

第一节 核心概念界定

一 传播

"传播"是一个古老的概念，译自英语 Communication，源自拉丁语，其含义较为广泛和复杂。传播在不同语种中具有不同的义象和意蕴，在不同的传播学者那里亦有不同的理解和定义，具有代表性的定义主要体现为"共享"说、"影响"说、"反应"说、"互动"说和"过程"说。

目前很难给"传播"下一个精确的定义，但依据对传播学研究对象、理论体系的理解，参考各种观点，可把传播的定义界定为：传播是传播者应用符号传递信息，以影响受传者的行为，或达到信息交流与信息共享的行为或过程。因此，传播是人类交流信息的一种社会性行为，是人与人之间，人与群体、组织和社会之间，通过有意义的符号进行的信息传递、接受与反馈行为的总称。[①]

传播是动态过程，是深入研究传播的有效方法之一，是通过科学的抽象，把传播的全过程分解为若干组成要素，分别研究各个组成要素在传播过程中所处的地位和作用，及这些要素之间的相互联系和作用，并用最简要的方式描述出来，这就是传播模式。精品课程传播本质上属于教育传播的范畴，是一种以培养和训练受众为目的的信息传播活动，它以教育过程为研究对象，以传播学为理论支撑研究教育过程。

二 共享

共享的概念比较宽泛，主要有以下几种：共享即分享，将一件物品或

---

① 邵培仁：《传播学》，高等教育出版社 2007 年版。

者信息的使用权或知情权与其他人共同拥有，包括产权①；计算机系统中的资源被多个计算任务共用，称为共享②；传播双方通过传播活动获得的对信息的共同享有，即在某一情况下某种确定性认识的一致增加，这是传播活动的根本环节，也是传播活动能够发生多方面作用的关键。③ 共享是一种理念、一种思想；共享即共同使用。

信息资源共享指在特定范围内（一个国家、一个地区、一个信息网络或几个互有协议的信息机构）全部或部分资源提供给特定的信息资源服务机构、特定的信息用户或网络成员的共享。④ 信息资源共享强调信息资源在地理区域上的合理布局和配置来实现最大限度的使用，强调通过信息提供者之间的合作来实现信息资源的分享。具体地说，信息共享指同一信息可以为许多人使用，可以为不同时期的人使用。

目前，精品课程优质资源大多处于分散的状态，信息传播范围狭窄，形成一个个教育资源的"信息孤岛"。因此，如何将这些分散的优质课程资源集中起来，为更多的学习者所获知和使用，实现资源更大范围内的交流与使用，是当下迫切需要解决的问题之一。⑤

三　精品课程

2003 年 4 月，教育部启动国家精品课程建设工作（教高〔2003〕1号）。精品课程建设是教育部深化教学改革，以教育信息化带动教育现代化的一项重要举措，是国家精品课程建设项目的专用术语；旨在建设优质课程，集中全国高校（包括高职高专院校）的力量，以基础课和专业（技术）基础课为主，建设具有"五个一流"特点的示范性课程；调动地方和高校建设精品课程的积极性，建设各门类、各专业的精品课程体系；促进全国优质教学资源的开放共享。精品课程建设项目强调现代信息技术、方法和手段的综合运用，强调基于网络的资源开放共享，强调课程示范辐射作用的发挥。什么是精品课程呢？笔者认为，可以从以下几个方面理解精品课程。

① 共享，http：//baike. baidu. com/view/191006. htm，2013 年 3 月 3 日。
② 《教师百科辞典》编委会：《教师百科辞典》，社会科学文献出版社 1987 年版。
③ 中国百科大辞典编委会、袁世全等：《中国百科大辞典》，华夏出版社 1990 年版。
④ 沈涌：《数字信息资源整合策略与服务共享模式研究》，博士学位论文，吉林大学，2009 年。
⑤ 胡钦太：《信息时代的教育传播——范式迁移与理论透析》，科学出版社 2009 年版。

（一）构成要素：五个一流

从精品课程构成要素看，应符合"五个一流"标准，即 2003 年教育部《关于启动高等学校教学质量与教学改革工程精品课程建设工作的通知》对精品课程的定义：精品课程是具有"一流教师队伍、一流教学内容、一流教学方法、一流教材、一流教学管理特点的示范性课程"。[①] 精品课程是包括了教育理念、师资队伍、教学内容、方法与手段及考核管理等要素的统一整体。精品课程建设要树立大课程意识，应具有整体的、全局的观念和视野。

（二）与普通课程比较：高水平、辐射性、特色化

精品课程的首要含义是课程，其次是精品。从通俗意义上说，课程是教学内容和进程的总和。所谓精品，侧重的是课程的质量和特色，体现现代教育理念，符合科学性、先进性、教育性、整体性、有效性和示范性。

（三）类别层次：多类别、多层次、多样化

从类别层次看，精品课程具有多类别、多层性、多样化特点。一方面，从各高校办学水平层次上看，重点大学、一般大学、高职高专都有自己的课程体系与特色，应该存在不同层次的精品课程序列，容许精品课程存在的多样性。目前，在实践中逐渐形成了本科类、高职高专类、网络教育类等不同层次的精品课程。另一方面，各高校由于地域、资源配置、经济状况、师资等原因，使得产生的课程在质量上存有差距，形成校级、省级和国家级三级课程建设体系。

（四）作用角度：载体和平台

精品课程是以现代教育思想为先导、以教学内容现代化为基础、以现代信息技术手段为平台的课程建设。[②] 精品课程在知识传授上要求教学内容达到精品水准；在认知能力上要求教学方式达到精品水准。精品课程是符合学校办学的示范性载体，是知识基础和认知基础的平台。

（五）形态：发展变化

精品课程的产生和发展不是一个偶然的事件和过程，必然伴随着阶段性的质变向前发展，其样态也必然发生变化。如 2003 年的"精品课程"、2007 年的"质量工程"、2011 年的"精品开放课程"，如图 2－1 所示。

---

① 精品课程建设专家谈，http：//www. tech. net. cn/y－jxgg/kcgg/5285. shtml，2003 年 4 月 8 日。

② 武法提编译：《国外网络教育研究和发展》，北京师范大学出版社 2003 年版。

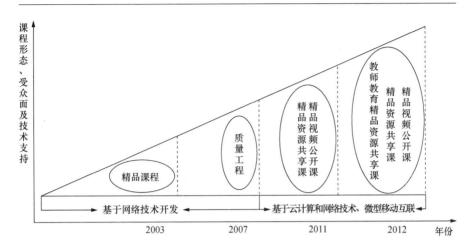

图 2 - 1　精品课程形态变化的脉络

　　精品开放课程包括精品资源共享课与精品视频公开课，是我国高等教育为适应世界高等教育发展的新趋势，以普及共享优质课程资源为目的、体现现代教育思想和教育教学规律、展示教师先进教学理念和方法、服务学习者自主学习、通过网络传播的开放课程。"十二五"期间，对完成建设且上网后社会反应良好的精品视频公开课，及符合建设标准、共享使用效果良好的精品资源共享课，将给予荣誉称号和经费补贴。

　　精品课程按照学校类型分为本科、高职高专和网络教育三种类型，本书的精品课程是指普通本科、高职高专和网络教育类的国家级、省级和校级精品课程；精品课程强调基于网络资源的共享，因此书中所探讨的精品课程，是指旧形态的精品课程（2010 年以前）及新形态的精品资源共享课程（2011 年以后）。无论精品课程形态如何变化，都属于精品课程的范畴。可将书中的精品课程界定为：以开放共享的理念为指导，以资源建设为核心，以高校师生为服务主体，面向社会学习者、各类网络共享课程；应体现对"精品"的关注，具有先进性、互动性、整体性及开放性等特点。

第二节　精品课程的形态变迁

一　形态种类

本书对我国精品课程的发展历程进行了系统的梳理，详见表 2 - 1。

表 2 - 1　　　　　　　　　　我国精品课程发展历程

时　　间	重要事件
2003 年	启动精品课程建设项目（NPWDEC）；计划用五年时间建设 1500 门国家级精品课程，并带动和促进省级和校级精品课程建设工作
2007 年	国家精品课程建设项目被列入"质量工程"；提出再建 3000 门课程的新目标，同时兼顾专业类、网络教育、公安和军事院校的课程建设
2011 年 5 月	启动"国家精品开放课程"建设项目；未来 5 年将建设 1000 门精品视频公开课和 5000 门精品资源共享课
2011 年 11 月	首批推出 20 门视频公开课，并通过"爱课程"网（www.icourses.edu.cn）和其合作网站中国网络电视台、网易同步向社会免费开放
2012 年 5 月	正式启动精品资源共享课的建设工作；2012 年将以原国家精品课程为基础，优化结构、转型升级、多级联动、共建共享，2013 年将采用招标和遴选准入方式建设新课程
2012 年 12 月	教师教育国家级精品资源共享课项目启动；"十二五"期间，支持建设 350 门教师教育国家级精品资源共享课；首批精品资源共享课提交教育部评审平台，接受专家和学习者评估

注：综合教育部等门户网站。

前面已重点分析了旧形态的精品课程，下面展开新形态精品视频公开课和精品资源共享课的阐述。

（一）精品视频公开课

2011 年 10 月，教育部在《关于国家精品开放课程建设的实施意见》（教高厅［2011］8 号）中明确指出：精品视频公开课（下文简称公开课）是采用现代信息技术手段，以名师名课为基础，以选题、内容、效果及社会认可度为课程遴选依据，通过教师的学术水平、教学个性和人格魅力，体现课程的思想性、科学性、生动性和新颖性，由网络视频课程与学术讲座组成。公开课着力推动高等教育开放，弘扬社会主义核心价值体系，弘扬主流文化、宣传科学理论，广泛传播人类文明优秀成果和现代科学技术前沿知识，提升高校学生及社会大众的科学文化素养，服务社会主义先进文化建设，增强我国文化软实力和中华文化国际影响力。

教育部对公开课进行整体规划，制定建设标准；高等学校结合本校特色自主建设，严格审查，并组织师生对课程进行评价，择优申报；教育部组织有关专家对申报课程进行遴选，遴选出的课程采用"建设一批、推出一批"方式，在共享系统上和确定的公共门户网站上同步推出。[①] 未来五年，教育部将组织高校建设 1000 门公开课，其中 2011 年建设首批100 门，2012—2015 年建设 900 门。2011 年 11 月 9 日，首批 20 门课程通过"爱课程"网和中国网络电视台、网易同步向社会免费开放。随着技术的发展，公开课将成为社会化的学习平台，不仅包含课程本身，将更加关注学习者学习能力的提高，使学习者成为资源的使用者与创造者。

（二）精品资源共享课

2012 年 5 月，教育部下发了《教育部办公厅关于印发〈精品资源共享课建设工作实施办法〉的通知》（教高厅［2012］2 号），正式启动了精品资源共享课的建设工作，"十二五"期间计划建成 5000 门国家级精品资源共享课（下文简称共享课）。共享课以课程资源系统、完整为基本要求，以高校教师、大学生和社会学习者为服务主体，转变教育教学观念、更新教学内容、变革教学方法，以基本覆盖专业基础课和专业课的各类网络共享课程，旨在推动高等学校优质课程教学资源共建共享，促进现代信息技术在教学中的应用，提高人才培养质量，构建服务学习型社会。[②]

共享课以政府主导，高等学校自主建设，专家、高校师生和社会力量参与评价遴选为建设模式，创新机制，以原国家精品课程为基础，优化结构、转型升级、多级联动、共建共享。高等学校按照共享课建设要求，对原国家精品课程优选后转型升级，并适当补充新课程，实现由服务教师向服务师生和社会学习者的转变，由网络有限开放到充分开放的转变，鼓励省（区、市）、校按照共享课的建设定位，加强省、校级课程建设，通过逐级遴选，形成国家、省、校多级，本科、高职和网络教育多层次、多类型的优质课程教学资源共建共享体系，探索引入市场机制，保障课程共享和可持续发展。

---

① 《教育部关于国家精品开放课程建设的实施意见》（教高［2011］8 号）。
② 《教育部、财政部关于"十二五"期间实施"高等学校本科教学质量与教学改革工程"的意见》教高［2011］6 号。

二 形态变化的原因

(一) 精品课程取得的成绩

1. 建设规模的扩大

国家精品课程的建设成就。国家精品课程建设项目实施至今，课程数量逐年递增，覆盖专业范围逐渐广泛，参与高校不断扩展（包括大部分普通高等院校、高职高专院校、军事院校、公安院校、远程教育机构等），初步形成"国家级、省级和校级"三级共享课程体系，涉及普通本科、高职高专和网络教育三个层级，覆盖文学、理学、农学、医学、经济学、教育学等 33 个一级学科、72 个二级学科；在教学队伍、教学内容、教学方法和手段、教材等方面取得了一定的成效，促进了高校课程建设和优质教育资源的共享应用。[①] 截至目前，共评选出国家级课程本科类 2583 门、高职高专 1041 门、网络教育 209 门；省级精品课程本科类 5642 门、高职高专 2636 门；校级精品课程本科类 6007 门、高职高专 2163 门。[②] 获奖课程已在全国高等学校教学精品课程建设工作网站、国家精品课程资源网、中国开放式教育资源共享协会网站开放共享等网站发布，方便学习者使用。

精品视频公开课建设现状。教育部于 2011 年启动了精品视频公开课建设工作。截至目前，已在项目支持建设的"爱课程"网及合作网站中国网络电视台、网易同步推出了 105 门视频公开课，涵盖文学艺术、哲学历史、经管法学、基础科学、工程技术、农林医药 6 大领域。精品视频公开课在考虑社会关注度和学习者兴趣的基础上，兼顾了学科均衡，课程整体规划较合理，上线的课程受到了广大使用者的一致好评。[③]

精品资源共享课建设现状。目前各级相关院校针对本科、高职高专、网络教育的精品资源共享课建设也在火热进行中；2012 年以原国家精品课程为基础，优化结构、转型升级、多级联动、共建共享，2013 年采用招标和遴选准入方式建设新课程。2012 年 12 月 4 日，教师教育国家级精

---

① 王龙、周效凰：《中国精品课程建设的实践模式研究》，《现代远程教育研究》2010 年第 4 期。

② 所有数据均来自国家精品课程资源网，http://www.jingpinke.com，2013 年 3 月 15 日。

③ 《新的里程新的起点——大学视频公开课上线课程超百门》，http://www.icourses.edu.cn/news/details? uuid = 8408851b – 13a1 – 1000 – 8255 – 95552996d3e1&objectId = oid：84094324 – 13a1 – 1000 – 8290 – 95552996d3e1，2013 年 3 月 1 日。

品资源共享课建设计划启动。"十二五"期间，教育部支持建设 350 门左右教师教育国家级精品资源共享课。[①] 2012 年各省市结合自身特色开展的共享课建设培训会议陆续拉开帷幕；各级各类高校、远程培训机构、网络教育学院等相关部门正积极开展共享课项目的申报工作，相关院校对精品课程的转型升级也在火热进行中。2012 年 12 月，首批改造的共享课提交至教育部评审平台，接受专家和广大学习者评估。

2. 资源共享的实现

现代大学承担着生产和创造知识的重任，集中了一个国家或地区优质智力资源，国际上很多知名大学把开放课程资源看作是大学回报社会的知识资产的重要组成部分。作为一种社会公共知识产品、一种文化资产，精品课程关注学习的连通、组合、再造，以实现资源的聚合、成长、创新、分享和传播。随着精品课程社会影响的不断扩大，广大师生和社会学者借助精品课程资源网及相关网站，可以实现对课程内容的快速访问和个性化主动服务，使广大教师和学生能够方便、快捷地免费享用优质教育资源，促进高等教育教学质量不断提高。

华南师范大学徐福荫教授的国家级精品课程《电视教材编导与制作》对多所院校同类课程的师资培养、教材教法做出贡献[②]，该课程作为广州市石牌五所高校（华南理工大学、暨南大学、华南农业大学、广东工业大学、广东技术师范学院）的联选课，作为面向省内外、国内外培训和函授生的组合课，对推进精品课程开展校际协作学习具有重要的借鉴意义。又如，南京大学桑新民教授的国家级精品课程《学习论》，已在华南师范大学、五邑大学、韶关学院、南京邮电大学、中国海洋大学、宁波大学、海南师范大学、河南大学、西华师范大学、曲阜师范大学等院校建立了良好的校际协作，实现了较大范围内的资源共享。

3. 示范效应的发挥

精品课程，首先，强调现代信息技术、方法和手段的综合运用，强调课程资源的开放共享与示范辐射作用的发挥；遵循"五个一流"标准，即"一流教师队伍、一流教学内容、一流教学方法、一流教材和一流教

---

① 李曜明：《教师教育国家级精品资源共享课建设计划启动实施》，《中国教育报》2012 年第 1 期。

② 杨琳、杜中全：《国家精品课程的可持续发展：教学共享应用模式研究》，《中国电化教育》2011 年第 11 期。

学管理的示范性课程”，强调“高水平、有创新、有特色”；体现质量意识、特色意识，重在提高课程质量，更新课程理念，加强团队建设，促进共享、交流与合作。其次，当下的开放课程建设强调基于网络平台的资源发布和信息传播，强调资源的可重组、可共享、可拆分，强调精品意识、开放意识和共享意识，强调示范效应的发挥。这些规范和要求势必发挥名校、名师和名课的教学示范与辐射推广作用，为不同高校各级各类课程的规划与建设树立高质量的标准和参照。

厦门大学“高等代数”课程组充分发挥了精品课程的示范作用，立足于提高同类课程的教学水平，精心建设课程网站，组织福建全省范围的“高等代数”及“线性代数”课程系列研讨，实现建设和辐射相结合，建设与示范相促进，为整体提高福建省“高等代数”及“线性代数”课程的师资水平和教学质量做出了突出贡献、产生了深刻影响，并且辐射到全国其他高校。

华南师范大学谢幼如教授的《教学设计原理与方法》自 2004 年获评国家级精品课程以来，教学成效显著，发挥了良好的示范辐射效应，推动了高等学校优质课程教学资源共建共享，目前该课程已升级为精品资源共享课，也带动了其他专业的课程改革与建设。该课程的辐射共享体现为：支持教育技术专业与相关专业学生学习，面向全校推广使用；协同相关高校共建共享资源，面向全省高校推广使用；依托课题研究项目，面向全国各地中小学实验学校推广使用；承办全国高校教师网络培训项目，面向全国高校推广使用；利用学校所处地缘优势，面向东南亚地区中小学推广使用。①

4. 教育质量的提高

精品课程以网络平台为载体，采用数字化信息组织与呈现方式，运用多向互动与协作支持，为学习者提供面向全世界、多领域的开放交流平台；通过不同地域、不同地区广大学习者的交流共享和联通，拉近了不同学习者之间的距离。精品课程坚持以人为本的教学理念；突出学科的思想和方法；通过互动性的课堂教学、探索性的专题讨论等方式方法激发学生的学习兴趣，调动学生的主动性，培养学生的创新能力。② 所谓的精品，

---

① “教育设计原理与方法”精品资源共享课，http：//202. 116. 45. 198/course/。
② 林亚南等：《发挥精品课程示范作用提升教学质量》，《中国大学教学》2009 年第 10 期。

应该在教学理念上有创新，内容上先进，有配套的教材，教学资源丰富，特色鲜明，坚持教学改革，创新培养模式，注重示范引领，推广应用，这些能够在一定程度上提高课程的教学质量，进而带动整个专业的教学课程改革，从整体上提升教学效果。

教学质量重在课程，课程教学好坏影响教学质量。精品课程集师资队伍、教学内容、教材、教育技术、教学方法和教学管理建设于一身；通过共享优质教学资源，共享优秀教学成果，促进教师教学手段和方法的改进，促进师资队伍的培养，促进课程建设的发展和教学改革，促进理论课程教学与实践教学的更新；通过课程辐射共享效应，提高了课程质量，进而有助于提高高等教学质量，如上海交通大学的《大学英语》和《理论力学》，体现了名师、名课、名教材的完美结合，目前已被评为上海市和教育部的精品课程，不仅在本学院产生了示范效应，在全校也引起了广泛关注。

（二）精品课程建设的不足

精品课程实施八年来，取得了一定成效，但部分课程的信息化环境缺失，信息技术应用范围狭窄，众多教师仍沿用传统的教学环境，仅重视精品课程的申报和评审工作，忽视精品课程的教学应用，致使精品课程存在"网络资源在教学有效性方面缺失"[1]，存在"重申报轻建设、重共享轻应用、重评估轻教学、精品意识不强"等一系列问题。

1. 重心指向失衡

精品课程建设项目自启动伊始，便陷入众多高校及教育主管部门纷纷参与的热潮。过分重视课程的申报和评估，轻视课程共享应用；众多院校认为精品课程数量的多少决定了该院校的地位；部分省市教育主管部门则认为是决定了该区域教育信息化的水平。因此，催生了各级部门对精品课程数量的追求，但这种对速度和数量的追求是以牺牲课程的部分质量为代价的，即表面上课程建设采用教育部统筹规划、逐级申报遴选、层层把关的建设模式，实际上课程建设在学科、专业等方面缺乏体系性，形成信息孤岛，课程知晓率低，忽略课程内涵的建设，致使对课程理解的泛化，使得精品课程甚至不及传统课程的效果，缺乏创新与实用的价值。精品课程建设规模的扩大掩盖不了其课程资源质量不高、可用性不强，整体设计水

---

① 王佑镁：《高校精品课程网络资源教学有效性的缺失与对策》，《中国电化教育》2010 年第 8 期。

平亟待提高、需要系统规划的现象。

2. 传受的误解

精品课程以网络媒介为平台进行资源的传播和分享。但目前精品课程多为主持教师根据个人经验设计教学资源和组织教学活动，很少针对网络条件下的学习对象、学习需求、师生互动和教学管理特点进行优化设计，一些课程网站变成课本搬家、传统课堂教学搬家或课程的展示工具，创新意识不强；部分课程评审后不再更新，变成"死平台"；过于注重课程开发建设、推崇"技术至上"或过度贬低"技术无用"等错误认识，缺乏对学习者的有效利用和引导，部分课程由于版权机制的不完善、学习者访问受阻，使得课程没有获得学习者的普遍认同和参与，学习者需求未得到充分体现，开放性严重不足。① 开放课程资源不等于开放课程共享。从精品课程实施效果看，缺乏对服务面向的深度考虑，对其主要服务群体界定不清晰，影响了对其核心受众群的把握，最终影响了传播效果。

3. 评价方式偏移

国家精品课程采用由国家"自上而下"发起的组织实施模式、"校级—省级—国家级"自下而上的三级遴选推荐机制和"建设—推荐—评审—公示—立项"的工作开展机制。自 2003 年起每年评审一次，评审通过的课程，由教育部授予"国家精品课程"荣誉称号，并在国家精品课程网站公布。但教育部对网上的国家精品课程每年只进行一次年度检查，精品课程授予荣誉称号有效期满后的后续建设和维护费用没有相应规定，部分学校片面追求评比效果，部分课程基本不再更新、很多课程不能顺利访问，重评审、轻共享，重建设、轻服务现象严重，直接影响了课程的共享效果。此外，精品课程采用专家总结性评价为主，对其服务面向的主要群体——学习者评价考虑不多，缺少对课程的动态评价、阶段性评价及项目的后期管理维护评价，造就了评委眼中的精品，这势必影响其推广使用。

4. 宣传推广不力

诸多学习者对精品课程了解甚少，甚至不知道精品课程为何物，更不知道从何种渠道获知，即使少数学习者获知精品课程，但对于如何合理利

---

① 杨进中、张剑平：《国外开放课程平台及课程开发模式研究》，《中国电化教育》2012 年第 4 期。

用不清楚。当下，教师获知精品课程的主要渠道是学校的门户网站、搜索引擎及相关部门的公告文件；学生获知的主要渠道是教师推荐；多数高校将精品课程放在学校二级学院网站中，广大学习者不能在第一时间获知精品课程；多数教师没有在教学中提及，也没有学科带头人进行相关宣传，致使师生在精品课程的获知及获取方面存在严重不足。教育管理部门和相关高校对精品课程宣传推广的不力，使得课程没有深入到学习者中去，没有使学习者真正了解其内涵和用途，没有使其真正成为学习者学习生活的一部分。

5. 权利渗透过重

目前，精品课程采用教育部统筹规划并发布行政性文件的方案，对课程如何建设、建设多少、建设标准、如何评价、评价保准、经费投入、版权机制等均有文件规定和说明。省市教育主管部门、相关院校、课程教师及使用者对课程建设主动权较弱。一方面，行政指导下的课程建设使得众多高校因地制宜建设本地区、本校的精品课程意愿落空；另一方面，面对荣誉、地位、经费的诱惑，相关部门及高校又不断遵照执行教育部高层的方案。实际上，教育部希望精品课程实现信息的输出，实现优质资源的共享、实现文化的互通互融，实现意识形态的渗透；省市教育行政部门希望打造地区品牌、缩小地域鸿沟；高校希望提升自身知名度；教师希望实现优质资源共享、提高自身知名度、获得荣誉、地位和经费。精品课程正是在这种不同服务主体的矛盾运动过程中不断调整变化、不断向前发展。

综上，精品课程建设项目是一项系统工程，包括项目规划、组织管理、技术支持、资源建设、资金保障、综合应用、项目研究、质量监控、项目评估等环节；从精品课程实施效果看，很不理想，同时面对国外公开课爆红网络，这些因素势必使精品课程的形态发生变化。

三 新旧形态的关联

作为精品课程的延续和提升，共享课以普及共享优质课程资源、服务学习者自主学习、提高人才培养质量为目的，主要包括两个衡量标准：一是资源必须优质；二是共享程度最大化。[①] 因此，共享课建设应遵循"精品、开放、共享"原则，如图2-2所示。

---

① 孙伟：《精品课程建设的最终目的：实现优质教学资源最广泛的共享》，《中国教育信息化》2008年第13期。

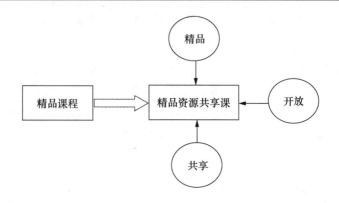

图 2 - 2 共享课的建设原则

（一）精品原则

目前多数精品课程主持人将精品课程误解为一种荣誉称号，其实精品课程是一个动态的变量。"精"是指精致，有自己的特色和风格。"品"是指品质，要注重质量而不是数量。共享课是一种高水平有特色的课程，精品应体现在课程内容、资源建设和教学设计方面。从知识传授角度看，共享课要求教学内容达到精品水准；从认知能力的角度看，要求教学方式达到精品水准；从资源建设的角度看，应体现质量意识、特色意识，强调优质；应采用"规划—开发—内部使用—发布"的建设模式，资源建设经过专业团队（包括负责课程开发的专职人员和授课教师）的精心设计和处理；应在精品课程基础上更加完善和拓展。

（二）开放原则

共享课的开放体现为内容、标准和技术工具的全面开放。一是资源的开放，通过信息、资源的流动实现自身陈旧知识的更新。二是环境主体的开放，创建一个超越资源内容的开放学习生态环境，充分利用新技术保证学习者围绕课程资源进行交互，促进学习者对材料的理解，加强学习者与外界的沟通。三是共享协议（如 CC、IMS、OKI、SCORM 等操作标准）及软件系统等工具的开放，即在技术方面需要内容管理系统（CMS）的支持，课程平台开发应采用开源软件或是在开源软件的基础上进行二次研发，遵循国际通用资源建设许可协议，方便系统间内容的互操作，共同制定符合国情的课程政策和标准，包括开发标准、版权策略和发布协议，以实现资源的共建、共享和互操作。

（三）共享原则

共享课作为一个生态系统，关注如何以网络为平台向校内外师生提供丰富的教学内容，需要和外界不断进行信息、人员交流，应在开放的空间中实现信息的自由流动、连通、拆分、重组和再造。当今知识的特点是具有自身特征的小片段能在不同媒体、情境中再造，并用于建立更个性化、更复杂的结构。因此，共享课建设应以课程资源系统、丰富和适合网络传播为基本要求，科学规划、合理布局、优化结构、增强资源的可移植性；借助联结学习社群，使学习者有效联结；建立统一的运营管理平台，建立统一宣传、推广、评价、管理的体系，使开放、共享程度和效果、效益达到最大化。共享和开放是体现在资源建设的标准化，只有标准化的资源才能更好地实现共享和开放。

精品课程与共享课之间到底有何区别与联系呢？为此，通过对政策文件的解读及精品课程相关教师的访谈，整理如表2－2所示。

表2－2　　　　　　　精品课程与精品资源共享课的区别

比较维度	精品课程	精品资源共享课
建设目标	服务教师为主，起着教学示范的作用	服务高校师生和社会学习者，提供优质资源
建设内容	教育理念、师资队伍、教学资源、教学手段与方法、教学管理与考核、实践教学等	师资团队、教学内容、教学方法和教学资源、技术平台，以教学资源建设为主
建设标准	一流教师队伍、一流教学内容、一流教学方法、一流教材、一流教学管理	团队要求、内容要求、资源要求、技术要求
实施模式	采用"学校—省市—国家三级"自下而上的遴选推荐机制、自上而下为主的组织实施模式、先建设后立项支持的激励机制、开放评审和公示机制	政府主导，高等学校自主建设，专家、高校师生和社会力量参与评价遴选的建设模式，经过国家、省、校三级建设；采用先使用后立项的激励机制和公示机制
监督管理	教育部、省级教育行政部门、高等学校的"评审＋年度自检"方式；采用"先评价后使用"的方式	教育部、省级教育行政部门、高等学校通过网上监管、使用评价、年度检查等方式跟踪监测和综合评价；"先使用后评价"方式
资源要求与力度	基本资源＋拓展资源＋部分授课实录；教学主题、课程单元线性化、结构化	基本资源＋拓展资源＋全程录像；学习模块、学习单元、知识点、学习活动的松散耦合、可重组

比较维度	精品课程	精品资源共享课
技术支持与要求	利用数字传播技术和 WEB 技术；无统一标准要求	利用云计算等先进信息技术和网络技术；基本资源应符合标准并填写元数据，拓展资源应符合 CELTS—9.1 或 SCORM 1.3 标准
知识产权	知识产权属于学校，作者只享有署名权。对非商业性使用、侵权违约处理等方面均未作明确界定	在国家现行著作权法等知识产权法下，以协议形式明确课程建设各方的权利、义务和法律责任
应用载体	门户网站	移动媒体、平板电脑、智能终端、门户网站
宣传推广	国内教育网站	与国内教育网站以及主流门户网站合作，通过接入和镜像等方式，实现共享传播
共享平台	各高校自主建设的单一模式；平台多样、不统一	各高校先行采用自主平台开发；评审后上传至统一平台共享
开放程度	网络有限开放；多数课程访问有权限、限制校外访问	网络充分开放；基本资源免费共享、拓展资源有条件共享

资料来源：教育部政策文件、相关网站及精品课程主持教师、制作人员访谈整理。

综上所述，精品课程从不同视角理解，概念内涵也不一样。精品课程按照学校类型可以分为本科、高职高专和网络教育三种类型。本书中界定的高校精品课程是指普通本科、高职高专、网络教育建设的国家级、省级和校级精品课程；由于 2010 年以后的精品课程形态发生了改变，称为共享课，因此书中所探讨的精品课程是指 2010 年以前的精品课程及当下的共享课，共享课研究称为精品课程的发展研究或可持续发展研究。

第三节　研究的理论基础

一　信息传播理论

（一）信息及信息传播概念

"信息"是当今使用频率极高的术语，如"信息技术"、"信息社会"等。"信息"一词源于拉丁文，原指解释、称述。到目前为止，对信息的定义有多种，如"信息是一种可传播的消息，可以被运算，加工和处理，是一种认识世界、改造世界的知识"；美国数学家香农认为，"信息是能减少或消除某种不确定性的东西"；控制论创立者、美国数学家维纳认为，"信息是我们在适应外部世界和控制外部世界的过程中，同外部世界进行交换的内容的名称"。本书中的信息是指"信息是关于事物运动状态和规律的表征"。从本质出发信息特征为：信息是一种可以共享的资源，具有知识秉性、可以被传输和储存、提取、加工和变换。

信息传播是指信息的发布和扩散，即信息从信息源发出，以物质和能量为媒介，超越时空传递给接收者的过程。[①] 本书主要探讨精品课程信息传播过程及传播共享的影响因素，构建相应的策略方案，促进其可持续发展。精品课程本质上是一种基于网络等新型媒体的教育传播活动，具有信源动态、非线性、多元化和多向互动的传播新特征，它改变了传播结构方式，形成了以多向交互为特征的无中心（多中心）信息传播结构。从信息来源看，精品课程提供呈现出"面"乃至于"立体网络"的特征[②]；从信息传输机制看，精品课程通过教学者采用一定的方法技巧，应用网络媒体传播给学习者，刺激其知识结构产生反应，突出表现为传受双方平等互动的信息化教学活动。

（二）信息传播的研究范围

信息传播的研究范围包括传播本体（传播的概念、构成要素及相互关系），传播过程和模式，传播内容（信息的本质、运动规律、开发与利用），传播通道与媒体（通道及干扰、媒体的特点、功能与应用），传播中传者与受众（师生的角色及应具备的品质、师生的传播心理和行为），传播环境（传播环境优化和调整）及传播效果（传播效果的优化、测量与评估）。这些理论对学习资源的设计、开发、运用、管理与评价均有直接与重要的指导作用。[③]

信息传播时代，网络教育提高了教学活动的自由度，使得传播者、传播方式、传播内容、受传者和传播效果都有新的发展和突破，教育进入了泛信息化时代。因此，如何提高网络学习者的自主学习能力，建立合理的认知结构，师生怎样通过信息传播互相影响、共享信息值得探讨。精品课

---

①　付道明：《信息传播学视野下数字化学习的优化策略与效果研究》，博士学位论文，华南师范大学，2009 年。

②　胡钦太：《论信息时代的教育传播研究范式》，《电化教育研究》2010 年第 12 期。

③　李运林、曾艳：《教育传播理论是教育技术的基本理论》，《电化教育研究》2006 年第 1 期。

程是一个知识信息传播的过程，这一过程是由教学的各个基本要素——任务、内容、方法、手段、形式等构成，要取得好的传播效果，必须对传播各环节进行有效设计和合理组合。

首先，要对传播信息进行选择，这是保证教育教学内容传播质量好坏的主要因素，精品课程的教学内容需要精心筛选、组织，使教育者与受教育者之间的信息流向由单极变为双向。其次，选择教学媒体和信息通道，精品课程为学生提供了丰富的教学资源及与资源相配合的集语言、图像、数据于一体的交互式媒体和为保证教学所设计的信息通道，保证了教育教学活动的顺利进行。最后，注意对教学过程的控制，精品课程传播者对学习者的学习控制是一种外部控制，根据信息传播的构成要素，对其外部控制进行新的设计，便可达到有效的控制。

借助信息传播理论研究精品课程及其作用机理，将使研究从静态媒体论走向动态过程论，使人们的眼光从静态的、一维的工具手段转向了动态的、多维的教学过程。因此，要提高精品课程的传播共享效果，应处理好教育者与受教育者，教育者、受教育者与教育媒体，受教育者与教育信息之间的关系。正确评估受传者的已有知识经验水平，使教育传播适合受传者的身心特点，积极正确地结合具体的教学情境，使人和工具合理地组合。

（三）信息传播的过程和模式

1. 信息传播的过程

信息传播的过程是指具备传播活动得以成立的基本要素过程。传播系统的构成要素有传播者、信息、通道与媒体、受传者以及反馈，这五种要素是传播过程得以成立的基本条件。信息传播是一个过程，指传播具有动态性、序列性和结构性；信息传播是一个系统，指将信息传播看作是一个由相互联系、相互作用的各个部分（或过程）构成并执行特定功能的有机整体，这个系统不仅受到内部结构的制约，而且受到外部环境的影响，与环境保持着互动的关系。[①]

传播者，又称信源，指传播行为的引发者，即以发出信息方式主动作用于他人的人。信息是传播者和受传者之间社会互动的介质。受传者，又称信宿，即信息的接收者和反应者、传播者的作用对象。媒介是信息搬运

---

① 郭庆光:《传播学教程》，中国人民大学出版社 1999 年版。

者，是将传播过程中的各种要素相互连接起来的纽带。反馈，指受传者对接收到的信息做出反应或回应，也是受传者对传播者的反作用。

2. 几种主要信息传播过程模式

传播模式是对传播活动的内在机制与外部联系进行的一种直观的、简洁的描述。① 本书依据传播模式演进的轨迹及媒介进化的历程，从宏观的角度展开分析。

（1）传播过程的直线模式。

①拉斯韦尔的5W模式。拉斯韦尔（H. Lasswell）最先在《传播的社会职能与结构》（1948）一文中提出了"5W模式"。这种模式为一般传播行为结构提供了一种描述方法，得到了传播学领域研究者的广泛认同。即 who（谁）—信息源、says what（说了什么）—传播内容、in which channel（通过什么渠道）—传播媒介、to whom（对谁）—受传者、with what effect（取得什么效果）—传播效果？据此引出传播研究的五个内容：控制分析、内容分析、媒介分析、受众分析和效果分析，如图2-3所示。

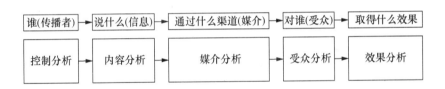

图2-3　拉斯韦尔的5W模式

拉斯韦尔传播模式最大的特点是以传者为中心的线形传播。该模式对本书的启发是：将精品课程研究划分为传播者研究、信息研究、媒介研究、受众研究及效果分析。但拉斯韦尔模式是单向直线模式，不能反映精品课程信息传播的双向互动性。

②贝罗的SMCR模式。贝罗于1960年提出了线型模式，即S—M—C—R模式：信源—信息—通道—受传者。贝罗模式综合了哲学、心理学、语言学、大众传播学、人类学、行为科学等多门科学理论解释在传播过程中的各个要素。在这一模式中，信源、信息、通道及受传者构成其传播过程，还描述了影响信息源、受众和信息实现其传播功能的条件，说明

---

① 邵培仁：《传播学》，高等教育出版社2000年版。

信息传播可以通过不同方式和渠道进行，如图 2 - 4 所示。

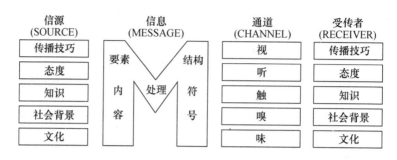

图 2 - 4 贝罗传播模式

贝罗模式说明了在教育传播过程中，影响和决定教学信息传递效率和效果的因素是多方面的、复杂的，各因素之间既相互联系又相互制约。为提高教育传播的效果，必须研究和考察各方面的因素。贝罗模式对本书的启示是：在精品课程建设过程中，必须借助适当符号和媒介，对信息的呈现进行系统设计，考虑传播技巧、态度、知识、社会系统和文化等因素对传受双方的影响。

③守门人模式。"守门人"又称"把关人"。这一概念首先由美国学者 D. M. 怀特提出并运用到信息交流与传播理论中。在此基础上，麦克内利提出在信息与接收者之间存在着各种各样的中间传播者，他们担当着"守门人"的工作，使信息交流表现为经复杂的"把关"后完成的过程，使单一门区和单一守门人模式的缺陷得到了弥补，如图 2 - 5 所示。

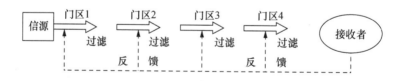

图 2 - 5 麦克内利守门人信息交流模式

该模式增加了接收者与信源之间的反馈环节，增强了互动性，对精品课程建设的启示是精品课程建设需要层层把关，需要传受双方之间的互动。

（2）传播过程的循环和互动模式。鉴于直线模式的局限性，施拉姆于 1954 年，在奥斯古德观点的启发下，提出了一个新的过程模式，称为"循环模式"，如图 2 - 6 所示。

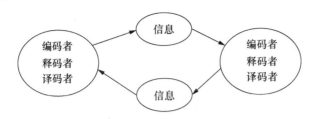

图2-6　奥斯古德与施拉姆循环模式

该模式中，传播者和接收者在编码、解释、译码、传递、接收信息时始终相互影响。该模式出现了反馈，反馈成为交流中不可缺少的要素，这使得信息交流成为一个始终互动的循环过程。该模式对本书的启示是：在信源与目的地（传者与受者）之间，只有在共同的经验范围内才能为传受两者所共享；传受双方在编码、解释、译码和传递、接收信息时，是相互作用、相互影响的；传播、信息和反映信息的过程是往复循环、持续不断的；即精品课程教学过程中，教师应充分考虑学生的知识基础、年龄、动机、兴趣、经验等，尽可能地在师生"经验范围"内构成有效传播。

（3）马莱兹克系统模式。马莱兹克于1963年提出了系统模式，他把大众传播看作是包括社会心理因素在内的各种社会影响力交互作用的"场"，这个系统的每个环节都是这些因素或影响力的集结点，如图2-7所示。

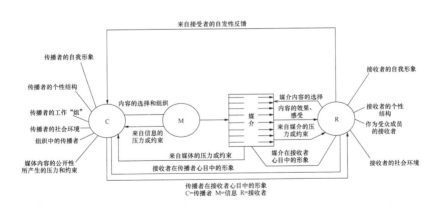

图2-7　马莱兹克的系统模式

马莱兹克系统模式描述了各个要素之间的复杂互动关系。该模式认为，影响和制约传播者及接收者的因素有传播者与接收者的自我印象、人格结构、同僚群体、所处社会环境、约束力、信息本身及媒介的约束力等；影响和制约媒介与信息的因素有传播者对信息内容的选择和加工（由传播者背后的诸多因素影响）、接收者对媒介内容的选择接触（接收者本身的社会背景和需求）及接收者对媒介的印象（平时的媒介接触经验）。科学交流从单向线形向双向环形发展，多了反馈环节。马莱兹克的系统模式中，每个传播要素都受自身和社会环境影响。该模式对本书的借鉴意义是：在分析精品课程信息传播时，必须对传播过程中的各种影响因素进行全面、系统的考虑和分析。

（4）整体互动模式。整体互动模式抛弃了传播的单向性和被动性，突出强调传播的双向性和能动性，强调传播的多向性和复杂性。整体互动模式包括人际传播、大众传播和网络传播三个系统；还包括构成传播活动的四大因素，即核心要素、次级要素、边际因素和干扰因素。①核心要素：拉斯韦尔的"五W模式"。②次级要素：传播的或反馈的信息从哪儿来（现实或事件）？以什么形式传播（编码或符号）？怎样传播（谋略与技巧）？谁参与了信息互动（参与者、决策者、咨询者、守门人、中介者等）？受者认识传播的形式吗（译码或读解）？谁回话（反馈）？据此引出来源分析、符号分析、技巧分析、参与分析、接受分析、反馈分析。③边际因素：每个参加者所追求的是什么（价值）？传播活动在哪儿完成（环境）？有没有一系列传播和接受的规则（规范）？传受两者之间有没有大体相同的经验（思想意识、经验体察）系统（经验）？④干扰因素：任何阻塞有用信息通过的障碍和不属于信息来源原意的干扰因素。

整体互动模式对本书的借鉴是：精品课程信息传播，各要素是相互作用、相互制约、相互影响的，任何要素功能的释放和发挥都需要其他要素的协同配合；精品课程的有效应用既有传受双方的内部因素，也有外部环境因素的制约。

（5）基于网络的传播模式。网络传播的基本模式是网状的，主要包括传播者、受众、信息及媒介，网络传播的每个参与者都具有传播者和受众双重身份。网络是把一些分散的"节点"通过某种"手段"连接起来形成的整体。① 网络传播离不开复杂的社会环境，网络传播中的传播者、接收者和信息同样会受到外部因素的影响，同时网络还创造出一个虚拟的网络社会环境，如图2-8所示。

---

① 王中义等：《网络传播原理与实践》，中国科学技术大学出版社2001年版。

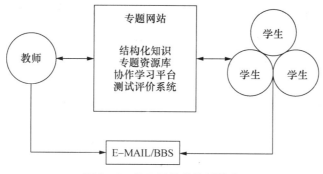

图 2 - 8　基于网络的传播模式

这种学习模式围绕某一专题进行较广泛、深入的学习和研究，并通过专题学习网站的共建共享培养学生创新精神与实践能力。这种模式的学习过程是，教师提出学习要求，学生利用网站自主、协作学习；学生的自主学习成果（网页）通过评价整合为网站资源；学生利用网站提供的形成性练习和考试功能，检查自己学习效果。教师或专家负责为学生学习过程中的疑难问题提供帮助，或师生通过用电子邮件、在线论坛等方式交流。该模式对本书的研究具有较大的借鉴意义，本书研究的精品课程网络资源也属于专题式的教育网站，其制作、功能、效用和该模式基本吻合。

综上所述，我们对传播过程的基本构成要素进行了简单概述，对部分有影响的传播模式进行了分析，总结出传播过程具有以下特征：一是传播过程的动态性。其运动特点形式上体现为有意义的符号组合在特定渠道中的流动，实质上这是传受双方的意义或精神内容交流的双向互动，即作用与反作用。二是传播过程的序列性。这种序列性表现为传播过程各环节和因素的作用各有先后次序，按照信息的流向依次实现各自的功能。三是传播过程的结构性。即该过程的各要素、各环节之间相互关系的总体。

（四）信息传播理论对本书的启示

1. 运用信息传播理论的原因分析

传播学是研究人类如何运用符号和媒介进行信息交流的学科，其中信息及其传播模式是主要研究对象。① 精品课程通过网络传播，以普及共享优质课程资源为目的，本质上是一种教育传播活动，即师生利用网络平台

---

① 郭庆光：《传播学教程》，中国人民大学出版社 1999 年版。

进行信息资源的传递与接受。① 精品课程更加凸显了网络传播特性，从传播学视角开展专题研究更具有独特的价值，对促进课程有效深入的建设，丰富和优化课程资源，扩大共享范围，保证课程的示范性和延续性有重要的指导意义。

（1）从发展历程看，精品课程与传播媒体的发展密不可分。著名传播学家麦克卢汉认为"媒介即信息"，媒介是社会发展的基本动力。② 信息时代网络是主要的传播媒介，精品课程旨在借助网络媒介实现优质课程资源的共享传播。网络的普及使学习者从庞杂无序的网络信息海洋中提取有用信息，高效利用信息的需求与日俱增，使得精品课程乃至共享课应运而生，并逐渐发挥作用。

（2）精品课程传播过程与社会信息传播过程有高度相似。信息传播必须遵守相应的文化属性和政治规则，精品课程的建设与发展也必然符合社会发展的一般规律，遵守国家的各项政策和文化引导性，适应社会的需求，必须注重学习环境的创设，在这一点上两者具有高相似性。此外，精品课程的弱交互和反馈延迟与信息传播中单向传播的特点相似。精品课程重建设轻内涵，课程更新慢，互动功能不强，反馈不及时，更多情况下精品课程传播是知识的一种单向传递。

（3）精品课程传播具有"非在场传播"的特点。精品课程是利用网络平台向广大高校师生、社会学习者提供优质资源，学习者以自学为主，已不再是传统意义上师生面对面交流的互动学习。这里的传播者更多的是学习活动和学习资源的组织者和策划者，传播者也可以是受传者，师生之间的角色具有多重性。而现代传播学的研究重点是非感官所及的范围内所进行的传播，即非在场传播。③ 从这个层面来说，精品课程是在网络媒介帮助下建立起来的一种教与学关系的活动，是一种非在场的传播。

2. 精品课程的信息传播过程

精品课程的信息构建和信息分享需要扩散，但"扩散"顺畅的知识都是经过充分"编码"和"抽象"才能够完成价值，这需要对精品课程进行系统设计，使知识在组织中和组织间顺畅流动，并通过编码、抽象和

---

① 刘斌、张文兰、焦伟婷：《传播学视角下移动学习探究——基于要素分析的移动学习过程模型构建与解析》，《现代教育技术》2009 年第 6 期。

② 郭庆光：《传播学教程》，中国人民大学出版社 1999 年版。

③ 李庆林：《从传播学的分类看传播学的研究重点》，《国际新闻界》2008 年第 3 期。

扩散发挥作用。① 一般认为，传播的过程为信息源即传播主体将信息编码后，通过某种渠道传递给受众，受众经过信息解码后，再通过该渠道反馈给传播主体，如此循环往复，传受之间的角色可以相互替代。

本书有一个前提假设，即以拉斯韦尔的"5W"模式（谁—说什么—通过什么渠道—对谁—取得什么效果）为基础，借鉴贝罗的"SMCR"模式（信源、信息、通道、接收者），加入"反馈"要素，考虑信息传递过程中的干扰，构建了精品课程的传播过程模式，如图 2-9 所示。该模式是否合适，将在后文中分析检验。

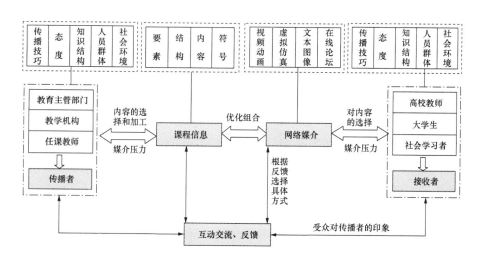

图 2-9　精品课程的传播过程模式

（1）精品课程的传播者。精品课程传播者的职责是提供和变换信息，对接收者进行教育，为接收者创造良好的学习环境，是学习的组织者、引导者和帮助者。精品课程采取由教育部统筹规划、省（区、市）教育行政部门负责，高校作为课程建设主体，教育部本科、高职和继续教育各有关学科、专业教学指导委员会、有关机构等多部门协调运作的组织实施模式。因此，精品课程传播者既包括课程主持教师、相关单位或组织，也包括一种基于网络的虚拟课堂。传播者不仅是信息的主动发出者，也是反馈信息的接收者。

---

① ［英］马克斯·H. 博伊索特：《知识资产：在信息经济中赢得优势》，张群群、陈北译，上海人民出版社 2005 年版。

（2）精品课程接收者。即受传者，接收者的职责是接收、反馈信息，把接收到的信息转换为自己所熟悉的符号，并按照自己的经验译成信息意义；接收者是信息的终端，在接收信息后会产生一定效果，在知识、思想和行为上产生变化。精品课程的接收者可以是进入网络学习的个体，可以是学校，甚至还可以是企业或公司，接收者由信息的被动接收变为主动选择，可以根据自己的时间、知识水平、兴趣爱好随心所欲地点击所需的信息，传受双方的角色可以相互转换。

（3）精品课程符号与信息。信息是精品课程的传播内容，指以知识形式存在的网络资源，涉及信息的组织和运用的信息技术手段等数字化、多媒体化形式。信息时代，知识内容多元化、细分化速度加剧，如何选择恰当的信息内容、如何设置信息的呈现方式成为精品课程建设面临的关键问题。一般来说，信息传播主要采取文本、声音、图像的相互作用来实现，即视觉感觉的直接证实性、文本的多义性、声音的形象性、影像的推理性所集合而成的网络平台。

（4）精品课程传播媒介。媒介是传递信息的工具，是连接传播者和接收传者双方的通道。精品课程借助网络媒介来呈现信息、传递信息，通过文本、视频、音频、图形、动画、数据等多媒体形式，将单一信道变成多媒体信道，极大地增加了信息量；同时网络的双向互通性增强了交互的灵活性，传受双方在信息传播过程中通过多种互动，参与新的公共空间的建构，有助于在传播活动揭示断续性和无法传通之处重新找到连续性，使得传播在更广阔的空间中进行。因此，网络媒介带来了使用者对信息的多元选择，改变了传统的信息消费方式，改变了传播者与传播工具的关系，也进一步给传播制度与媒介规范理论带来了深刻的影响。

（5）反馈。控制论传播模式认为，传播不仅是信息的单向流动，更是双向的信息传播回路，这就形成了反馈。反馈指由控制系统将信息输送出去，又将其作用结果返送回来，并对信息的再输出产生影响，起到制约作用，以达到预定的目的。互联网的交互性是对传统媒介"你传我受"单纯灌输模式的极大否定，传播信息从"推"到"拉"使得人人都将拥有自主能动的传播参与和选择权。精品课程的反馈是双向的，既可以通过网络直播课堂或学习者学习中心的方式实现师生间、生生间的实时反馈；又可以通过 E - mail 等方式实现非实时的反馈。信息反馈使得传受双方做到了自主和互动，双向传播实现了信息的共享和交流。

（6）干扰。在传播过程中，如果传播者传送的信息全部传达给接收者并使其接收，便获得了理想的传播效果，但实际上传播者发出的信息与受众接收的信息之间有较大差距，这源于传播过程中信息受到来自各方面的干扰。按照系统论的观点，精品课程的传播过程是包含着信源、信息、信道、信宿、反馈、干扰、效果等要素相互作用的统一体，因此干扰也来自多方面，有信源质量的干扰、信道的干扰（如网络不通畅、访问不顺利、媒介压力），也有来自信宿的干扰（如受众的信息素养、对信息的理解能力的差异、生理性和心理性干扰）、环境性干扰等。

霍尔认为，传受双方编码和解码的符码之间的对称程度，即在传播交流中"理解"与"误解"程度依赖"人格化"、编码者—生产者及译码者—接收者所处的位置之间建立的对称或不对称程度。[①] 这种编码、解码的理论指出，传播在很大程度上取决于传播者和接收者之间地位的结构差异，也取决于传播者与接收者之间符码的不对称性。因此，精品课程的传播受到传受双方的经验、态度、价值观的影响，还受到社会环境、文化价值、国家规范等因素的影响和制约。只有排除或避免上述干扰因素的影响，才能保证精品课程传播的有效性，最大范围、最大效果地实现优质资源的共享和传承。

3. 精品课程信息传播的特征

精品课程传播突破了人际传播一对一或一对多的局限，拓宽了信息传播渠道，开创了新的信息接收方式；为不同思想文化的交流提供了空间，也为个人意见的发表提供了平台；由于传递信息的载体不同，精品课程传播具有自身的特点，在主体多元性、内容丰富性、形式多样性、过程开放性、传播的速度和广度、针对性、互动性等方面表现出一定的优势。

（1）传播主体的多元化。网络传播的结构是"去中心化"的，在这张纵横交错的网状结构中，每个"节点"都是平等的，每个"节点"之间都可以选择不同的路径进行信息的传递。网络传播媒体的"施—受"过程（"推"传播）在网络传播中变成了"施受统一"的过程（"推拉"传播）。网络传播的主体具有多元化的优势。

（2）传播内容的丰富性。任何一种媒介都有信息量的制约，精品课程借助网络媒介，其传播的信息量几乎是无限的，每个使用者都可以成为

---

① ［英］马克斯·H. 博伊索特：《知识资产：在信息经济中赢得优势》，张群群、陈北译，上海人民出版社 2005 年版。

信源，都可以通过搜索工具快速找到自己感兴趣的信息。此外，网络传播可以方便地将信息进行聚类、整合，在不同的时空维度上延伸和拓展，使信息更加深入、立体。

（3）传播过程的开放性。精品课程传播在时空上具有开放性特点，网络从单纯的"读"向"导"和"共同建设"发展，信息的流动呈现出多极性、连通性、非线性特点。网络媒体使得边界、地域、空间概念变得模糊，通过网络可以方便快捷地发布、获取信息，自由迅速地进行沟通、交流。

（4）传播形态与方式的多样性。网络传播融合了大众传播、人际传播、组织传播、群体传播等多种传播形态，它们交织在一起构成了复合型的传播网络。作为网络传播的载体，网络媒体在传播过程中不仅是信息传播的平台，也是连接传播者与受众的桥梁。

（5）传受双方的交互性。网络的互动性，开放性使传播过程传受双方可以自由交互。受众的高度异性、不确定性及对信息的被动传收逐渐转变，摆脱了被动、消极的角色，不再被动地接收被"推"到眼前的各种信息，而是根据个人兴趣、需要主动地将信息从网上"拉"出来。传播受众更为清晰、"小众化"、"个性化"，可以针对受众不同需求，进行有的放矢的信息传播。

精品课程借助在线论坛可以形成小网络，问题的发起者就是一个普通的节点，同时讨论中的任何一个节点都有可能分叉，从而引起新的议题，形成新的网路。网络技术手段对金字塔式权力话语模式进行消解，"处处是中心、无处是边缘"的互联网在一定程度上解构了金字塔式的权力控制模式，营造出自由、平等、兼容、共享的话语环境。实时的交互式传播造就了开放式的舆论传播模式。

4. 信息传播理论方法何以支持精品课程共享

精品课程改变了知识传承模式，使得师生之间、生生之间跨越了空间距离。本书借助信息传播理论，将精品课程共享看作是置身于信息空间、信息环境中的一种教学信息传递过程。通过对这个过程的宏观把握，探寻精品课程运行的内在机理，以提高精品课程的质量。

互联网带来了新的传播环境，精品课程必将开创社会信息传递的新方式，也将形成新的信息传播规律和特性；作为审视精品课程的新视角，信息传播理论对精品课程研究有重要的理论指导意义。信息传播理论如何指导精品课程的传播共享呢？研究梳理如表2－3所示。

表 2 – 3　　　　信息传播理论、方法支持精品课程共享情况

研究模块	研究问题	理论基础	具体方法	研究路径
建设现状	对精品课程的认识和了解	经验功能学派的实证主义:传播渠道、传播目的(创新扩散理论)	实证研究法（问卷分析法、访谈法）	
	使用精品课程目的、频率	经验功能学派的实证主义:受众需求（使用与满足理论、选择性接触理论）	实证研究法（问卷分析法、访谈法）	
	精品课程的使用效果	经验功能学派的实证主义:传播效果(有限效果论、知识沟通理论)	实证研究法（问卷分析法、访谈法）	
	精品课程传播共享影响因素	经验功能学派的实证主义:传播者(把关人理论);传播内容(符号互动论);传播媒介(技术工具理论);传播渠道(创新扩散理论);传播技巧(说服理论);受众(使用与满足理论);传播环境(媒介、社会环境)	实证研究法（问卷分析法、访谈法）	
中外对比	规划、规模、实施的比较	符号权力学派的批判哲学:传播与社会——传播者(把关人)	解释描述法（横向比较、定量比较）	比较研究
	课程资源及其设计的比较	符号权力学派的批判哲学:传播内容（符号互动论）	符号学研究方法（横向比较）	
	比较创新推广模式、策略	经验功能学派的实证主义:传播效果（创新扩散理论）	实证研究法、反馈比较法（横向比较）	
策略模型	传播共享策略模型的构建	技术控制论学派的技术主义:传播目的、传播理念（开放、共享、精品）	解释描述法（归纳法、文献法）和推理预测法	策略研究
	国家顶层设计	经验功能学派的实证主义:传播主体（传播者把关）	解释描述法（归纳法、文献法）和推理预测法	
	区域发挥特色	经验功能学派的实证主义:传播模式(信息双向、多向联通)	解释描述法（归纳法、文献法）、推理预测法	
	高校立足本位	符号权力学派的批判哲学:传播内容、传播技巧、传播渠道、传播策略等	解释描述法（归纳法、文献法）、推理预测法	

续表

研究模块	研究问题	理论基础	具体方法	研究路径
案例分析	精品课程升级改造的背景	技术控制论学派的技术主义：传播技术与社会——传播理念（开放、共享、精品）、传播环境（国家政策）	解释描述法、（归纳法、文献法）、实证研究法（调查研究法、访谈法）	个案研究
	对共享课的需求分析	经验功能学派的实证主义：受众的需求（使用与满足理论、选择性接触理论）	解释描述法（归纳法、文献法）、实证研究法（调查研究法、访谈法）	
	共享课的设计与开发	符号权力学派的批判哲学：传播内容	解释研究法（模式法、个案法）	
	共享课的评价	经验功能学派的实证主义：传播效果	实证研究法	

二 创新扩散理论

创新扩散理论，又译成创新传播理论、创新散布理论、革新传播理论。创新扩散理论是传播效果研究的经典理论之一，是美国新墨西哥大学教授罗杰斯（E. M. Rogers）于 20 世纪 60 年代提出的关于媒介劝服人们接受新观念、新事物、新产品的理论，侧重大众传播对社会和文化的影响，主要阐述创新事物"如何通过一段时间，由特定渠道，在某一社会团体的成员中传播的过程"。①

创新扩散理论已在广告和市场营销、产品研发和推广、医疗政策制定、教育等领域获得广泛应用。② 创新扩散可以通过中心性扩散与非中心性扩散两种方式进行。中心性扩散系统的基础是相对线性的，而非中心性扩散系统的基础是聚合式沟通模式，也就是参与者分享信息，从而达到互相理解。

（一）主要观点

罗杰斯认为，"创新决策过程"包括认知、说服、决策、实施、确认

---

① ［美］艾弗雷特·M. 罗杰斯：《创新的扩散》，辛欣译，郑颖译校，中央编译出版社2002 年版。

② 宫淑江、焦建利：《创新推广理论与信息时代教师的信息素养》，《教育发展研究》2002年第 7 期。

五个不同阶段：（1）认知阶段：个人开始了解、知道某一创新，并且对其功能有一定的基本认识；（2）说服阶段：个人对某一创新发明形成赞同或不赞同的态度；（3）决策阶段：个人参与到其中，决定是选择采用还是拒绝这一创新发明；（4）实施阶段：个人将创新发明投入到实际运用中；（5）确认阶段：个人对创新运用结果的评估。[①] 以上阶段并不是线性的，而是一个复杂的过程，涉及诸多变量，如采纳者的个人特性、创新属性、传播渠道、沟通环境等。

罗杰斯还认为，创新传播是一个社会化过程，即多个个体对新构想的主观感受沟通过程，通过这种社会化的沟通过程，创新的意义才逐渐凸显出来。[②] 创新扩散总是要借助一定的社会网络来进行，在创新向社会扩散（即推广）的过程中，信息技术能够有效地提供相关的知识和信息，但在说服人们接受和使用创新方面，人际交流则显得更为直接、有效。这一理论说明，在创新向社会推广和扩散的过程中，大众传播能够有效地提供相关的知识和信息，而在说服人们接受和使用创新方面，人际传播则显得更为直接、有效。因此，推广创新的最佳途径是将大众传播和人际传播结合起来。

（二）创新扩散理论对本书的启示

学者王龙利用创新扩散理论对 MITOCW 进行了研究，认为 OCW 符合创新事物的五个特征[③]；学者王爱华则分析了扩散理论对开放课程的影响。[④] 在比对创新事物的相对优越性、可试用性、可观察性、低复杂度以及兼容性等特点后，发现精品课程传播共享的优越性没有充分体现出来，缺乏相容性、技术平台和参数复杂度高、可试验性和可观察性不强，即精品意识不强、优势无法长效存；精品课程资源本身缺乏相容性，国家分类指导缺乏体系性，致使精品课程学科、专业、课程名称重复问题凸显，造成资源孤立，互不兼容；在课程建设过程中，各高校的网络平台数据标准不一致，技术平台、技术参数的复杂度较高；很多学习者不了解精品课

①　Werner J. Severin、James W. Tankard, Jr.：《传播理论：起源、方法与应用》，郭镇之等译，华夏出版社 2000 年版。

②　段鹏：《传播效果研究——起源、发展与应用》，中国传媒大学出版社 2008 年版。

③　王龙：《创新推广理论视角下的麻省理工学院开放课件项目》，《中国远程教育》2008 年第 1 期。

④　王爱华、姜海标：《促进教师开放课程：MIT 创新扩散措施探析》，《中国远程教育》2010 年第 12 期。

程，参与少，致使课程缺乏试验性和交流性。①

为提高精品课程的传播共享效果，应借鉴创新扩散理论，探寻精品课程知晓率低、应用效果不佳的原因，提出改进方案，使其符合事物创新扩散特点；依据创新推广的 S 形曲线，将大众传播和人际传播结合起来。建立统一的精品课程网络平台，建立多元化评估机制及动态检测机制，形成专家组抽查、教育主管部门筛查、客户终端网上评分的多维监控机制；借助移动媒体等终端手段，使精品课程从"重建设"向"重更新、主推广"转化，扩大精品课程传播共享辐射范围，加速精品课程在信息空间中的扩散进程，促进其可持续发展。

三 混合学习理论

混合学习的提出源于网络学习的兴起及关于"有围墙的大学是否将被没有围墙的大学所取代"辩论的深入研究和探讨；它是在网络学习发展进入低潮后人们对纯技术环境进行反思而提出的一种学习理念；混合学习思想迅速被国际教育技术界认可，并引入学校教育。②

南国农教授认为，混合学习理论是把传统学习方式的优势和数字化学习的优势结合起来，使两者优势互补，以获得最佳的学习效果。③ 结合国内外相关文献资料及国内外学者对混合学习的定义，对混合学习理论的含义可以理解为：混合学习是为达到"教"与"学"的目标和获得较好的教学效果，对所有的"教"与"学"中的组成要素进行合理选择和优化组合，使"教"与"学"的相关成本达到最优的理论与实践。

（一）主要观点

1. 混合学习研究本质是对"教"与"学"过程中信息传递通道的研究

混合学习不仅关注技术通道，更重要的是研究"教"与"学"过程中的信息传递通道，即研究哪些信息传递通道最具典型性，采用什么样的信息传递通道能更有利于促进学生提高学习效果。有效学习的先决条件是

---

① 李敏：《创新扩散理论框架下的精品课程共建与共享》，《现代教育科学》2011 年第 8 期。

② 黄荣怀、周跃良、王迎：《混合式学习的理论与实践》，高等教育出版社 2006 年版。

③ 南国农：《我国教育信息化发展的新阶段、新使命》，《电化教育研究》2011 年第 12 期。

学习通道的选择与学习者学习风格相适应。

2. 混合是"教"与"学"相关的多方面的组合或融合

混合学习不是在线学习与面对面学习的简单混合，而是和"教"与"学"相关的多方面的组合或融合；包括基于不同教学理论教学模式的混合；教师主导活动和学生主体参与的混合；课堂教学与在线学习不同学习环境的混合；不同教学媒体的混合；构成教学系统的教学媒体、教学材料、传输介质、学习环境、教学资源、学生支持服务的教学诸要素混合使用。

3. 混合学习的关键是对"教"与"学"所有要素进行合理选择和优化组合

混合学习遵从施拉姆的媒体选择定律，即最小成本和最大价值率。在"教"与"学"的过程中适当地选择与组合媒体，以实现用最小的成本取得最大的效益。一是以人为本，选择合适的学习风格使学习者的学习效果达到最优化；二是从实际人力、物力、财力的情况出发，选择合适的学习方式、教学设计模式和传递知识信息的载体，用最低的成本产生最大的学习效益或商业效益。

4. 混合学习是一种基于网络环境发展起来的教育理念和教学策略

混合学习以多种教学理论为指导，以适应不同学习者、不同类型学习目标、不同学习环境和不同学习资源的要求。教学方法以"主导—主体"双主模式为主，即在"教"与"学"过程中注重强调教师主导作用与学生主体地位的有机结合。教师不再是知识的简单灌输者，而成为学生学习的设计者、帮助者和支持者；学生不再被当成知识接受的"容器"，而成为认知的主体，教学的过程成为在一定的环境中促进学习者主动建构知识意义的过程。

（二）混合学习理论对本论文的启示

南国农先生指出，混合信息传递通道比单一信息传递通道能取得更大的教学效益；应该依据低投入高产出的原则选择信息通道，把在线学习与面对面的学习方式，现代的与传统的教学媒体，接受的—探究的、自主的—协作的学习方法等优势有机地结合起来，以实现教学效果的优化。[①]

混合学习理论强调学习者对知识的主动建构，强调在活动中学习、基

---

① 南国农：《发展现代远程教育：中国之路》，《中国远程教育》2005年第2期。

于问题学习。精品课程网络资源的学习是一个独立获取资源、处理资源、分析资源的过程，是一个自主学习和合作学习相结合的过程。混合学习理论所倡导的理念对于精品课程建设具有指导性意义。以混合学习理论指导精品课程资源建设，将产生全新的教学设计、教学模式和教学效果，有助于提高学习者认知、分析和解决问题的能力，培养学习者的探索、创新和协作精神。[①]

基于混合学习理论，可以设计精品课程网络教学资源和教学环境，将不同教学内容整合，按照学习者的认知结构、认知水平和兴趣，选择不同的学习方式，使学习者在学习过程中始终处于主动积极的状态；提供相关知识和网站链接，引导学生阅读相关参考资料，以便其主动探索、发现知识，进行意义建构[②]；提供反馈与互动（如答疑、讨论区、留言板等），实现交互式学习和协作学习；使用超文本、超媒体、动态网页编程和网络数据库等技术构建课程的导航系统，使学习者在网状的知识体系中，自由地选择学习内容，实现发现式学习与交叉学习；通过对学习过程的跟踪、记录，形成自定学习步调的学习过程，为师生的合作学习、交流讨论、思维与智慧的沟通共享，实现知识的迁移和创造提供便利条件。

四　认知负荷理论

认知负荷指个体在执行某项工作、作业或任务过程中个体所感受到心智负荷与心智努力的负荷状态。[③] 澳大利亚认知心理学家约翰·斯韦勒（John Sweller），于 20 世纪 80 年代提出认知负荷理论（cognitive load theory，CLT）。[④] 近年来，认知负荷理论已在认知心理学、教育心理学、教育技术等复杂性学习领域产生了十分广泛的影响。认知负荷理论已成为研究认知过程和教学设计框架的一个主要理论。[⑤] 基于人类认知的信息加工理

① 赵国庆等：《基于数字化学习资源的教师校本学习模式研究》，《软件导刊》（教育技术）2009 年第 1 期。

② 邱林：《医学类国家精品课程网上资源建设及应用状况调查研究》，硕士学位论文，中南大学，2009 年。

③ 唐剑岚、周莹：《认知负荷理论及其研究的进展与思考》，《广西师范大学学报》（哲学社会科学版）2008 年第 2 期。

④ Sweller, J., Cognitive Load During Problem Solving: Effects on Learning, Cognitive Science, Dec. 1988, pp. 257 - 285.

⑤ Paas, F., Alexander Renkl and Sweller, J., Cognitive Load Theory and Instructional Design: Recent Developments, *Educational Psychology*, VoL. 38, No. 1, pp. 1 - 4.

论，该理论对人的记忆系统和学习过程提出了假设。[1] 即长时间记忆系统具有无限的贮存容量；工作记忆处理图式的能力是无限的[2]；图式储存在长时记忆中，常被用来通过重组信息元素，以降低工作记忆容量。[3]

（一）基本观点

1. 有效教学设计必需的有效管理的三种认知负荷

认知负荷包括内在认知负荷、外在认知负荷和有效认知负荷三个基本成分。内在负荷源于认知任务本身，负荷大小取决于工作记忆中同时被处理的信息数量及与已存在的图式的联系，如果学习材料能与已有的认知图式联系起来或形成新的认知图式，则容易理解。[4] 外在负荷源于认知任务的设计和呈现不当、与实际教学无关的活动。外在负荷与学习过程关联性不强，容易造成困扰，可以通过教学设计修改完善。有效负荷是在学习过程中产生的，指工作记忆对认知任务进行实质性认知操作而承受的负荷。如对学习材料进行自我解释可能会生成有效负荷，如导航图式的建构等，增加了相似情境在处理时被及时区分的可能性。

2. 有效教学设计的基本原则是降低外在、内在负荷和增加有效负荷[5]

斯韦勒（1998）指出，最好的学习状态是使工作记忆（短时记忆）的负荷保持在最低水平，以保证长时记忆的改变得到最好辅助。一般来说，工作记忆的容量是存储 7 个左右的信息，同时处理 2—4 个信息（Miller，1956），但长时记忆却没有这些限制。认知图式是知识存储和组织的单位，高度复杂化的图式可以将多个信息组织起来，作为一个整体在工作记忆中进行处理，从而大大地降低工作记忆负荷，还可以将工作记忆的处理能力和容量大大拓展。利用有效教学设计降低外在认知负荷，释放出能量以提高有效认知负荷。[6]

---

① Sweller, J., van Merrienboer, J. J. G., Paas, F., Cognitive architecture and instructional design, *Educational Psychology Review*, VoL. 10, No. 3, pp. 251 – 256.

② van Merrienboer, J. J. G., Sweller, J., Cognitive load theory and complex learning: Recent developments and future directions, *Educational Psychology Review*, VoL. 17, No. 2, pp. 147 – 177.

③ 杨心德、王小康：《认知心理学视野中的认知负荷理论》，《宁波大学学报》（教育科学版）2007 年第 4 期。

④ 刘名卓：《网络课程的可用性研究》，博士学位论文，华东师范大学，2009 年。

⑤ 唐剑岚、周莹：《认知负荷理论及其研究的进展与思考》，《广西师范大学学报》（哲学社会科学版）2008 年第 2 期。

⑥ 杨心德、王小康：《认知心理学视野中的认知负荷理论》，《宁波大学学报》（教育科学版）2007 年第 4 期。

（二）认知负荷理论对本书的启示

认知负荷的高低决定了选择性注意过程中的资源分配。[1] 在高认知负荷下的学习是被动的选择过程，而在低认知负荷下则需要主动的选择。[2] 在精品课程教学过程中，学习资源呈现给学生的外在负荷是由学习资源的内在负荷决定的，应将信息的呈现、组织安排在学习者的工作记忆处理范围内，降低内在负荷的教学设计；通过模块化学习任务方式呈现资源，降低内在负荷；并减少外在负荷，以实现信息来源的简单化和整合化，即改善学习任务或材料的信息呈现方式。[3]

精品课程资源导航不清晰、过于分散，容易导致工作记忆中大量的空间用于处理信息。如果信息呈现方式多样、风格不统一、信息之间相互重叠或者自含，工作记忆就要浪费空间来处理无效的信息；如果信息的媒体呈现形式相互干扰，如图表和声音的组合，或页面完全文字显现等都将加重信息处理的负荷；如互动交流模块问题任务太大，学习者将缺少支持，很难对任务进行分解或聚焦到具体问题的讨论和学习上，这也加大了信息处理的难度，增加了学习者的负荷。如果资源过多地以教师讲授为主，学生难以控制学习进度和步骤，很可能会出现认知超负荷。如果在学习材料的组织安排中，注重认知图示的设计，则有助于对信息进行重新组织和理解；如果注重学习者习得阶段的意象表征、保持阶段的情景记忆和语义记忆、注重学习者学习技能的分析认知重组，供学习支持模块、提供小组学习、探究式学习、问题学习、情境学习，则控制负荷的权力交给了学生，增加学习者的内部认知负荷，有助于提高学习效果。

① Lavie, N., Cox, S., On the efficiency of visual selective attention: Efficient visual search leads to inefficient distractor rejection, *Psychological Science*, Vol. 5, August 1997, pp. 395 – 398.

② Lavie, N., Hirst, A., Fockert, J. W. et al., Load theory of selective attention and cognitive control, *Journal of Experimental Psychology*, Vol. 133, March 2004, pp. 339 – 354.

③ 袁磊、何克抗：《认知负载理论及其在 E – Learning 中的应用》，《现代远距离教育》2006 年第 5 期。

第三章　调查研究：高校精品课程传播共享现状分析

第一节　国内传播共享现状调研

一　调查概述

（一）研究目的

精品课程是传播者借助传播媒体与受教育者进行信息传递和交互的动态过程。对精品课程的传播共享现状进行调研，有助于发现精品课程传播共享存在的问题，梳理主要的影响因素，提出相应的解决方法，以期对"十二五"期间共享课的建设提出可行性建议。

（二）调研对象

本次调研采用了问卷调查和访谈相结合的形式。问卷调查对象是高校师生；访谈对象为精品课程评审专家、主持教师、制作人员、普通教师、教务管理人员和在校大学生。调查时间为2012年3—7月。其中教师问卷采用网络调研、电子邮件、学生代发和现场发放的方式进行，共回收有效教师卷171份；学生问卷采用现场发放，同学同事代发的方式进行，共发放学生卷1200份，回收问卷1125份，回收率为93.75%，严格提出填写不完全和无效问卷后，获得有效问卷1046份，问卷有效率为92.97%。调研对象相关信息说明如下。

1. 教师问卷

本次调查共回收有效教师卷171份，其中男教师89人、占52%，女教师82人、占48%，男女教师基本均衡；具有博士学位的25人、占14.6%，硕士学位的92人、占53.8%，学士学位的45人、占26.3%，其他9人、占5.3%，具有硕士学位的较多；30岁及以下的教师57人、占38.3%，31—40岁的81人、占47.4%，41—50岁的27人、占15.8%，50岁以上6

人、占3.5%，31—40岁的居多；5年及以下教龄的72人、占42.1%，6—10年的50人、占29.2%，11—15年的25人、占14.6%，15年以上的24人、占14%，6年以下教龄居多；初级职称的教师30人、占17.5，中级77人、占45.0%，副高级39人、占22.8%，正高级11人、占6.4%，其他14人、占8.2%，中级职称居多。调查对象中，参与或主持精品课程的教师63人、占36.8%，没参与主持的108人、占63.2%，详见表3-1。

表3-1　　　　　　　　　　　调查教师基本情况

调查情况说明		人数（人）	比重（%）
性别	男	89	52
	女	82	48
学位	博士	25	14.6
	硕士	92	53.8
	学士	45	26.3
	其他	9	5.3
年龄	30岁及以下	57	38.3
	31—40岁	81	47.4
	41—50岁	27	15.8
	50岁以上	6	3.5
教龄	5年及以下	72	42.1
	6—10年	50	29.2
	11—15年	25	14.6
	15年以上	24	14.0
职称	初级	30	17.5
	中级	77	45.0
	副高级	39	22.8
	正高级	11	6.4
	其他	14	8.2
是否主持、参与精品课程建设	是	63	36.8
	否	108	63.2
所授课程被评为精品课程的门数	1门	39	22.8
	2门	7	4.1
	3门及以上	5	2.9
	无	120	70.2

　　表3-1显示，36.8%的教师主持或参与过精品课程的建设，参与精品课程的中级职称教师较多，图3-1显示，精品课程主持教师占29.82%。

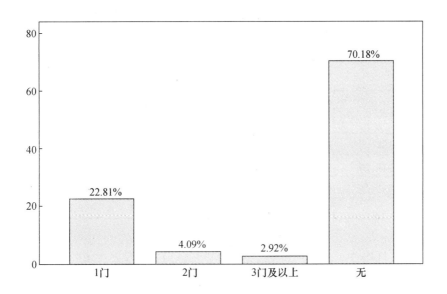

图3-1　教师所授课程被评为精品课程数量

　　2. 学生问卷

　　本次调查学生问卷采取随机整群抽样方法。根据地理分布、经济社会发展的代表性条件，在我国6大行政区选取一些省（市、自治区）的高校为调查样本：吉林（东北），江苏、上海、安徽（华东），湖北、河南（中南），北京（华北），宁夏、甘肃（西北），四川、西藏（西南）。这6个地区的人口密度和构成、经济水平和教育发展程度各不相同，分别代表着我国沿海、中部、西部、边疆少数民族地区等不同类型的地区。本书首先，以中国行政区域的划分为第一阶段的样本；其次，把不同的高校作为第二阶段的样本，涉及985高校、211高校及普通本科院校；最后，以区域经济发展水平为样本，涉及东部、中部和西部的高校。

　　调查共发放学生问卷1200份，回收问卷1125份，回收率为93.75%，严格剔除填写不完全和无效问卷后，获得有效问卷1046份，问卷有效率为92.97%。其中，东部高校发放问卷400份、回收有效问卷324份，西部高校发放问卷450份、回收有效问卷394份，中部高校发放问卷350份、回收有效问卷328份，东中西部院校基本均衡；回收985高校有效问

卷 248 份、211 高校 240 份、普通高校 558 份，普通高校学生较多，985
高校和 211 高校基本均衡。在地域分布上，东部、西部和中部高校分别占
31%、31.4% 和 37.6%，基本均衡；在层次和类型上，普通高校学生占
53.3%，985 高校和 211 高校分别占 23.8% 和 22.9%，见表 3 - 2。

表 3 - 2　　　　　　　　　　　调查学生的基本情况

调查说明	学校分类					
	985 高校	211 高校	普通高校	东部高校	中部高校	西部高校
问卷发放数（份）	270	250	680	400	350	450
回收有效数（份）	248	240	558	324	328	394
比重（%）	23.8	22.9	53.3	31	31.4	37.6
合计	100%			100%		

调查样本中，女生 654 人、占 62.5%，男生 392 人、占 37.5%，女
生较多；在年级分布上，大一学生 352 人、占 33.7%，大二学生 282 人、
占 27%，大三学生 212 人、占 20.3%，大四学生 72 人、占 6.9%，硕士研
究生 111 人、占 10.6%，博士研究生 17 人、占 1.6%，大一、大二和大三
学生较多，分布基本均衡，大四学生、博硕士研究生较少，见图 3 - 2。

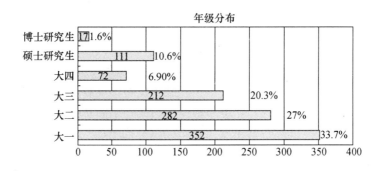

图 3 - 2　调查学生的年级分布

在学科分布上，调查了教育学（占 48.9%）、理学（占 20.9%）、艺
术学（占 10.7%）、文学（占 7.5%）、经济学（占 6%）、工学（占
3.8%）和农学（占 2.2%），教育学和理学学生较多，经济学、文学、工
学等学生较少，如图 3 - 3 所示。

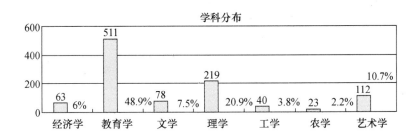

图 3 - 3　调查学生的学科分布

（三）研究内容及数据处理

调研围绕精品课程传播共享的以下几个方面展开：（1）对精品课程的认识和了解；（2）精品课程的使用现状；（3）精品课程使用的影响因素；（4）精品课程的未来发展。本书对收集到的有效数据采用 SPSS 17.0 统计软件和 WPS 2012 进行数据分析。主要采用独立样本 T 检验、单因素方差分析、回归分析、主成分分析和因子分析等方法。本书对变量间的差异性检验，都是在 5% 的显著性水平下开展的。

（四）研究效度

效度是指测量员工具测出变量的准确程度。换言之，效度指的是测量的有效性，即测量工具能准确、真实、客观地度量事物属性的程度。[1] 效度主要看其准确程度，主要包括两个层面的概念：一是调查了什么特征；二是调查到何种程度（陈向明，2000）。[2] 效度的检验可以从内容效度、准则效度和结构效度三方面去看。本书主要从内容效度和结构效度两方面对问卷的效度进行检验。

1. 内容效度

内容效应是指测量内容的适合性和相符性，即测量所选题目是否符合测量目的和要求。本书以量的研究为主，辅以质的研究来保证研究的效度。在广泛借鉴已有研究成果和开放式问卷调查的基础上，为保证研究的真实性和可靠性，初始问卷形成后，请导师及访学导师，部分博士、硕士研究生，高校教师对问卷维度与题项的代表性、适切性进行评定。其中，教师卷采用对华东师范大学网络教育学院资源建设部教师进

① 　袁方、林彬：《社会调查原理与方法》，高等教育出版社 1990 年版。
② 　陈向明：《质的研究方法与社会科学研究》，教育科学出版社 2000 年版。

行试调查方式，修改得出定稿，从而消除研究者只依靠一次数据收集来源可能形成的偏见，保证了研究效度。教师卷正式问卷分两部分，共32题。问卷大部分试题采用了 Likert 5 级量表，将定性指标分成 1—5 个档次（完全同意、比较同意、一般、不太同意、完全不同意），分别赋值为 5、4、3、2、1 五等。学生卷对华东师范大学、江苏师范大学、西北师范大学的学生进行试测，在此基础上形成了正式的问卷，正式问卷共两大部分，由 25 题组成（见附录）。这在一定程度上保证了研究的内容效度。

2. 准则效度

准则效度也称为效标效度或实证效度。准则是测量有效性的参照标准，准则效度指的是用几种不同测量方式或不同指标对同一变量进行测量时，将其中的一种方式或指标作为准则，其他的方式或指标与这个准则做比较。如果其他的方式或指标与被测的方式或指标具有相同的效果，则其他的方式与指标就具有准则效度。[1] 准则效度是用测量分数与效标分数之间的相关系数来衡量的，减少了由于主观判断失误而产生的偏差，是一种比较实用的效度检验方法。效度系数通常较低，多在 0.20—0.60，很少超过 0.70，一般在 0.4—0.8 比较理想。[2]

3. 结构效度

结构效度是指问卷能衡量到理论期望的特征程度，即问卷所要测量的概念能显示出科学的意义并符合理论上的设想；它是通过与理论假设相比较来检验的，根据理论推测的"结构"与具体行为和现象间的关系，判断测量该"结构"的问卷，能否反映此种联系，其评价指标是信度系数。评价某调查问卷的结构效度可分为两步：首先是提出结构假设，然后对结构假设进行验证。[3]

问卷对每个概念的测量往往都要用一系列条目，因而根据这些条目之间的相关性也可以评价信度。问卷的信度系数为：$R = k(rij)1 + (k-1)rij$（rij 为 k 条目间相关系数的平均值）。在这里，R 值常被称为 Cronbach's α 系数，代表了问卷条目的内部一致性。它等于所有可能组合的折半法信度

---

① 袁方、林彬：《社会调查原理与方法》，高等教育出版社 1990 年版。

② 李灿、辛玲：《调查问卷的信度与效度的评价方法研究》，《中国卫生统计》2008 年第 10 期。

③ 同上。

系数的平均值。一般要求问卷的 α 系数大于 0.80。如果用相关分析评价结构效度，可以直接用相关系数判断问卷测量结果与各种因素的关系，相关系数大于 0.7 为强相关，0.3—0.7 为中度相关，小于 0.3 为弱相关。

评价结构效度常用的统计方法是因子分析，其目的是了解属于相同概念的不同问卷项目是否如理论预测那样集中在同一公共因子里。[1] 一般采用 KMO（Kaiser – Meyer – Olkin）检验来进行适合性分析，KMO 越大，所有变量之间的简单相关系数平方和远大于偏相关系数平方和，因此越适合作因子分析。Kaiser（1974）指出当 KMO 值小于 0.5 时不适合进行因子分析，而 KMO 值大于 0.9 时，则非常适合进行因子分析。本书经分析，发现调研的教师卷和学生卷各因素与问卷之间的相关性基本都在 0.70 以上，各因素之间的相关性也在 0.3—0.7，表明问卷具有良好的结构效度。

（五）研究信度

信度即可靠性，指使用相同指标或测量工具重复测量相同事物时所得到的结果一致性或稳定性，反映被测试特征真实程度的指标。用信度系数来表示信度的大小。[2] 信度系数越大，表明测量的可信程度越大。[3] 学者 Devellis（1991）认为，信度系数应该在 0—1，当信度系数在 0.9 以上，表示信度很好；信度系数在 0.8—0.9，表示信度可以接受（非常好）；信度系数在 0.7—0.8（较好），表示有些项目需要修订；0.65—0.7（可以接受）。一般认为，如果信度系数在 0.6 以下，表示有些项目需要抛弃或修改。

目前，对问卷的信度测量最常用的是 α 信度系数，也是目前社会科学研究最常用的信度测试方法，即 Cronbach 于 1951 年提出的 Cronbach's α 系数。[4] 本书经 SPSS17.0 软件对调查数据的可靠性验证，教师卷的 Cronbach's α 系数为 0.859 > 0.80，学生卷的 Cronbach's α 系数为 0.832 > 0.70，说明本问卷各题间的一致性或同质性很好，符合问卷的信度检验标准，本次调查具有较高的信度，检验结果如表 3 – 3

①　刘朝杰：《问卷的信度与效度评价》，《中国慢性疾病预防与控制》1997 年第 4 期。

②　袁方、林彬：《社会调查原理与方法》，高等教育出版社 1990 年版。

③　刘朝杰：《问卷的信度与效度评价》，《中国慢性疾病预防与控制》1997 年第 4 期。

④　邱婧玲：《教师教育技术能力发展的差异性研究》，博士学位论文，西北师范大学，2011 年。

所示。

表 3 - 3 调查问卷的 Cronbach's α 系数

类　别	Cronbachs' α	项数
教师卷	0.859	125
学生卷	0.832	111

二　数据统计及分析

（一）对精品课程的认识和了解

1. 精品课程的传播渠道

调查显示，教师获知精品课程的主要渠道为：上网偶然发现（占42.1%），教育部门或学校公告通知（占49.1%），同学朋友告知（占28.7%），个人需要专门搜索（占48%），报纸、杂志、电视等离线媒体（占5.8%），其他渠道（占9.4%）。此外，16.9%的学生没有使用过精品课程（含知晓精品课程，但没使用过的学生）；学生获知精品课程的主要渠道为：上网偶然发现（占42.3%），教育部门或学校公告通知（占27.5%），同学朋友告知（占21.3%），个人需要专门搜索（占16%），报纸、杂志、电视等离线媒体（占7.3%），授课教师提供或推荐（占43.3%），其他渠道（占3.2%），详见表3-4。

表 3 - 4 师生获知精品课程的主要渠道 单位:%

获知渠道	教师	学生
上网偶然发现	42.1	42.3
教育部门或学校公告通知	49.1	27.5
同学朋友告知	28.7	21.3
个人需要专门搜索	48	16
报纸、杂志、电视等离线媒体	5.8	7.3
授课教师提供或推荐	—	43.3
其他渠道	9.4	3.2

由表3-4可知，师生在精品课程获知渠道上存在明显差异，教师获

知的渠道主要是教育部门或学校公告通知，学生则是授课教师推荐及上网偶然发现。

　　通过访谈华东师范大学精品课程制作人员（汤老师）获知："有的学生不上网，又没有广告宣传，知道精品课程的人很少。共享课需要教师推，和教师的知识有关、所属学科有关，这需要教师的知识面广，对教师要求较高，需要通过教师向学生传播、学生间的互相传播来实现，这对课程质量的要求较高。如果课程的宣传渠道多，效果会好一些。如果资金支持力度较大，可以通过移动媒体进行宣传。"

　　访谈华东师范大学教务秘书（周老师）获知："对于精品课程，教师不知道，不了解，没人提及，也没人推荐，自己的学习意识也不强，精品课程的应用效果很差。教育部应加大宣传，直接挂在教育部网站不行，关注的人较少。教育部应该告知学校；学校层面要采取一些措施，告知相关教师；教师要对学科有系统把握，有一定的背景和知识，对该领域有大致了解；应借助泛在学习设备，多种媒体手段，针对学习对象做宣传，这样学习效果会好一点。比如视频公开课主要在网易等宣传，能否将精品课程的相关信息和百度、谷歌等网站进行连接。"

　　访谈江苏师范大学学生1："不知道精品课程，身边同学看的少，知道的少，没有氛围。网络资源的利用还是需要一个带动作用的。"

　　访谈江苏师范大学学生2："以前不了解精品课程，在教师的指点下才去关注精品课程。"

可见精品课程的传播渠道单一，宣传推广较差，师生知道的不多。

2. 精品课程传播理念

教师普遍认为，精品课程的建设目的是：促进教育优质资源的开发与共享（占73.1%），促进高校专业和学科建设（占66.7%），促进教学成果和教材的推广（占50.3%），满足学习者学习需求（占48%），提高教师知名度（占32.2%），获得荣誉称号，提高学校知名度（占29.2%），受国外开放教育资源运动的影响（占25.7%），其他（占4.7%）。可见精品课程实现资源共享的核心理念已深入人心（见图3-4）。

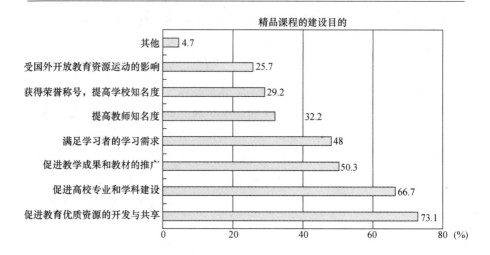

图 3 - 4 精品课程的建设目的

3. 对精品课程建设传播者把关的认识

（1）总体情况。分析获知，57.9% 的教师认为，精品课程建设需要相关人员层层把关，不太同意的教师占 16.37%，不同意的教师占 3.51%，如图 3 - 5 所示。

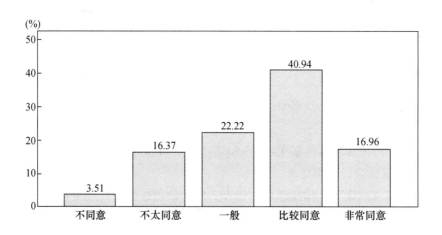

图 3 - 5 精品课程建设需要多方面层层把关的认识

（2）不同年龄的教师与精品课程建设把关的认识。图 3 - 6 显示了不同年龄的教师对精品课程建设把关的认识，可知，年龄越轻，越认为精品课程需要把关。

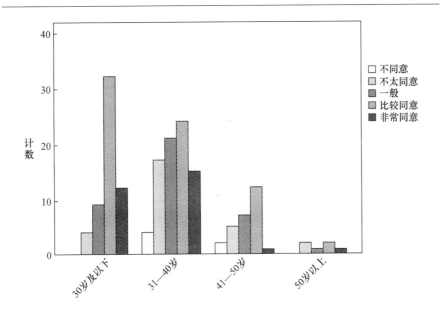

图3-6　不同年龄的教师对精品课程建设把关的认识

4. 传播者对精品课程建设环节的认识

精品课程建设是一个系统工程，涉及资源的设计、开发和应用，即对教学目标、教学内容、教学环境、教学条件及学习者学习需求的分析，确定教学大纲、教学队伍，制订课程开发计划等整体规划环节；网络教学流程设计（即教学系统架构）、教学内容设计、教学策略选择、教学媒体与教学活动设计、教学评价及教学资源设计等网络教学系统设计环节；根据总体规划和设计，进行网页等资源制作及管理和维护等环节。

分析可知，教师普遍认为，精品课程建设耗时最多的环节是整体规划（占45%），其次是网络教学系统设计环节（占41.5%），认为网站建设耗时较多的仅占11.1%，见图3-7。

研究利用回归分析检验得知，课程建设环节耗时与性别、学位、年龄、教龄、职称是否参与主持精品课程建设无显著性相关。

5. 受众对精品课程建设工程的认识

精品课程受众指使用精品课程的信息接收者。本书涉及的师生，既是精品课程的受众，又是传播者。

（1）总体情况。由图3-8可知，认为精品课程建设工程意义重大的教师占67.25%。

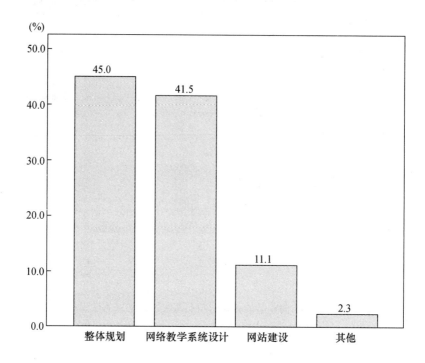

图 3 - 7　精品课程建设环节的耗时

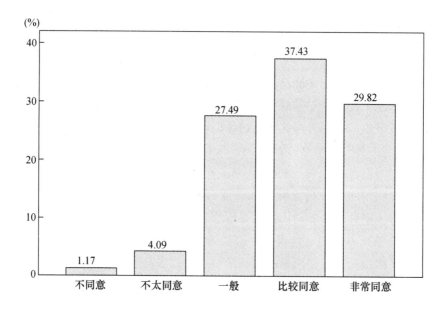

图 3 - 8　精品课程建设工程的意义

（2）不同年龄、不同教龄的教师对精品课程建设工程的认识。在实际教学中，不同年龄教师对精品课程建设工程的认识也不同。其中，教师年龄越轻，越认为精品课程建设意义重大，如图3-9所示。同理可知，教师教龄越短，越认为精品课程建设工程意义重大。

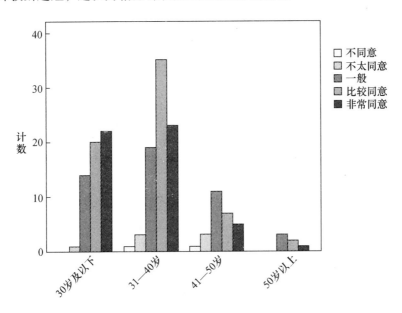

图3-9　不同年龄教师对精品课程建设工程的认识

6. 受众对精品课程对工作学习是否有帮助的认识

（1）总体情况。图3-10显示，师生都认为精品课程对学习帮助较大，其中，54.39%的教师和34.23%的学生认为精品课程对工作和学习有帮助。

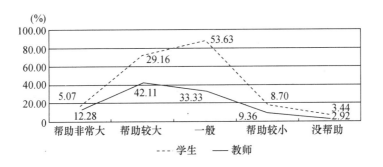

图3-10　师生对精品课程对工作学习是否有帮助的认识

（2）不同高校学习者对精品课程对工作学习是否有帮助的认识。通过回归分析和单因素方差分析检验得知，精品课程对学习是否有帮助与学生所处学校存在相关性（P < 0.05，假设成立），见表 3 - 5。

表 3 - 5　　　学校与精品课程对学习是否有帮助的单因素方差分析

		平方和	df	均方	F	显著性
组间	（组合）	18.250	2	9.125	14.101	0.000
线性项	未加权的	14.674	1	14.674	22.676	0.000
	加权的	3.576	1	3.576	5.526	0.019
组内		674.951	1043	0.647		
总数		693.201	1045			

通过方差齐性检验可以得知，Levene 方差齐性检验的 P 值为 0.000，小于显著性水平 0.05，违反多因素方差检验的基本假设，因此基本可以认定样本数据之间的方差没有齐性。从表 3 - 5 可以看出，精品课程对学习是否有帮助的离差平方总和为 693.201，组间平方和为 18.250、组内平方和的 F 值为 14.101；对应的概率值 P 为 0.000，小于显著性水平 0.05，因此可以认定学校与精品课程对学习是否有帮助总体方差存在显著性差异。

表 3 - 6 给出了多重比较的结果。可以看出，211 高校和普通高校、985 高校的均值差都非常明显；同理验证了东部高校、西部高校与中部高校的均值差也非常明显。

表 3 - 6　　　　　　　　　　　　多重比较结果

因变量：精品课程学习有帮助

	(I) 学校	(J) 学校	均值差 (I－J)	标准误	显著性	95% 置信区间 下限	95% 置信区间 上限
LSD	211 高校	普通高校	0.237 *	0.062	0.000	0.12	0.36
		985 高校	0.382 *	0.073	0.000	0.24	0.52
	普通高校	211 高校	- 0.237 *	0.062	0.000	- 0.36	- 0.12
		985 高校	0.144 *	0.061	0.019	0.02	0.26
	985 高校	211 高校	- 0.382 *	0.073	0.000	- 0.52	- 0.24
		普通高校	- 0.144 *	0.061	0.019	- 0.26	- 0.02

续表

因变量：精品课程学习有帮助							
	(I) 学校	(J) 学校	均值差 (I−J)	标准误	显著性	95% 置信区间	
						下限	上限
LSD	东部高校	西部高校	−0.244 *	0.061	0.000	−0.36	−0.13
		中部高校	−0.157 *	0.063	0.013	−0.28	−0.03
	西部高校	东部高校	0.244 *	0.061	0.000	0.13	0.36
		中部高校	0.087	0.060	0.150	−0.03	0.21
	中部高校	东部高校	0.157 *	0.063	0.013	0.03	0.28
		西部高校	−0.087	0.060	0.150	−0.21	0.03

注：* 表示均值差的显著性水平为0.05。

图3−11 给出了211高校和普通高校、985高校的均值图，可见211高校与普通高校、985高校的均值差均较大，说明高校之间的差异较大，这个结果和多重比较结果非常一致。其中，211高校学生认为，精品课程对学习最有帮助，其次是普通高校和985高校。

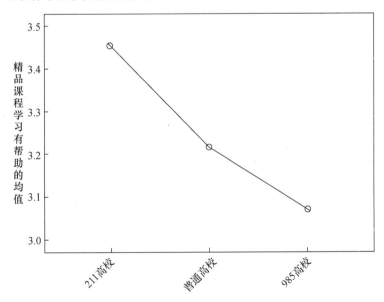

图3−11 学校类型与精品课程对学习是否有帮助的均值

图3−12 给出了东部高校、西部高校和中部高校的均值。可见，东部高校、西部高校和中部高校的均值差均较大，说明高校之间的差异较大，

这个结果和多重比较结果非常一致。其中，西部高校认为精品课程对学习最有帮助，其次是中部高校和东部高校。

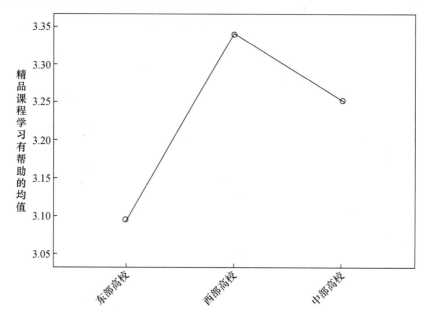

图 3 - 12　学校地域与精品课程对学习是否有帮助的均值

7. 是否愿意使用精品课程支持教和学

分析获知，不论教师是否参与或主持精品课程建设，都愿意使用精品课程来支持教和学，不愿意的教师仅占 1.8%。教师在是否愿意使用精品课程支持教学的总体上呈正态分布，教师态度为（均值 = 3.99，标准偏差 = 0.844），见图 3 - 13。

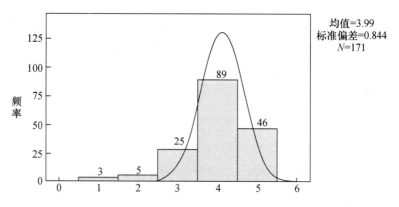

图 3 - 13　教师是否愿意使用精品课程来支持教和学直方图

8. 是否愿意投入精力来建设精品课程

分析获知，不论教师是否参与或主持精品课程建设，都愿意投入精力建设一门精品课程，不愿意的教师仅占2.9%。教师在是否愿意投入精力建设一门精品课程的总体上呈正态分布，教师的态度为（均值 = 3.85，标准偏差 = 0.95），见图3 – 14。

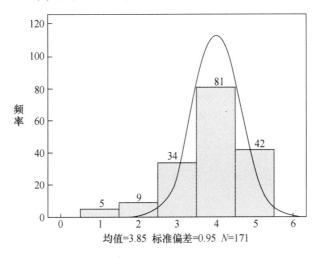

均值=3.85　标准偏差=0.95　N=171

图3 – 14　教师是否愿意投入精力建设精品课程

9. 看到不错的精品课程，是否愿意和他人一起分享

图3 – 15 显示，师生是否愿意和别人分享好的精品课程认识基本一致，其中，71.3%的教师和51.1%的学生愿意和他人分享好的课程。师生在看到好的精品课程是否和他人分享的总体上呈正态分布，教师的态度为（均值 = 3.74，标准偏差 = 0.966），学生的态度为（均值 = 3.32，标准偏差 = 1.059）。

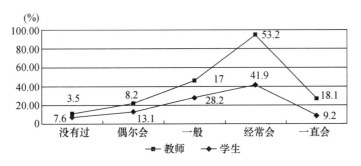

图3 –15　师生是否愿意分享好的精品课程

10. 是否喜欢浏览、参考、学习精品课程

分析可知，不喜欢浏览精品课程的学生仅占 8.9%，是否喜欢浏览、参考、学习精品课程的总体上呈正态分布，学生的态度为（均值 = 3.28，标准偏差 = 0.711）。为检验性别、年级、学科与是否喜欢浏览、参考、学习精品课程的相关性，研究利用回归分析检验得知，是否喜欢浏览、参考、学习精品课程与性别、年级、所属学科无显著性相关（P > 0.05，假设不成立），与学校之间存在相关性（P 值为 0.003 < 0.05，假设成立），见表 3 − 7。

表 3 − 7　　性别、年级、学校、所属学科与喜欢浏览、参考、学习精品课程的回归系数

模型	非标准化系数		标准系数	t	Sig.
	B	标准误差	试用版		
（常量）	3.521	0.104		33.999	0.000
性别	− 0.025	0.046	− 0.017	− 0.547	0.585
年级	0.009	0.016	0.018	0.563	0.574
学校	0.000	0.000	− 0.093	− 3.015	0.003
所属学科	− 0.015	0.009	− 0.050	− 1.629	0.104

进一步对学生所在学校与喜欢浏览、参考、学习精品课程做了单因素方差分析，见表 3 − 8。

表 3 − 8　学生所在学校与是否喜欢浏览、参考、学习精品课程的单因素方差分析

		平方和	df	均方	F	显著性
组间	组合	11.877	2	5.938	11.985	0.000
线性项	未加权的	4.650	1	4.650	9.384	0.002
	加权的	7.227	1	7.227	14.586	0.000
组内		516.793	1043	0.495		
总数		528.670	1045			

通过方差齐性检验可以得知，Levene 方差齐性检验的 P 值为 0.000，小于显著性水平 0.05，违反多因素方差检验的基本假设，因此基本可以认定样本数据之间的方差没有齐性。从表 3 − 8 可以看出，是否喜欢浏览、

参考、学习精品课程的离差平方总和为 528.670，组间平方和为 11.877、组内平方和的 F 值为 11.985；对应的概率值 P 为 0.000，小于显著性水平 0.05，因此，可以认定学校与是否参与、主持精品课程建设总体方差存在显著性差异。

表 3 – 9 给出了多重比较结果。从表 3 – 9 可以看出，211 高校和普通高校、985 高校的均值差非常明显，普通高校和 985 高校差异不明显。同理验证了东部高校与西部高校和普通高校的均值差异明显，但西部高校和中部高校差异不明显。

表 3 – 9　　　　　　　　　　　　多重比较结果

因变量：您喜欢浏览、参考、学习精品课程吗？

	（I）学校	（J）学校	均值差（I – J）	标准误	显著性	95% 置信区间	
						下限	上限
LSD	211 高校	普通高校	0.252 *	0.054	0.000	0.14	0.36
		985 高校	0.257 *	0.064	0.000	0.13	0.38
	普通高校	211 高校	– 0.252 *	0.054	0.000	– 0.36	– 0.14
		985 高校	0.006	0.054	0.914	– 0.10	0.11
	985 高校	211 高校	– 0.257 *	0.064	0.000	– 0.38	– 0.13
		普通高校	– 0.006	0.054	0.914	– 0.11	0.10
LSD	东部高校	西部高校	– 0.200 *	0.053	0.000	– 0.30	– 0.10
		中部高校	– 0.154 *	0.055	0.006	– 0.26	– 0.04
	西部高校	东部高校	0.200 *	0.053	0.000	0.10	0.30
		中部高校	0.046	0.053	0.380	– 0.06	0.15
	中部高校	东部高校	0.154 *	0.055	0.006	0.04	0.26
		西部高校	– 0.046	0.053	0.380	– 0.15	0.06

注：* 表示均值差的显著性水平为 0.05。

图 3 – 16 给出了 211 高校、普通高校和 985 高校的均值图。

可见，211 高校、普通高校与 985 高校的均值差较大，而普通高校、985 高校的均值差异不大，这个结果和多重比较的结果非常一致。其中，211 高校学生喜欢浏览学习精品课程。

图 3 – 17 给出了东部高校、西部高校和中部高校的均值图。可见，东部高校、西部高校和中部高校的均值差均较大，说明高校之间的差异较大，这个结果和多重比较的结果非常一致。其中，西部高校的学生最喜欢

浏览、参考、学习精品课程，其次是中部高校和东部高校。这也从侧面反映出西部高校优质资源相对短缺，需要加强资源建设力度。

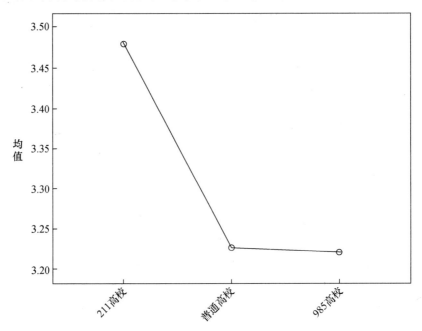

图 3 – 16　学校类别与是否喜欢浏览、参考、学习精品课程的均值

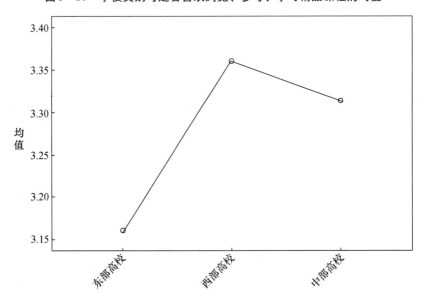

图 3 – 17　学校地域与是否喜欢浏览、参考、学习精品课程的均值

11. 是否会参与精品课程的互动讨论

图3－18显示，51.2%的同学认为，如果精品课程互动功能强，会参与课程的互动讨论。可见精品课程互动讨论模块的重要性。

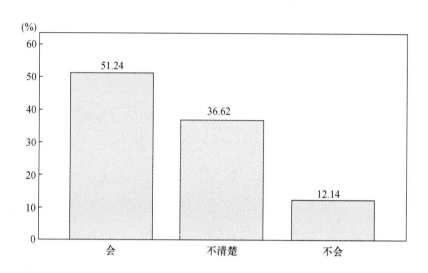

图3－18　是否会参与精品课程的互动讨论

（二）精品课程使用情况

1. 精品课程使用目的

（1）教师的视角。分析可知，教师使用精品课程的主要目的是：备课参考（占65.5%），了解本专业精品课程建设情况（占49.1%），掌握相关专业知识和技能（占46.8%），查看设计理念、以便开发网络课程（占33.9%），满足自身兴趣爱好（占18.1%），没什么目的、随意浏览（占4.1%），没用过的教师占14.6%。

（2）学生的视角。调查可知，学生使用精品课程建设的目的是：获得学习资料、作为课堂学习的补充（占39.7%），学习相关课程、丰富专业知识（占38.8%），满足自身兴趣爱好（占24%），培养分析、解决问题的能力（占15.9%），选学某些内容以替代尚未开设的课程（占14.1%），没什么目的、随意浏览（占10.6%），形成良好的网络学习方法（占9.4%），其他（占0.9%）。

作为精品课程的受众，师生角色不同，使用目的也略有差距，教师使用精品课程主要是备课参考，学生则是为了获得学习资料，作为课堂学习的补充。

2. 精品课程的使用现状

（1）教师的视角。由图 3 - 19 可知，教师使用精品课程的频率不高，每周使用 3 次以上的教师仅占 4.1%，使用 1—2 次的教师仅为 9.9%，35.7% 的教师偶尔使用。

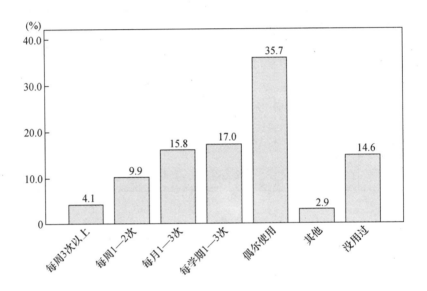

图 3-19　教师使用精品课程频率

为检验性别、学位、年龄、教龄、职称与使用精品课程频率的相关性，研究利用回归分析检验得知，性别、学位、年龄、教龄、职称对应 P 值分别为 0.550、0.657、0.542、0.350 和 0.897，均大于 0.05 的显著性水平，则可以认定性别、学位、年龄、教龄、职称与使用精品课程频率之间不存在显著的相关性。

通过访谈华东师范大学精品课程制作教师（王老师）获知，"虽然自己制作了一门精品课程，但只关注课程制作环节，对其他环节了解较少，即使对精品课程有一些了解，也是通过学校网站"。通过访谈华东师范大学教务秘书获知，"自己在教务部门，以前听说过但是不了解。学院的多次集体备课，没人提到精品课程，应该对青年教师进行宣传、培训。精品课程的应用存在严重问题，很多人都不知道"。可见，教师对精品课程了解不多，精品课程缺少宣传。

（2）学生的视角。①总体情况。由图 3-20 可知，学生使用精品课程的频率不高，每天使用多次的学生仅占 1.72%，每天使用 1 次的仅占 4.11%，每周使用 1-3 次的占 16.92%，没用过的占 23.90%。

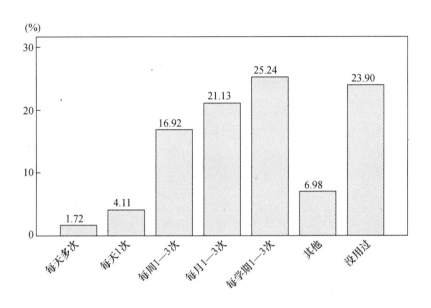

图 3-20　学生使用精品课程的频率

为检验性别、年级、学校、学科与学生使用精品课程频率的相关性，研究以学生使用精品课程频率为自变量，性别、年级、学校、学科为因变量，利用回归分析检验得知，性别、年级和所属学科对应 P 值分别为 0.006、0.164 和 0.021，均大于 0.05 的显著性水平，可见性别、年级和所属学科和学生使用精品课程频率之间不存在显著的相关性，而学校对应 P 值分别为 0.000，小于 0.05，可以认定学校和精品课程使用频率之间存在显著相关性，见表 3-10。

②不同高校学生使用精品课程的频率。图 3-21 和图 3-22 给出了不同类别高校与地域的均值，可知，不同高校的均值差异很大，其中 211 高校使用精品课程的频率高于普通高校及 985 高校，中西部院校高于东部高校。

表 3 – 10   性别、年级、学校、学科与学生使用精品课程频率的回归系数

模型	非标准化系数		标准系数	t	Sig.
	B	标准误差	试用版		
（常量）	4. 204	0. 227		18. 548	0. 000
性别	0. 276	0. 100	0. 084	2. 754	0. 006
年级	− 0. 049	0. 035	− 0. 043	− 1. 391	0. 164
学校	0. 001	0. 000	0. 188	6. 201	0. 000
所属学科	− 0. 046	0. 020	− 0. 070	− 2. 314	0. 021

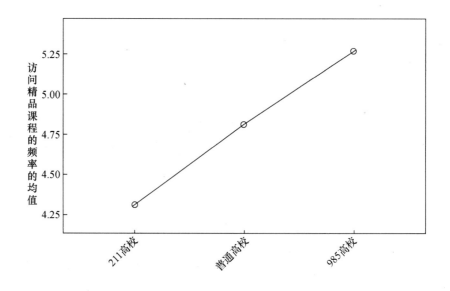

图 3 – 21   学校类别与精品课程使用频率的均值

③学生使用校外精品课程的情况。图 3 – 23 显示，没用过校外精品课程的学生占 28. 78%，访问校外精品课程顺利的占 17. 02%。由于校外精品课程较多设置了访问权限、缺少宣传，也没有教师或同学介绍，学生访问很少。

作为使用者，师生使用精品课程频率都不高，其中 28. 78% 的学生没用过精品课程。因此，如何提高精品课程的使用频率，如何保障校际的共享值得深思。

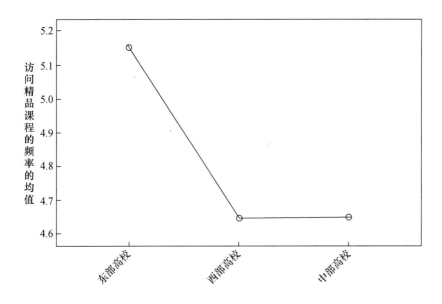

图 3-22 学校地域与精品课程使用频率的均值

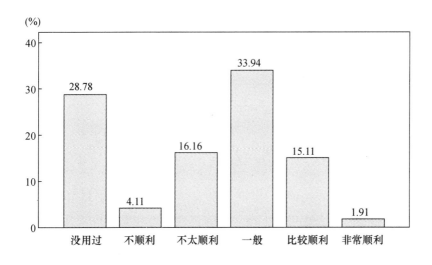

图 3-23 校外的精品课程访问是否顺利

3. 学生和精品课程相关教师联系情况

分析可知，44.6%的学生从不联系精品课程相关教师，17%的学生偶尔联系、经常联系的仅占 2.5%。通过回归分析可知，性别、学校、学科、年级与是否愿意和浏览过的精品课程教师联系之间不存在相关性（对应的 P 值分别为 0.000、0.001、0.000 和 0.007，均小于 0.05）。

（三）精品课程使用效果

1. 精品课程是否达到预期效果

传播效果具有内隐性（深藏于受众内心深处）、累积性（对媒介日积月累的接受积淀）、恒常性（稳固的效果意识）、层次性（媒介对不同层次的受众具有不同的传播效果）、两面性（正面效果和负面效果）等特征。[1] 精品课程传播效果指精品课程传播活动对传播对象和社会产生的一切影响和结果的总和。

（1）教师的视角。

①总体情况。国家精品课程建设工程始自 2003 年，项目实施八年来在课程建设数量上取得了一定成效，但共享效果如何呢？分析可知，39.76% 的教师认为精品课程（含国家级、省级和校级）在教学中实用性好，达到了预期的效果（均值 = 3.85，标准偏差 = 0.95），如图 3 - 24 所示。

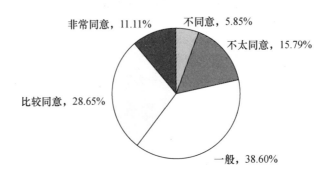

非常同意，11.11%　不同意，5.85%　不太同意，15.79%　比较同意，28.65%　一般，38.60%

图 3 - 24　已建精品课程是否达到了预期效果

为了验证精品课程主持教师与认定精品课程是否达到预期效果间的相关性，通过单因素分析可知，两者之间无显著性相关（P > 0.05，假设不成立）。

华东师范大学教授（沈老师）认为："国家在精品课程建设上，投入的钱很多，为什么没有效果？什么是'精品'一定要定位好，

① 刘良初：《课堂传播效果：研究的维度与理论的构建》，博士学位论文，湖南师范大学，2007 年。

精品的内涵是什么？精品中教学内容最重要，教学形式也很重要。自己做的课程，自己都不用，如果自己用了，一定会维护、更新。"

江苏师范大学博士研究生、副教授（王老师）认为："很多精品课程资源是静态的，评完建完后，更新就比较慢了。资源动态更新程度不够，使用频率低。"

华东师范大学精品课程主持教师，教授、博导，教育部精品课程评审专家、国家精品课程教材评审专家（张老师）认为："什么是精品，这个最关键。网站技术好、平台多样，视频资源丰富等都是精品课程评审的最起码要求，但不是精品。精品课程不是评价哪所学校技术好，网站做得漂亮。精品课程要取得好的效果，应保证教学质量高水平，提供教师的全程录像。"

华东师范大学精品课程制作教师（汤老师）认为："国内精品课程建设功利性较强，建设是硬性指标，属于'外在'的压力，而不是'内心'，精品课程建设是任务驱动，而不是情感驱动和学生需要驱动。共享课的建设在项目申报、评审的操作上应进行调整，做到真正为了学生需要而建设、为了优质资源共享而建设，而不是为了获奖，获得资金、地位和荣誉。"

实际上，现行体制对精品课程速度和数量的追求是以牺牲课程质量为代价，即表面上课程建设采用教育部统筹规划、逐级申报遴选、层层把关建设模式，实际上课程建设在学科、专业等方面缺乏体系性，资源形成信息孤岛、知晓率低，过分注重课程的申报及评审，忽略了课程内涵的建设，致使对课程理解的泛化，使得课程甚至不及传统课程的效果，整体质量不高、可用性不强、共享效果差，没有达到预期实现优质资源共享的目的。

②精品课程对教师的影响。分析获知，使用精品课程后，教师在多方面都产生了变化，主要体现在丰富了专业知识和提高教学水平及能力方面。为验证参与、主持精品课程教师与使用精品课程影响的相关性，通过回归分析获知，参与、主持精品课程教师与使用精品课程无显著性相关（$P > 0.05$，假设不成立），详见表3-11。

（2）学生的视角。

①总体情况。分析可知，27.15%的学生认为已建的精品课程（含国家

表 3 – 11　　参与、主持精品课程教师与使用精品课程的回归系数

模型	非标准化系数		标准系数	t	Sig.
	B	标准误差	试用版		
（常量）	1.640	0.096		17.140	0.000
精品课程是评职称的优先条件	-0.023	0.098	-0.019	-0.230	0.818
开始以"学习者为中心"进行教学设计	-0.040	0.098	-0.037	-0.406	0.685
提高了教学水平和能力	-0.119	0.086	-0.123	-1.386	0.168
形成了良好的网络学习方法	-0.079	0.100	-0.074	-0.796	0.427
丰富了专业知识	0.148	0.087	0.151	1.702	0.091
拓展了交流范围	0.022	0.092	0.020	0.244	0.808
满足了兴趣爱好	-0.141	0.103	-0.111	-1.372	0.172
没什么影响	0.109	0.122	0.087	0.900	0.370
其他	0.275	0.348	0.061	0.792	0.430

级、省级和校级）在教学中实用性好，达到了预期的效果，认为效果非常好的占 2.87%，认为效果一般的占 44.26%，认为没效果的占 1.43%，如图 3 – 25 所示。

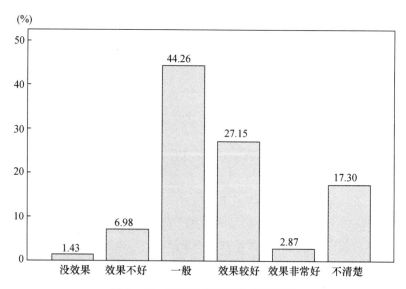

图 3 – 25　已建精品课程的使用效果

为检验性别、年级、学校、学科与精品课程使用效果相关性，研究以精品课程使用效果为自变量，性别、年级、学校、学科为因变量，利用回归分析检验得知，性别、年级、学校和所属学科对应 P 值分别为 0.139、0.000、0.122 和 0.849（小于 0.05 的显著性水平），则可以认定性别、学校和所属学科与精品课程使用效果之间不存在显著相关性，而年级和使用效果之间存在显著相关性。进一步分析获知，年级越高越认为精品课程使用效果不好。

②学生对精品课程的满意度。在对精品课程学习资源满意度上，学生普遍认为，网络资源能顺利打开的占 53.2%，网站信息量大的占 56%，资源更新快的占 36.5%，能在网站找到所需资料的占 41.3%，导航功能强的占 41.8%，互动交流功能强的占 28.3%，教师反馈及时的占 30.2%，提供检索功能的占 52.1%，提供课件、视频等资源下载的占 56.3%，视频、图片资源丰富的占 49.5%，教学方法、手段多样的占 36.9%，教学内容经过系统设计的占 41.7%，学习支持工具多的占 30.5%，见表 3 - 12。

表 3 - 12 　　　　　　　精品课程的使用现状调查表 　　　　　　单位:%

调查内容	非常同意	同意	一般	不同意	非常不同意
网站通畅，能顺利打开	14.6	38.6	37.3	7.8	1.7
网站信息量大	10.5	45.5	36.2	6.8	1.0
网站资源更新快	9.2	27.3	45.9	15.3	2.3
能在网站找到所需资料	9.4	32.9	46.2	10.0	1.6
网站导航功能强	9.2	32.6	47.8	9.1	1.3
互动交流功能强	5.5	22.8	47.8	20.5	3.5
教师反馈及时	6.2	24.0	43.7	22.4	3.8
提供了检索功能	9.4	42.7	39.1	6.8	2.0
提供课件、视频等资源下载	13.7	42.6	36.7	6.1	1.0
视频、图片资源丰富	13.1	36.4	41.4	7.9	1.2
教学方法、手段多样	9.5	27.4	51.4	10.2	1.4
教学内容经过系统设计	7.5	34.2	48.3	7.9	2.0
学习支持工具多	6.1	24.4	56.4	10.4	2.7

通过单个样本检验可知（见表 3 - 13），学习者对国家精品课程提供的资源基本满意，国家精品课程按照五个一流标准，即"一流教师队伍、一流教学内容、一流教学方法、一流教材、一流教学管理"的建设理念

已得到贯彻执行。

表 3 – 13 单样本检验

	t	df	Sig.（双侧）	均值差值	差分的95%置信区间 下限	上限
网站通畅，能顺利打开	105.169	693	0.000	3.565	3.50	3.63
网站信息量大	116.632	692	0.000	3.577	3.52	3.64
网站资源更新快	94.612	692	0.000	3.258	3.19	3.33
能在网站找到所需资料	105.037	692	0.000	3.385	3.32	3.45
网站导航功能强	108.015	692	0.000	3.394	3.33	3.46
互动交流功能强	90.856	692	0.000	3.063	3.00	3.13
教师反馈及时	87.080	692	0.000	3.065	3.00	3.13
提供了检索功能	110.693	692	0.000	3.506	3.44	3.57
提供视频等资源的下载	114.460	692	0.000	3.619	3.56	3.68
视频、图片资源丰富	107.754	692	0.000	3.524	3.46	3.59
教学方法、手段多样	104.493	692	0.000	3.333	3.27	3.40
教学内容经过系统设计	108.891	692	0.000	3.372	3.31	3.43
学习支持工具多	104.038	692	0.000	3.206	3.15	3.27

分析获知，27.15%的学生认为已建的精品课程（含国家级、省级和校级）在教学中实用性好，达到了预期效果，教师认为精品课程效果较好的占39.8%。

2. 精品课程在国内同行的共享、重用和复用率

图 3 – 26 显示，60.8%的教师和56.2%的学生认为国内精品课程的共享、重用和复用率较低。师生精品课程在国内同行的共享、重用和复用率总体呈正态分布，教师的态度为（均值 = 3.71，标准偏差 = 0.892），学

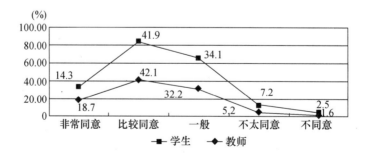

图 3 – 26 精品课程在国内同行的共享、重用和复用率低

生的态度为（均值＝3.58，标准偏差＝0.907）。

分析可知，师生普遍认为精品课程的共享、重用和复用率不高。因此，精品课程建设需要相关部门采取相应的措施和手段，以提高传播共享效果。

（四）精品课程的发展趋向

1. 规划把关

分析可知，57.9％的教师认为，精品课程建设需要相关人员层层把关，其中教师年龄越轻，越认为精品课程需要把关。教师认为精品课程建设耗时最多的环节是整体规划及网络教学系统设计。教师年龄越轻，越认为需要对建设耗时较多的整体规划及网络教学系统设计等环节进行多层把关，这主要源于教师的知识结构不同。目前，精品课程建设采取了教育部统筹规划、省（区、市）教育行政部门负责，高校作为课程建设主体，教育部本科、高职和继续教育各有关学科、专业教学指导委员会、有关机构等多部门协调运作的组织实施模式。因此，其把关人主要是教育部及精品课程建设高校。

（1）合理设置课程。

①教师的视角。图3－27显示，42.1％的教师认为，比较需要对不同高校相同或相近专业精品课程进行统一规划，17.5％的教师认为非常需要，认为

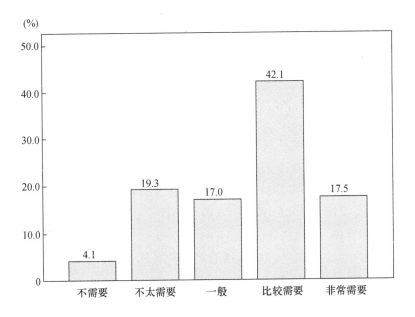

图3－27　不同高校相同或相近专业精品课程是否需要统一规划

不太需要的教师占19.3%，认为不需要的教师占4.1%。教师在对不同高校相同或相近专业精品课程是否需要统一规划的总体上呈正态分布，教师的态度为（均值=3.5，标准偏差=1.113）。

图3-28显示，61.1%的教师认为专业课都应建设为精品课程。专业课应当建设为精品课程的总体上呈正态分布，教师的态度为（均值=3.63，标准偏差=1.028）。

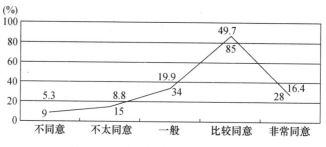

图3-28 专业课应建设为精品课程

对精品课程主持教师、华东师范大学教授（张老师）访谈获知："什么是精品？一方面，不同高校地域不同、环境不同、对象不同，985高校要求高，需要国际化视野，尽管是同一门课，但不同类的学校要求不一样，不同的对象要考虑，课程建设应考虑内容的来源、学科的差异性、地域的区别，北京、上海的情况不一定适应西部，因此精品应该是分层的。另一方面，精品主要看教师，看教师授课的方式；课程的精彩之处在于教师，在于开场过程和策略，让内容充满故事感，能够调动学生激情，即适合的就是最好的。"

②学生的视角。精品课程评审要求课程的类别为讲授三年及以上的公共课、基础课、专业基础课及专业课。这种设置是否合理，学生最喜欢的课程是什么呢？分析可知，学生最希望建设的精品课程为专业课（占38.0%）、公共课（占26.0%）、专业基础课（占21.2%）、选修课（占13.6%）和其他（占1.2%），如图3-29所示。

分析可知，无论师生，作为精品课程使用者，都希望精品课程种类丰富，应统一规划。共享课建设应以资源为本，以学习者为中心，对不同高校相同或相近专业精品课程统一规划。

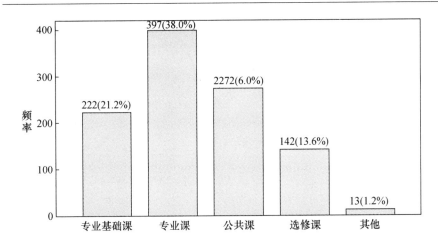

图 3-29　学生希望建设的精品课程类别

（2）提供专家和政府的支持。精品课程建设是政府行为，应得到专家和政府的支持。分析获知，为了更好地促进精品课程的建设和发展，应在以下几个环节得到专家和政府的支持，即提供统一的资源共享平台（占 57.9%）、提供资金支持（占 57.9%）、提供课程设计与制作标准（占 40.8%）、提供课程设计与制作标准培训（占 44.4%）、提供课程设计样例（占 44.4%）、提供技术培训（占 38.6%）、提供版权保护机制（占 30.4%）、提供课程设计模板（占 27.5%）和其他（占 2.3%），见图3-30。

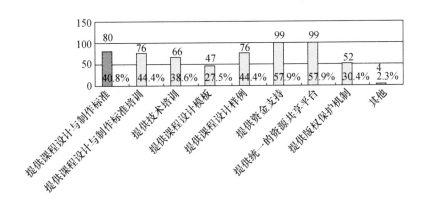

图 3-30　希望精品课程建设得到专家和政府的支持

在对省级精品课程主持教师、西北师范大学教授、博导（周老师）访谈中获知："精品课程的后续建设不足，特别是经费方面，共享课应克服这些缺陷，加大经费投入，实现资源共享。"江苏师范大学副教授（王老师）认为："精品课程的建设不一定按照每门课程建设，可以建设一个统一的平台，让教师自己传资源，点击率高的，给予经济、政策、名誉等方面的奖励。"

可见，加大资金投入、提供统一的共享平台是保证精品课程可持续发展的关键。

（3）教师使用网站支持教和学。分析可知，希望教师使用网站支持教和学的占 67.3%。通过访谈发现：很多任课教师都不知道精品课程，即使教师每学期的多次集体备课、研讨，也没听说过。精品课程是很好的课程资料，但是没人提及，也没人推荐，获取的途径不好。因此，学校层面要采取一些措施告知相关教师，教师要有深厚的学科背景和知识，并利用精品课程支持教和学，以提高教学的有效性。

（4）转变评价方式。2003 年起国家精品课程每年评审一次，评审通过的课程，由教育部授予"国家精品课程"荣誉称号，并在国家精品课程网站公布。但教育部对网上的国家精品课程每年只进行一次年度检查，对国家精品课程授予荣誉称号有效期满后的后续建设和维护费用没有相应规定，部分学校片面追求评比效果，部分课程基本不更新、很多课程不能顺利访问，重评审轻共享，重建设轻服务现象严重，直接影响课程的共享效果。精品课程的评审，国家提出了"五个一流"的建设和遴选质量标准，国家评审指标分为教学队伍、教学内容、教学条件、教学方法与手段、教学效果等一级指标及在此基础上提出的多项二级指标。

目前，教育部要求的精品课程评审主体是专家库专家、校内同事、校外专家、本校学生、网上学生，看起来评价主体是多元的、合理的，但实际上，主要是专家库中为数不多的专家评审。虽然多数精品课程都列举了国内外或校内外专家、教师、用人单位、毕业生以及在校生等对课程的评价，并且普遍采用学生、专家、教师评价相结合的方式。但这些评价往往出现在被评为国家精品课程之前，并不能确切反映课程的真实情况。多数课程仅提供了静态的习题和测验等，题型大多是思考题、简答题、是非题等，学习者难以获得及时的学习评价结果；极少课程提供了在线测试平台，但只是单选题、多选题、是非题等的简单罗列，缺乏对学习者学习行为以及促进学习者反思的评价等；缺少对课程的动态评价、阶段性评价及项目的后期管理维护评价。

分析可知，42.1%的教师认为，应转变精品课程的评价方式，36.8%的教师认为非常需要，认为不太需要和不需要的教师仅占7%，如图3-31所示。

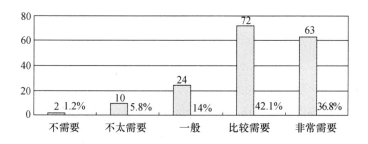

图3-31　精品课程评价方式的转变

华东师范大学教授、博导（吴老师）认为："现行体制下，评委认为的精品不一定是精品，我们考虑学生的视角认定的精品，可能评不上精品课程。当评选标准没框定的时候，就产生了评委眼中的精品，而不是学生和大众眼中的精品。因此，评价方式要调整，谁来评？谁为之评？媒体如何创造我们的生活空间，谁在控制知识的传播，标准的选择非常重要。"

华东师范大学精品课程主持教师、教授、博导（张老师）认为："精品课程评审更希望看到的是精品课程背后的东西，即精品主要体现在互动、技术、资源背后教师的教学风格、教学设计、教学策略的应用，而不是内容动态、华丽的展现。精品应该有一个全程录播系统，提供全部视频资源，体现为自然状态的、真实的视频资源。课程的评价应加强对资源互动反馈的评价，应侧重对教师教学策略、教学设计的评价。"

河南大学省级精品课程主持教师、教授、博导（汪老师）认为："精品课程评价方式应转变，应采用自评与他评相结合；专家评与用户评相结合，尤其注重平时的测评。"华东师范大学高级工程师（吴老师）认为："国家决策如何，政策导向很重要。评价指标怎么做？

现在的评价指标不是很合适，应该适当调整。"

华中师范大学国家级精品课程主持教师、教授、博导（赵老师）认为："精品课程评价方式上应做出调整。应从课程内容、资源的建设和教学设计等方面设计评价量表，由专家和使用者共同评价。主要体现在评价指标和评价方式两个层面。在评价指标上，首先，从访问层面看，主要从用户的教育背景、地理分布和访问网站的技术条件等因素来考察。统计更新门数、镜像站点数量、网络流量、站点访问量以及反馈情况等信息。其次，从使用层面看，主要从用户使用材料的教育目的以及是否对实现其教育目的有帮助和完成教育目标的程度等方面考察，考察用户对课程的广度、深度和内容质量的满意程度。最后，从影响层面看，测量各类用户认为共享课对其产生的作用如何。主要从精品资源共享课网站对个体访问者教育体验的差异，以及网站如何影响教育实践等方面进行分析，考察课程对使用者学习目标达成的影响程度。在评价方式上，首先，是网站分析。主要是监控和分析在线用户与课程的互动，包括网站浏览路径分析等。其次，通过访谈法。由专门的研究团队负责对愿意参加访谈的人群进行访谈，收集有效的数据。再次，通过问卷调查。通过 E－mail 向目标人群发放问卷，了解使用课程有障碍的人群无法运用其课程的原因。最后，通过网上远程调查。调查收集用户的信息及其利用共享课的方式，收集用户有关使用效果、价值和影响的信息。"

可见，转变精品课程评价方式、评价方法、评价体系的任务急需解决。

2. 精心设计课程资源

目前，精品课程多为主持教师根据个人经验设计教学资源和组织教学活动，很少针对网络条件下的学习对象、学习需求、师生互动和教学管理特点进行优化设计，一些课程网站变成了课本搬家、传统课堂教学搬家或课程展示工具，创新意识不强；部分课程评审后不再更新，变成"死平台"。

精品课程建设需要对网络资源的呈现形式和内容进行分析，资源的呈现形式应符合学习者的学习习惯，应满足学习者自主学习的要求和课程教学的要求。在媒体呈现上应当以知识点为单元进行模块化设计，建构网络环境下新型的教学设计形式；应避免分散学习者的注意力和参与度，以良好的方式来组织课程资源，以便学习者能够快速定位所需的资源；还应提供丰富的信息量、足够的探索发现的空间；资源应具有多样性和可重用性，不仅包括课程内容设计、学习活动设计，还可以很好地记录学习者的学习过程，重视交互和支持服务，不是静态资源集合，在学习活动组织上应采用多种方式，提供拓展资源。

西北师范大学省级精品课程主持教师、教授、博导（郭老师）认为："精品课程应突出精品意识，什么是精品，就是要精心设计、精心组织，考虑多方面，否则都无从谈起。"

江苏师范大学副教授（王老师）认为："虽使用过精品课程，但不能满足教学需要，很多精品课程网站打不开，资源无法浏览，更新慢；资源的开放程度与质量都较差，应做出改进。"

通过访谈华东师范大学精品课程制作教师（赵老师）获知："在精品课程建设中，耗时较多的环节是设计和制作，界面考虑得比较多。应该从学生的视角和网络学习的视角进行课程设计：在设计形式上，如何组织，将知识串联起来，课程脉络支架很重要。在活动形式上，媒体表现形式，拓展资源（教师论文、相关网站、视频）如何呈现很重要。在内容组织上，课程内容需要模块化，但是要根据课程本身而定，有些实验课程，可以不需要章节。根据课程内容决定是以'视频'为主、'图片'为主还是'文字'为主等，内容丰富，案例多，考虑学习者学习时间的零散化和碎片化，将视频资源控制在10—15分钟，教师经验丰富，这样就容易引起学生兴趣。"因此，精品课程应该在以下方面做出改进：

（1）课程结构模块化。

①教师视角。调查可知，79.5%的教师认为应完善精品课程结构，认为精品课程不可缺少的模块是：课程案例（占70.2%）、课程大纲（占69%）、课程录像（占62%）、课程讲义（占59.6%）、素材资源库（占52.6%）、课程讨论及互动（占52%）、参考资料（占46.8%）、课程作业（占41.5%）、课程评价（占39.8%）、在线自测/考试系统（占38.6%）、学习支持工具（占35.1%）、演示/虚拟/仿真实验实训系统（占33.3%）、知识检索系统（占31.6%）和其他（占6.4%）。可见，

课程案例、课程大纲、课程录像、课程讲义、素材资源库、课程互动讨论是教师认为精品课程不可或缺的模块，见图3-32。

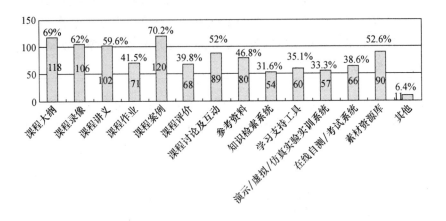

图3-32 精品课程建设不可缺少的模块

访谈华东师范大学教务秘书（周老师）获知："平时关注的是国外的网络课程，这些课程在学生活动、设计方面有创新，有一些小块的任务，及时的互动，在课堂中及时给任务和反馈，交互活动设计好。教师授课一般是15分钟的微型课，主要是启发、互动的设计。共享课也应该走向活动化和微型化，以模块呈现为主，由任务驱动。"

国家级精品课程主持教师、华中师范大学教授、博导（赵老师）认为："课程结构改变、以模块化和活动等组织信息，有利于调动学习者参与积极性；按照学生易于掌握的顺序合理安排和组织教学活动，让学生自己动脑、动手去实践，形成由不知到知的过程，形成系统的知识结构；按照多种导航方式供学习者自主选择各个知识点，可以让学习者充分利用时间，学到所需的知识。"

②学生视角。调查可知，学生普遍认为精品课程应包含以下学习模块：课程录像（占44.9%）、课程讲义（占43.3%）、案例（占40.9%）、课程大纲（占34.5%）、参考资料（占33%）、素材资源库（占32.5%）、演示/虚拟/仿真实验实训系统（占29.5%）、课程讨论及互动（占24.8%）、知识检索系统（占24.7%）、在线自测/考试系统（占24.1%）、学习支持工

具（占23.6%）、课程评价（占17.5%）、课程作业（占14.8%）和其他（占4.3%）。可见，教学录像、课程讲义与案例资源、素材资源等是学生需求最多的模块，见图3-33。

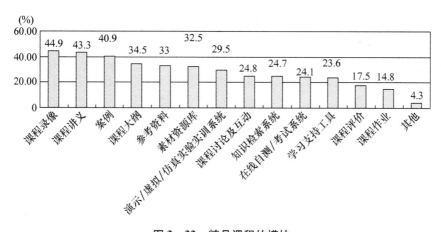

图3-33 精品课程的模块

分析还获知，学生使用精品课程主要关注以下模块：案例分析（占44.5%）、教学录像（占39.5%）、讲稿等资源下载（占39.5%）、互动讨论（占24.3%）、在线测试（占18.2%）、参考资料（占32.7%）、其他（占3%），见图3-34。可见，精品课程应加大案例分析、教学录像和讲稿等资源下载方面的建设。

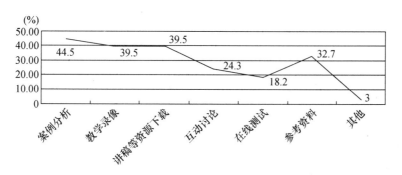

图3-34 精品课程的网络学习活动

综上所述，师生都认为课程案例、课程大纲、课程录像、素材资源库、课程互动讨论等是精品课程建设必不可少的环节。

（2）教学设计形式多样化。由图3-35可知，教师认为精品课程应采用以下设计形式：以"案例专题"为主（占69%）、以"问题探究"为主（占62.6%）、以"情景模拟"为主（占51.5%）、以"技能训练"为主（占51.5%）、以"虚拟实验"为主（占24.6%）、以"理论导学"为主（占22.8%）、其他（占7.6%）。学生认为精品课程应采用的教学设计形式：以"案例专题"为主（占51%）、以"情景模拟"为主（占49.1%）、以"技能训练"为主（占45.2%）、以"问题探究"为主（占39%）、以"虚拟实验"为主（占24.1%）、以"理论导学"为主（占16.5%）和其他（占7.6%）。

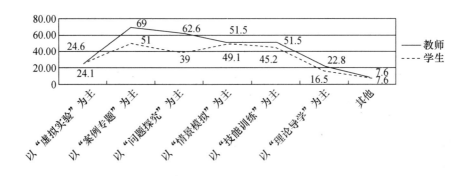

图3-35　师生精品课程的教学设计形式

总之，作为精品课程使用者，师生都希望精品课程采取"案例专题为主"、"问题探究为主"、"技能训练为主"、"理论导学为主"的教学设计形式。

（3）媒体呈现形式多元化。精品课程的媒体呈现方式应由单一文字、图片、音频、视频展示，向互联网图文并茂、声像结合、综合化、全方面地展示过渡。调查可知，希望精品课程媒体呈现形式多元化的教师占80.1%，希望精品课程资源采用的媒体呈现形式为以"视频"为主（分别占74.3%和80.1%），以"文字"为主（分别占50.3%和41.7%），以"图片"为主（分别占45%和32.8%）、以"动画"为主（分别占35.7%和40.7%）、以"音频"为主（分别占32.2%和32.1%）和其他（分别占9.9%和2.9%），62.6%的教师认为应增加课程视频录像比重，见图

3 – 36。

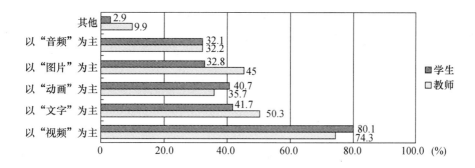

图 3 – 36　希望精品课程的信息呈现形式

河南大学省级精品课程主持教师、教授、博导（汪老师）认为："精品应该提供课程的全部视频资源；必须是优秀的团队精心打造的。"由图 3 – 36 可知，师生都希望精品课程的呈现形式以"视频"为主，因此应加大精品课程中视频的比重。

3. 完善学习支持系统——反馈

（1）提供学习辅助及学程监控工具。学习者在学习精品课程过程中可能存在孤独、困惑、学习技能差以及缺少与教师和同学沟通和交流等障碍，这要求教育者应通过各方面的督促、激励、帮助等方法，为学习者提供多方面的学习支持，包括学习过程跟踪和记录、学习反馈、课后答疑、学习辅助工具等，这很大程度上决定了精品课程的使用效果。此外，精品课程的交互对吸引和维持学习者的学习兴趣，引导学习指南、调节学习进程、控制学习深度等方面影响较大。

①教师视角。调研可知，教师希望精品课程提供的学习支持工具有：交流互动工具（如在线论坛）（占 60.2%）、支持性软件（如视频播放插件）（占 57.3%）、案例库（占 56.7%）、学习记录工具（如记事本）（占 51.5%）、信息搜索工具（如 baidu）（占 35.1%）、题库（占 47.4%）、在线作业提交批改（占 45.6%）、实验库（占 20.5%）、词汇库（占 16.4%）、其他（占 4.1%），见图 3 – 37。提供交流互动工具、支持性软件、案例库、学习记录工具及信息索素工具等受到学习者普遍认同。

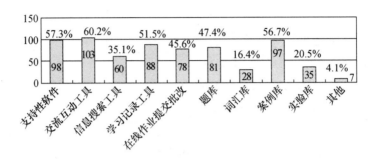

图 3 - 37 希望精品课程提供的支持工具

华中师范大学国家级精品课程主持教师、教授、博导（赵老师）认为："共享课应该是一个由教育资源知识库和优化的内容管理系统组成的动态数字化教育生态系统，应具有高度的共享性和开放性。"

②学生视角。调研可知，学生希望精品课程提供的学习支持工具主要有：支持性软件（如视频播放插件）（占 54.4%）、交流互动工具（如在线论坛）（占 52.5%）、信息搜索工具（如 baidu）（占 45.3%）、题库（占 40.2%）、案例库（占 39.9%）、学习记录工具（如记事本）（占 35%）、在线作业提交批改（占 33.3%）、实验库（占 23.2%）、词汇库（占 18.9%）、其他（占 1.4%），见图 3 - 38。可见提供支持性软件、交流互动工具、信息搜索工具等受到学生普遍认同。

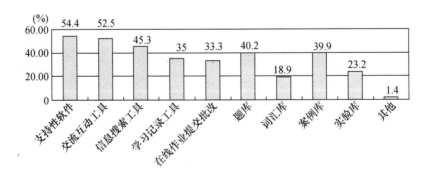

图 3 - 38 希望精品课程提供的支持工具

总之，师生作为使用者，希望精品课程提供支持性软件、交流互动工具、信息搜索工具、案例库、学习记录工具等软件。希望增强学习支持工具及增加对学习过程的监控的教师分别占 80.1% 和 67.8%。

（2）增强互动交流功能。师生之间、学习伙伴之间、学习者与学习资源之间、学习者与学习技术之间的良性互动反馈机制是精品课程学习效果成功的前提。精品课程的交互对吸引和维持学习者的学习兴趣，引导学习指南、调节学习进程、控制学习深度等方面影响较大。精品课程的交互则应具有开放性、多样性、自主性和延迟性等特征，能为学习者提供同步和异步、适时与非适时的交互功能。但目前部分精品课程的互动教学形式流于形式，如答疑、小组讨论、网上论坛，影响了精品课程的使用效果。分析可知，仅 28.3% 的学生认为精品课程互动功能强；希望增强答疑和互动交流功能的教师占 79%。

> 江苏师范大学校级精品课程主持教师（朱老师）认为："精品课程中的资源可以满足部分教学需要（主要是课件方面）；但在使用过程中遇到的主要障碍是精品课程中的很多内容不符合自己的需要，很多精品课程在课后辅导方面非常欠缺，缺少即时沟通和交流（如语音和视频互动），应继续改进。"
>
> 华东师范大学教授、博导（吴老师）认为："精品课程的初衷希望通过网络传播实现优质资源共享，但较多的精品课程是静态的，互动功能差；精品不仅在于提供的这个平台，更在于提供更多的名家的思想、与名家的交流互动。"因此，应加强精品课程互动功能的创设。

（3）完善导航功能。精品课程信息量大，内部信息之间的关系复杂，因此导航的设计非常重要。导航设计要求清晰、明确、方便、简单，符合学习者的认知心理，可采用超媒体的形式进行信息的组织，发挥学习者的发散性思维和创造能力。调研可知，希望增强导航功能的教师占 80.7%，学生普遍希望建立的导航形式是课程导学流程图解（占 57.4%）、以章节为依据的课程内容导航（占 49.9%）、课程使用指南（占 25%）、课程教学日历（占 16.3%），见图 3–39。

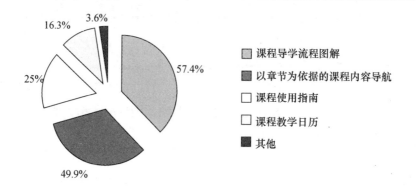

图 3 - 39　精品课程导航形式选择

三　调研的结果

本次调研是大面积的问卷调查及对精品课程主持教师、课程制作教师、普通教师及教务管理人员的访谈，其中问卷调研分教师卷和学生卷。研究涉及学习者对精品课程的认识了解、使用情况、使用效果及未来发展。通过数据分析，得出以下研究结论：

（一）精品课程受到学习者普遍欢迎

精品课程受到学习者普遍欢迎，尤其是年轻教师和低年级的学生。对教师而言，教师普遍认为精品课程建设工程意义重大，其中年龄越小、教龄越短，越认为精品课程建设意义重大；教师愿意使用精品课程来支持教和学（不愿意的占 1.8%）；愿意投入精力建设一门精品课程（不愿意的占 2.9%）；看到好的精品课程会和他人分享（不愿意的占 3.5%）。

对学生而言，学生愿意利用精品课程进行学习，喜欢浏览、参考、学习精品课程（不喜欢的占 8.9%）；如果精品课程互动功能强，会参与课程的互动讨论（不愿意的占 12.1%），学习热情较高。其中，211 高校和西部院校的学生最喜欢学习精品课程，高年级的学生较低年级的学习热情有所降低。

（二）精品课程对学习者帮助较大

师生都认为精品课程的帮助较大。65.5% 的教师使用精品课程的主要目的是备课参考，53.4% 的教师认为精品课程对工作和学习有帮助，58.5% 的教师认为精品课程丰富了自己的专业知识，50.3% 的教师认为提高了教学水平和能力，其中参与主持精品课程建设的教师较未参与的对精品课程有更深层次的理解。

对学生而言，精品课程是作为课堂学习的补充及替代未开设的课程（占59.7%）。其中，211高校和西部院校的学生认为精品课程对学习最有帮助，东部院校和985高校最弱。这和不同院校优质资源配置差异有关。长期以来，我国高等教育优质资源大都集中在少部分地区的少部分高校中，由于地域限制及国家的政策投入，使得优质资源主要集中在东部高校和985高校，东西部高校、985高校和普通高校差距较大，不均衡现象明显，因而造成不同地域、不同层级的学生对优质资源的需求不同。

（三）精品课程使用频率不高

师生使用精品课程的频率都不高。14.6%的教师及23.9%的学生没听说过也没使用过精品课程，没使用过校外精品课程的学生占28.8%。对学生而言，每天使用多次的仅占1.72%，每天使用1次的占4.11%，每周使用1次的占16.9%。44.6%的学生从不联系浏览过的精品课程相关教师，经常联系的仅占2.5%。对教师而言，每周使用3次以上的仅占4.1%，使用1—2次的仅占9.9%，偶尔使用的占35.7%。教师对精品课程的了解不多，使用频率不高。

此外，不同学校学生使用精品课程频率不同，211高校学生的使用频率高于普通高校及985高校，中西部院校高于东部院校。这一方面说明学习者的差异使其对精品课程需求不同，另一方面说明应根据学习者的需求进行精品课程的分层规划与设计，即根据不同地域、不同学科、不同专业的特点，设置不同层次的精品课程建设标准，保证精品课程的多样性，呈现"百花齐放"的局面。

（四）精品课程传播共享效果不理想

在对精品课程资源满意度上，学生认为网站资源存在更新率低、不容易找到、互动交流功能弱、教学内容系统设计以及方法单一、学习支持工具不够等问题。学生年级越高，认为精品课程的使用效果越不好，这是因为随着对知识获取需求的增加，精品课程能满足需求的信息越来越少，也和课程的更新有关。

在课程共享上，仅39.8%的教师和27.2%的学生认为已建的精品课程（含国家级、省级和校级）在教学中实用性好，达到了预期的效果。61.4%的教师和56.2%的学生认为国内精品课程的共享、重用和复用率较低。可见，精品课程的传播共享效果差，没有达到预期目的。

（五）系统规划精品课程建设

精品课程采用教育部统筹规划并发布行政性文件方式展开，对课程如何建设、建设多少、建设标准、如何评价、评价标准、经费投入、版权机制等均有相关文件规定和说明。省市教育主管部门、相关院校、课程教师及使用者对课程建设的主动权较弱。一方面，行政指导下的精品课程建设使得众多高校因地制宜建设本地区、本校的开放课程意愿落空；另一方面，面对荣誉、地位、经费的诱惑，相关部门及高校又不断遵照执行教育部高层的方案。实际上，教育部希望精品课程实现信息的输出，优质资源的共享、文化互通互融，意识形态的渗透；省市教育行政部门希望打造地区品牌、缩小地域鸿沟；高校希望提升自身知名度；教师希望实现优质资源共享、提高自身知名度，获得荣誉、地位和经费。精品课程在这种不同服务主体的矛盾运动中不断调整变化、向前发展。教育部作为精品课程的规划层，对其建设拥有更多的裁定权，应对课程进行整体规划，具体如下：

第一，应对精品课程建设进行合理规划，体现在精品课程涉及的专业、学科、课程性质、所属地域等方面，尤其是在 985 高校、211 高校和其他高校，东部高校、中西部高校及沿海与内地高校之间应适度均衡、协调规划，合理配置资源。

第二，精品课程建设应提供专家和政府的支持，提供课程设计与制作标准、技术支持、课程设计模板、资金支持及统一的资源共享平台，尤其应提供统一的共享平台和资金支持。

第三，教师应积极营造精品课程传播共享的氛围，教师使用课程网站来支持教和学（占 67.3%），提高课程的宣传推广，扩大课程的影响和覆盖面。

第四，精品课程应转变评价体系，实行专家、教师、学习者评价；校内、校外评价；总结评价、形成性评价相结合的多维评价体系；相关教育主管部门对此引起足够重视，并提供相应帮助和支持。

（六）扩大精品课程的传播渠道

从精品课程获知渠道上看，49.1% 的教师是通过教育部门或学校公告获知的，43.3% 的学生是通过授课教师提供（不超过 50%）获知的，通过报纸、杂志、电视等离线媒体及其他渠道获知的极少。51.6% 的教师及 54.2% 的学生认为宣传推广影响了精品课程的使用，其中西部院校的诸多学生没有听说过也没有使用过精品课程；参与精品课程建设的教师对精品课程了解较多，普通教师了解较少；多数学校门户网站没有直接的精品课程链接，而是将课程放在学校二级学院网站中，广大学习者不能在第一时间获知课程；教育管理部门和相关高校对精品课程宣传推广得不力，使课程没有深入到学习者中去，没有使学习者真正了解开放课程的内涵和用途，没有使它真正成为学习者学习生活的一部分。

分析获知，67%的教师希望扩大精品课程宣传推广。因此，各地高校和各级教育行政部门应定期举办精品课程建设、推广研讨会，举办相关讲座，开展校内、校际间及各级教育主管部门间的合作①；高校也可通过专题网站、工作简报等形式宣传本校的精品课程，帮助师生了解精品课程的政策、实施计划及部署。此外，教育部应建设统一的共享服务平台，与国内教育、商业门户网站合作同步展示，借助智能手机等移动媒体、电视专栏、报纸杂志及网络等线上和线下媒体开展多层次、全方位、多领域的宣传，扩大精品课程的传播渠道，使精品课程普及应用到社会的各个领域、各类人群；并适时参与国际教育合作，让世界了解并参与中国的精品课程，最大限度地参与并受益国家精品课程建设项目。

（七）优化精品课程的课程结构设计

应完善精品课程的结构设计。师生普遍认为精品课程结构应模块化。师生认为课程必不可少的模块是课程案例（占70.2%及40.9%）、课程大纲（占69%及34.5%）、课程录像（占62%及44.9%）、课程讲义（占59.6%及43.3%）、素材资源库（占52.6%及32.5%）、课程讨论及互动（占52%及24.8%）等。因此，共享课应加大对案例、录像等模块的设计与开发。

（八）完善精品课程的教学设计

在对精品课程学习资源的满意度上，学生认为信息量大的占56%，资源更新快的占36.5%，能找到所需资料的占41.3%，网站导航功能强的占41.8%，互动交流功能强的占28.3%，教师反馈及时的占30.2%，提供检索功能的占52.1%，提供课件、视频等资源下载的占56.3%，教学方法、手段多样的占36.9%，教学内容的组织经过系统设计的占

---

① 李敏：《创新扩散理论框架下的精品课程共建与共享》，《现代教育管理》2011年第8期。

41.7%，学习支持工具多的占30.5%。因此，精品课程应该在以下几个方面做出改进：

第一，教学设计形式上应多样化，应根据课程内容将教学内容设计为案例、问题探究、情境模拟、技能训练等形式。

第二，媒体呈现形式应以"视频"为主（占74.3%及80.1%），这也迎合了当下"视频"为王的理念。

第三，学习支持服务应提供学习辅助及学程监控工具，尤其是交流互动工具（如在线论坛，占52.5%及60.2%）、信息搜索工具（如baidu，占45.3%及35.1%）、案例库（占39.9%及56.7%）、学习记录工具（如记事本，占35%及51.5%）等。

第四，增强互动交流设计，分析获知希望增强答疑和互动交流功能的教师占79%，仅28.3%的学生认为精品课程互动功能强。

第五，完善课程的导航设计，希望增强导航功能的教师占80.7%，学生普遍希望建立的导航形式是课程导学流程图解（占57.4%）和以章节为目录的导航（占49.9%）。

第二节　与国外开放课程传播共享的比较

一　比较分析说明

2001年，美国MIT宣布向全世界开放所有网络课程，拉开了世界范围内开放教育资源运动的序幕。2003年，国内高等教育领域大规模地开展了教育资源开放共享的实践，具有和OER项目"开放"、"免费"、"共享"相同的核心理念，这种实践被称为精品课程建设，共享的资源被称为精品课程。[①] 2010年下半年，随着YYeTs（人人影视字幕组）等国内知名字幕组给耶鲁、哈佛等国外名校的公开课配上了中文字幕，使得这些课程开始走红网络，受到了广大学习者的喜爱。[②] "十二五"期间，教育部实施了"国家精品开放课程"建设项目。因此，如何借鉴国外开放课程

---

① 王龙、周效凰：《中国精品课程建设的实践模式研究》，《现代远程教育研究》2010年第4期。

② 王小丹、胡凡刚：《国外名校网络公开课在我国的应用现状调研分析》，《软件导刊·教育技术》2011年第2期。

成功经验、吸取精品课程建设的经验教训，建设精品开放课程，促进优质资源的传播共享已成为当下的热点。国外的开放课程和中国的精品课程存在哪些差异？带着问题，本书展开了比较分析。

（一）数据来源说明

1. 网站数据

自 MIT 项目拉开世界开放教育资源序幕以来，在世界各高校、教育部门、相关机构、有关基金会和公司的支持下，开放教育资源项目不断展开，并取得了丰硕的成果。本书借助 CORE、OCWC、国家精品课程资源网等门户网站公布的资料，对国家精品课程、国外开放教育资源使用的整体情况进行分析总结。

2. 文献梳理

研究集中对中国国家精品课程、英国开放大学的开放学习项目、美国（Open Learn）麻省理工学院的开放课程（MIT OCW）及卡耐基梅隆大学开放学习项目（CMU OLI）之间进行比较分析，这是根据课程网站的使用情况进行选取的。2009 年 MIT 高中课程访问量达 100 万次，2010 年 MIT OCW 获科学杂志的"在线教育资源科学奖"、MIT OCW 网站被时代杂志评为"2010 年度 50 最佳网站"、2011 年 MIT 举行 OCW 十周年庆典，推出 OCW 学者课程（OCW Scholar）。文献比较围绕共享利用、质量保障和推广进行。

3. 问卷调查

2012 年 3 月，笔者针对浙江大学举办的"2012 全国高校精品视频公开课建设研讨会"，设计了调研问卷，期望了解国内外开放课程的应用状况及差别，以促进我国精品开放课程的建设。调研围绕课程制作、课程内容、教师授课方式、课堂教学气氛、课程的宣传推广等方面展开。调研对象为来自 70 余所高校的 270 余名教育技术工作者、教师、教学管理人员、学者和专家。共发放问卷 130 份，回收问卷 109 份，回收率为 83.8%，有效问卷 103 份，有效问卷的回收率为 94.5%。

4. 访谈整理

访谈围绕学习者使用情况展开。2012 年 11 月，江苏师范大学举办《教育技术前沿讲座》，讲授的内容为开放课程，重点讲授了国外的视频公开课和国内的精品课程。在授课过程中，多数学生不知道精品课程，也不了解精品课程；部分学生知道精品课程的存在，但很少使用；部分学生仅关注国外视频公开课。

（二）课程访问情况

从应用范围看，国外 OER 项目在世界范围内应用也极为广泛，课程平均访问量较高，技术支持好，重视流量和外部反馈，知晓度较高，运行效果好、课程影响力强。2011 年 MIT 项目总结报告显示：已有 78% 的教师参与了网络课程建设，1018 门课程被翻译成其他语言，在世界各地共创建 290 个镜像网站，访问量累计达 1.33 亿次，课程网页每个月平均访问量达 100 万次；访问者遍布世界各地。其中，美国以外的访问者占总人数的 56%。课程的访问者中，学生占 45%，自学者占 42%，教师占 9%，其他访问者占 4%，访问者以学生为主。[①]

通过国家精品课程资源网，了解到精品课程资源网的访问情况（时间为 2011 年 1—5 月），如表 3 - 14 所示。

表 3 - 14　　　　　　　　国家精品课程资源网访问数据统计

	访问人次数	页面浏览数（PV）	资源下载量	网络互动（评论、答疑）	新用户访问比例（%）
网站访问情况 1 月	1051289	4677280	14781	34890	
	641489	2960285	8646	21342	55.24
	7892196	44901611	95597	272001	
网站访问情况 2 月	641489	2960285	8646	21342	
	488807	2701302	13749	24917	54.08
	8381003	47602913	109346	296918	
网站访问情况 3 月	488807	2701302	13749	24917	
	1020952	4718660	34295	18244	52.56
	9401955	52321573	143641	315162	
网站访问情况 4 月	1020952	4718660	34295	18244	
	1058070	4709287	35121	12211	51.49
	10460025	57030860	178762	327373	
网站访问情况 5 月	1058070	4709287	35121	12211	
	1154998	4781575	35248	8116	50.52
	11615023	61812435	214010	335489	

资料来源：国家精品课程资源网（http://news.jingpinke.com/）。

---

① MIT open course ware，http://ocw.mit.edu/about/site - statistics/2013 - 03 - 20.

上述数据为国家精品课程资源中心 1 月运营状况正常，访问人次数同比增长238%，页面浏览数同比增长65%。2 月运营状况正常，寒假期间用户访问量有所下降，资源下载量上升明显。3 月运营状况正常，寒假过后，网站访问情况和资源使用情况恢复迅速，接近历史最高（2010 年 12 月）水平。4 月运营状况正常，与省级区域的服务合作初见成效，会员总数增长显著。5 月运营状况正常，访问量呈稳步增长趋势。这些数据仅说明了国家精品课程的短期的访问情况，但对课程的访问范围，学习者的来源等都没有涉及和公示。

对教育技术学专业 17 门国家级精品课程进行调研发现，能够顺利访问的课程为 14 门，有 3 门课程不能打开，其中超过 1/2 的课程连续 3 年没有更新，提供课程访问量统计的课程仅为 2 门。这都说明国内的精品课程和 MIT 课程在课程的访问数量、访问者来源、课程覆盖范围上存在较大的差异。①

（三）课程使用效果

学者王爱华认为，OCW 课程所在高校大力支持共享；对学习者产生了显著的影响，对教师、学生和社会学习者都有较大的帮助，课程对学习者在个人知识、技能培养、任务完成等方面都收到了一定的成效，如表 3 – 15 所示。

表 3 – 15　　　　　　　　MIT OCW 项目的实施效果

MIT OCW		百分比（%）
教师	提高了个人知识	31
	学习新的技能和方法	23
	建设课程	20
	为教学提供参考	15
	为学院的课程建设提供帮助	8
学生	提高了个人知识	46
	完成了当前课程的学习	34
	计划学习新的课程	16
自学者	探索个人领域外的新知识	40
	学习相关专业技能	18
	为未来课程学习做准备	18
	了解了当前课程的前沿知识	17
	完成了和工作相关的任务	4

资料来源：开放课程网站（http：//ocw. mit. edu/about/site – statistics/）。

---

① 国家精品课程资源网（http：//news. jingpinke. com/2013 – 01 – 05）.

教师作为精品课程的使用者和传播者，使用精品课程前后有哪些变化呢？分析获知，精品课程对教师的影响为丰富了专业知识、提高了教学水平及能力。

精品课程所在高校共享政策支持不完善，学生对精品课程知晓度低，虽然精品资源课程网页提供了访问的数据，但缺乏有效的资源管理机制，缺少对访问量的监控分析，学生情感、态度和技能的变化难以体现出来。目前各高校课程平台设计水平参差不齐，网络资源标准不统一、课程资源无法直接共享，获取难度大、获取差异性较大，共享内动力不足、共享意识薄弱，推广力度不够，应用效率低、课程影响力弱。

二　教师风格的比较

（一）教学理念

MIT OCW 秉承"自由、开放、共享"的核心理念，希望开放课程项目能够加速教育的全球化进程，课程的使用对象定位为普通教师、学生及社会上的自学者，向教育者和学习者提供资源及相关的服务，关注基于共享资源的教学模式和学习模式的转变[1]；据 MIT OCW 年度报告，开放教育资源项目价值的主要体现是为用户增加价值，教师使用 MIT OCW 的目的是：设计或开发一门课程、准备讲授一堂课、扩展自身知识、改进教学方法。大部分高校对 OCW 的内容没有严格的标准，开放什么内容、开放多少基本由教师自己决定；在项目实施过程中会尽可能减少对教师工作量的影响，并给教师提供适当的激励机制。[2]

国家精品课程建设着眼点在高校学生，目的是促进学生学习，但实际服务对象以教师为主，学生知晓率低；对课程质量要求较高，对授课教师的资质、人数也有要求；由于实行自上而下的组织实施模式，创新性不够。

访谈江苏师范大学学生 1 获知："国家精品课程中，教师执行的是纲要指导下的教学任务课堂，追寻的是完整的'是什么'、'怎么样'、'为什么'以教师单一的、线性思维为主导的授课程序，更多

---

① 王龙：《发展、应用、合作和可持续性——2008 开放教育国际会议解读》，《中国远程教育》2008 年第 6 期。

② 王爱华、汪琼：《精品课程与国外开放课程共享利用的对比研究》，《中国远程教育》2010 年第 6 期。

的是强调'结论'的传递。而国外公开课则是开放性的，没有教学行政性、限制与规范性的所谓'教学任务'，他们不严格遵循'是什么'、'怎么样'等严格的逻辑顺序，更多的是强调'为什么'，激活思维是教学的第一要务。"

江苏师范大学学生2认为："大多数精品课程类似课堂视频，教学环境也局限于教室、讲台，给人以压迫感，目前的精品课堂呈现形式太过'中规中矩'，过于沉重。国内精品课程部分是徒有其表，并未达到'精品'标准。"

江苏师范大学学生3认为："精品课程可以不仅仅限于名校的名师，可能他们的讲解并不能得到所有学生的共鸣，可以扩大范围，征得比较受学生欢迎的老师的课程进行公开。"

江苏师范大学学生4认为："精品课程的授课，限制了我们思维的扩散发展，不能根据学生的具体情况开发课程资源。"

由此可知，国内外课程教学理念差异大，国家精品课程的教学理念古板守旧，可适当开放创新，给教师以更多的教育自主权。

（二）授课方式

国外开放课程，课程主讲教师的授课方式更加灵活多样，教学方法更加人性化、教学仪态多样，以问题为中心展开教学内容的讲授，这和国内精品课程教师千篇一律的方式不一样，课堂不循规蹈矩，师生之间进行的是平等互动的交流。调研可知，75.7%的教师认为国内外开放课程的教师授课方式差异较大，见图3－40。

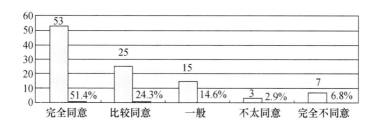

图3－40　国内外开放课程在教师授课方式上的差异

访谈江苏师范大学学生5获知："精品课程中，教师较缺乏'怎么教'与'怎么指导学生学'的知识，不善于或不热衷于'改进教学方式与方法'，而国外公开课的教师不仅有高深的本学科专业知识与学术水平，而且有跨学科的相关领域的知识，其知识宽度比我们对应的教师要大得多。"

（三）教学氛围

国外的开放课程，课堂更加的生动活泼，以问题为中心的授课方式，更易引起学习者的学习兴趣。分析可知，71.9%的教师认为国内外开放课程的课堂教学气氛差异很大，见图3–41。

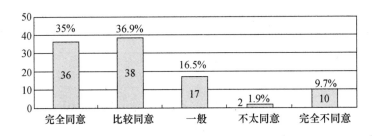

图3–41　国内外开放课程在课堂教学气氛上的差异

江苏师范大学学生1认为："精品课程正因为教师'主导式'、'灌输式'的教学理念，学生很难活跃起来。于是'静坐、聆听'成了主要'场景'，偶尔让学生介入也是限定的、短暂的。目前的课程，仍然以课程大纲、例题分析和考试样卷为主，没有教授的生动讲课，更没有师生互动，与国外名校的网络视频公开课相比，简直是太呆板了。而国外公开课是'引导式'、'介入式'的学生主动学习的课堂，学生可插话、可议论、可在课堂上发挥'自由思考的批判精神'。"

江苏师范大学学生2认为："国外开放课程的课程教师驾驭课堂的能力较强，风趣、幽默、不拘一格……"

江苏师范大学学生3认为："国内的视频课程，都是安排好课堂内容，然后去录的，有些过于死板，即使有一些课堂互动，也会让人觉得刻意造作，并不自然，而国外是没有刻意安排的，呈现的是真实的课堂，课堂气氛活跃，自然效果好一些。"

因此，营造轻松愉快的教学气氛，是保证课程质量的重要因素。

三　课程规划的比较

（一）课程覆盖面

自2001年美国麻省理工学院决定向社会公布其从本科至研究生全部课程后，十年间已有36个国家和地区，250所大学或机构共享超过6200门课程资源，逐步形成课程类、素材类、视频类等不同的资源类型，推动了教育资源全球共享。目前国外开放课程内容覆盖面广，涉及多个学科。MIT OCW 的课程资料数量庞大，涉及面较广，人文与科学学科数目相当、文理比例基本均衡。

我国精品课程建设分布在13个学科，理工科多于文史类学科，从建设总体数量说，总数基本持平。在资源内容上，精品课程提供的资源数量和类型较多，而学生作品和作品讲评类型的资源在 MIT OCW 中很少见到。分析可知，56.3%的教师认为国内外的开放课程在课程内容上存在较大差异，见图3-42。

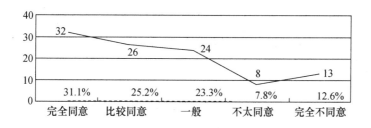

图3-42　国内外开放课程在课程内容上的差异

江苏师范大学学生3获知："国外大学公开课内容涉及面广，既有通识课程，也有专业课程；不仅有讲课录像，还有教学大纲，教学笔记等可以下载。国内大学公开课内容涵盖领域少，目前只限于通识课程，虽有讲课录像，但不能下载。在课程数量上，麻省理工学院的课程数为1900余门课，而中国所有高校的精品课程总数才可以与之媲美。"

江苏师范大学学生4认为："网上公开的大多数是比较热门的专业的课程，而没有进行课程的普及。可以涉及各行各类的课程，也可以包括培训、求职面试、生活常识等。"

可见，课程涉及面广、覆盖领域多、提供下载功能，提供适用性的课程是国内外课程的主要差别。

（二）课程设计

MIT OCW 基于"以学为中心"的理念设计资源，主要以专题或问题方式设计和呈现，为学习者提供了个性化探究的机会，部分课程还提供了学习辅导文件和学习工具，利用网上测试系统进行形成性评价，有利于学习者开展研究性学习。开放学习的资源类型主要包括演示性在线课程、基于各种交流工具的过程性资源，采用以学习者为中心的教学设计，利用博客来记载学习者的学习和成长轨迹，学习者之间可以开展互动评价，有利于学习者进行自主学习。

CMU OLI 资源由演示性资源和交互性资源构成，充分体现双主教学设计模式，能根据不同的学科特点，设计不同的学习活动，依托电子档案袋对学生进行形成性评价[1]；CMU OLI 的课程开发支持多种反馈渠道，是一种"往返回馈"模式，在建设过程中充分体现学习理论与技术的融合，通过认知导师促进学生知识的建构，亲身体验促进学生知识的掌握，虚拟实验促进知识的联系和融合。精品课程是基于"以教为中心"的开发路径，重视教学内容的组织和呈现方式，忽略了学习者的需求，因而不同设计理念的使用效果也不同。

（三）课程制作

调研可知，36%的教师认为精品课程和国外开放课程在课程设计制作上存在较大差异，如图 3 - 43 所示。

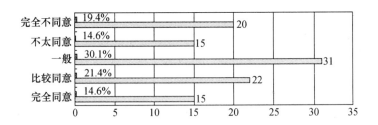

图 3 - 43　国内外开放课程在课程设计制作上的差异

---

① 叶冬连、焦建利：《国外开放教育资源的比较及启示》，《中国电化教育》2010 年第 10 期。

MIT OCW 采用结构化可重复使用的资源设计，注重以交流为原则的反馈和更新，采用虚拟学习社区的学习支持系统，注重课程的整体设计，强调学生对课程的总体把握，注重"以学为中心"。CMU OLI 的课程开发支持多种反馈渠道，是一种"往返回馈"模式，在建设过程中充分体现学习理论与技术的融合，通过认知导师促进学生知识的建构，通过亲身体验促进学生知识的掌握，通过虚拟实验促进知识的联系和融合。

> 江苏师范大学学生 4 认为："国家精品课程之所以没有国外公开课程那么火热，在于当前国内应试教育的方式，国内许多公开课程更加侧重于中考、高考等一些考试能涉及的科目，缺乏一种创新、一种新的理念，只能把知识越讲越死。"

综上所述，国外开放课程设计了真实项目任务，增强了学习者学习的真实性，而国家精品课程基于"以教为中心"的开发路径，重视教学内容的组织和呈现方式，采取授课视频和页面浏览方式演示实验过程，不利于学习者主动性发挥[1]，忽略了学习者的需求，学习效果较差。因此，如何以学习者为中心，设计学习者需要的课程资源，加强课程互动、提供学习记录的跟踪记录，以任务导向完成课程学习是国内外课程内容设计的主要区别。

四　课程环境的比较

（一）政策机制

国外 OER 项目由高校自身进行管理，自下而上推进，课程发布采用"规划—建设—试用—发布—更新—归档"模式，MIT OCW 只有课程教师和专职人员参与，整个建设和发布过程是一个流水线的方式；OCW 课程所在高校认识到共享给社会、高校、教师、学习者所带来的益处，因此支持共享。[2] 几乎所有高校的 OCW 网站上都有该校校长对本校 OCW 的认识。

国家精品课程管理机制是层级制，采用自上而下和自下而上相结合，

---

① 詹泽慧等：《中、英、美开放课程资源质量现状比较研究》，《比较教育研究》2010 年第 1 期。

② MIT Open Course Ware, 2005 Program Evaluation Findings Report. June 5, 2006. http://ocw. mit. edu/ans7870/global/05_ Prog_ Eval_ Report_ Final. pdf. 2013 – 01 – 23.

以自上而下为主的组织管理模式，实行先建设、后资助的规划机制，推荐、评审与公示的工作机制，三级评审的遴选竞争机制，荣誉授予和资金支持的激励保障机制，即采用"学校先行建设—省区市择优推荐—教育部组织评审—授予荣誉称号—网上开放公示—补助建设经费"方式进行，课程发布采用"规划—建设—评审—公示—立项—资助—完善"模式。这是一种较强的国家行政主导行为，从申报、评审到公布结果的整个过程较为漫长，参与的人员较多，生成效率低、课程层级多（校、省/市、国家三级）。精品课程的管理是一个先自上而下、后自下而上的过程，其间涉及许多行政部门，组织实施比 MIT OCW 更为复杂。

　　访谈江苏师范大学学生 7 获知："一方面，国外开放教育较中国起步早，技术较成熟。而中国由于文化传统和知识背景的原因，开放的意识不强，这种文化观念及技术上的差异性限制了我国公开课等精品课程优质资源的传播。另一方面，国外大学公开课更多的是学术导向、市场导向，由大学主导；国内大学公开课更多的是政治导向、文化导向，由政府主导。国外大学公开课，主要是传播学术、传播文化、传播知识，既收获了社会声誉，也得到了企业的支持。国内大学公开课，主要是传播文化、传播知识，其从制作内容到制作标准、经费支持都由教育部来统筹，主要目的是获得国家经费支持，部分课程也收获了社会声誉。国外公开课更注重版权保护，相关教师都会获得相应版权保护，而国内这方面意识较差。"

（二）支持平台

在技术解决方案上，MIT OCW 使用了各种软件工具包和硬件设备等成熟技术来推进课程建设，技术标准统一，院校分工明确，课程重复建设很少；CMU OLI 用 flash 屏幕捕捉工具来制作课程内容，也借助 CAT（Cognitive Authoring Tool）工具软件来实现，制作灵活，平台规范合理。国外 OER 项目提供资源的更新信息，支持 SCORM、IMS 等教育技术标准，注重元数据的应用，采用开源内容管理平台，内容的制作与发布/出版后，提供配套的服务，支持用户查找资源和使用资源。[1] OCW 是高校

---

① 祝智庭、余平：《OER 典型项目的剖析研究》，《电化教育研究》2009 年第 10 期。

通过统一平台对外发布。每门课程的发布格式基本一致，具有统一的结构外观，只是具体发布内容会有所不同。

国家精品课程没有统一的技术标准，可以是独立开发的网站模式或是购买专门的网络教学平台，课程资源分布零散，不同院校不同平台课程重复建设严重，统一管理较难①，缺乏国家精品课程资源库、课程资源中心及共享服务信息平台的建设，投入与产出严重失衡。由于统一资源共享平台的缺失，导致没有统一的机构，也没有一个很好的知晓与发现机制，课程传播共享效果较差。

（三）宣传推广

分析获知，46.6%的教师认为国内外开放课程的宣传推广策略差异较大，国外的开放课程的推广宣传效果较好，见图3－44。

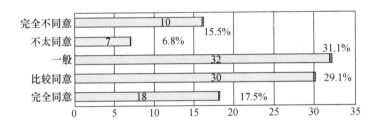

图3－44　国内外开放课程宣传推广差异

1. 推广模式

MIT OCW 项目在创新推广方面成效卓著。国内学者王龙等将 MIT OCW 项目的推广模式分为三类：响应模式——其他学校响应；合作模式——和 MIT OCW 项目有合作；协作体模式——在协作体内开展资源共建共享。②秦丽娟将国家精品课程推广模式总结为三类，即行政推动模式——教育部是主体；共建共享模式——采用一定的措施介绍和宣传；自发推广模式。③

访谈江苏师范大学学生8获知："从创新推广应用来看，中国国家精品课程与国外开放式课程之间有诸多不同。在推广模式方面，

---

①　王斌：《开放型网络课程资源建设比较研究》，硕士学位论文，湖南师范大学，2007年。

②　王龙、丁兴富：《开放课件运动的国际拓展》，《中国远程教育》2006年第8期。

③　秦丽娟：《国家精品课程推广模式研究》，《中国电化教育》2009年第3期。

MIT OCW 显然比国家精品课程的推广应用模式多元多样，但国家精品课程更多的是政府行为，应用推广上以教育行政部门为主，从教育部到地方教育行政部门再到高等院校；而国外开放式课程往往属于一所大学或几所大学间的自发行为，是纯粹的民间行为，特别是在社会性网络与非组织的组织力量的驱动下，模式各异。在推广与应用范围方面，MIT OCW 在推广范围上更国际化，更符合国际开放教育资源运动的理念，在世界范围开放教育资源运动中居于引领地位，其受益者包括高校师生和社会各行各业的工作者。国家精品课程则集中在国内教育机构，尤其是在高校教师和学生中间。"

2. 推广策略

MIT OCW 项目注重品牌效应，在全球影响较大，通过授权、召开研讨会、借助网站或媒体推介①，形成一套行之有效的宣传推广策略：首先，明确宣传推广目标、宣传项目的进展及成就，强调网站资源的价值，赢得校内支持；其次，明确受众的信息及对项目的认识和态度，以获得更多的支持；最后，对外界使用一切可行的渠道使其他教育机构或组织了解认识 OCW 的网站及资源，扩大影响、提高使用效率。国家精品课程缺乏宣传，局限在国内，影响力低，不同的推广策略影响着 OER 项目的使用范围和使用效果。首先，课程来自不同高校，内容相对独立分散，难以塑造品牌课程和品牌专业；其次，以教为中心的建设，缺乏对学生有效引导，使用率低。②

江苏师范大学学生 9 认为："精品课程的宣传目前还停留在面向学校的阶段，并未普及到社会，面对在职人员及其他社会人员的宣传不到位，此时'酒香不怕巷子深'的理论是不合适的，信息时代推广必须要有高效的宣传策略。"

江苏师范大学学生 6 认为："听说过精品课程，但很少使用，主要关注国外开放课程。原因在于国家精品课程缺少宣传推广。相对于

① 杜文超、何秋琳、江丽君：《开启世界课程资源共享的先河——MIT OCW 项目评析》，《现代教育技术》2011 年第 4 期。

② Communication, http://mitocw. udsm. ac. tz/OcwWeb/HowTo/Communication. htm/，2009 – 02 – 23.

MIT OCW 的创新应用推广而言，精品课程的应用状况一直不好。"

江苏师范大学学生 7 认为："由于网络的限制，某些地区可能无法联网以至于不能及时接收到国家精品课程，国家应在网络方面进一步普及。"

五　研究的结果

（一）　精品课程与国外开放课程在传播共享效果上有差异

目前国外开放课程访问数量高，涉及世界各地学习者，不仅对教师，还有学习者、自学者，都发挥了正效应。国家精品课程知晓率低，仅限于国内访问，传播共享效果较差。

（二）　精品课程与国外开放课程在教师授课风格上有差异

精品课程资源尤其是视频资源的设计，等同于传统课堂的搬家；在其他资源的设计与安排上缺少互动交流，教师的教学理念需要创新、教学方式方法需要做出适当调整，国内外开放课程在这方面存在的差距较大。

（三）　精品课程与国外开放课程在课程设计上有差异

国外开放课程的课程设计符合学习者心理及特征，针对学习者的需求设计活动、及时反馈，和国内的精品课程存在较大差异。

（四）　精品课程与国外开放课程在传播推广上有差异

精品课程的传播渠道单一，传播环境影响精品课程的知晓和使用，应通过多种方式向学校、教师宣传国家建设精品课程的真正用意，及精品课程共享对社会、学校、个人所产生的积极影响；学校应指导精品课程教师建设课程时考虑课程的重用与共享[1]，借鉴 MIT 推广的成功经验，扩大优质资源的传播辐射范围。

总之，我国的精品课程是对 MIT OCW 倡导知识"开放共享"理念的回应，虽然在总体数量上可以与具体国家的 OER 项目相媲美，但在国际影响力、知名度、应用范围、应用效果、开放共享程度、推广宣传等方面还存在一定差距。通过比较分析获知，国内外开放课程在传播者、传播内容、传播环境等方面存在差距。

---

[1]　王爱华、汪琼：《精品课程与国外开放课程共享利用的对比研究》，《中国远程教育》2010 年第 6 期。

第三节　启示与思考

梳理文献获知，精品课程"重建设，轻共享"的现象较明显，有较多课程为了评奖而建设，在获得荣誉称号后课程便不再更新、致使精品不精；调研分析获知，精品课程受到了学习者的普遍欢迎，在实际应用中也发挥了积极的导向作用，在一定程度上实现了优质资源共享。但总体来说，课程的使用频率不高，共享效果差，哪些因素影响了课程的传播共享呢？为此，将研究问题进一步聚焦如下：

一　探寻精品课程传播共享的影响因素

对精品课程传播共享影响因素分析主要借助质性访谈资料体现。

河南大学省级精品课程主持教师、教授、博导（汪老师）认为："精品课程的建设，首先应真正是教学名师的讲解，不是挂名，教授要在第一线给学生上课，而不是为了荣誉。课讲授得很精彩，这才能称为精品课；其次应对课程资源进行分类梳理，精心设计。"

华东师范大学高级工程师（吴老师）认为："精品课程提供的主要是静态资源，效果不好，应该更多是生成的资源、动态的资源、交互的资源。要用整体观，生态的视角来看，从课程视角、教师视角、学生视角、管理视角、学校视角、求出异同点、得出共同点，从利益相关的角度来看产与出。"

华东师范大学精品课程主持教师、教授、博导，教育部精品课程评审专家、国家精品课程教材评审专家（张老师）认为："精品课程的建设，第一，应将课程放在统一平台，加强管理维护与更新，增强反馈、交流互动等功能，将与学习者的交流作为后续评价的一个指标。第二，教育部及相关专家应提供政策、经费、技术等方面的支持，应该在课程建设后实行企业化运行，即教育部出指导性政策或纲领性文件，运作交给大学或企业等数字层管理、维护、运行，教师时间和精力有限。第三，应适当进行课程培训，扩大课程的宣传推广。第四，应考虑课程内容的来源，考虑学科的差异性，考虑不同学习对象的差异性，采用不同层面的评审标准，不同类型的高校应具有不同类别的精品课程，但目前只有一个指标，可采用某一个地区同类高校共建的形式。第五，应加强对资源互动反馈的评价，应侧重对教师教学策略、教学设计的评价。只有这样，才能提高课程的共享效果。"

华中师范大学国家级精品课程主持教师、教授、博导（赵老师）认为："精品课程在技术方面，需要内容管理系统（CMS）的支持，课程平台开发应采用开源软件或者在开源软件基础上进行二次研发。在标准和协议方面，应遵循国际通用资源建设许可协议，方便系统之间内容的互操作。可以采取国家统一或者大学联合的方式，在充分遵循国际通用标准的基础上，共同制定符合国情的开放课程的政策和标准，包括课程开发标准、版权策略和发布协议等，真正实现资源的共建、共享和互操作。"

可见，精品课程建设涉及平台、资源、教师、保障措施等多方面内容。

二 优化精品课程的课程结构及教学设计

优化精品课程的结构设计、提高精品课程质量，需要从下列因素考虑。

华中师范大学国家级精品课程主持教师、教授、博导（赵老师）认为："精品课程应在共享性、开放性、使用者数量、平台架构和课程开发模式（包括技术工具、资源内容和遵循标准等）等方面改进。精品课程应该是一个由教育资源知识库和优化的内容管理系统组成的动态数字化教育生态系统，应具有高度的共享性和开放性。精品课程的建设，第一，应增强可移植性，使课程更容易被找到，适应课程材料的新的发布方法，比如移动方式等；第二，应关注课程资源的适用性、易用性和便利性，提供更多的学习支持，以帮助教师更好利用课程为学生服务；第三，应创建开放学习社区。创建一个超越资源内容的开放学习生态环境，充分利用新技术保证学习者围绕课程资源进行交互，促进学习者对材料的理解。"

精品课程要获得好的传播效果，必须在质量、设计和组织上精心安排；要实现课程资源的共享重用，标准不可少，应建立精品课程开发设计的标准和范例，以范例指导课程的设计、开发，并对开发出的课程进行评估和反馈，不断修正标准。即应对课程的教学设计、资源组织、媒体表现、教学策略、环境设计、导航风格、学习支持进行规范。此外，国家应给予经费、技术等支持，提供统一的资源共享平台，对课程资源进行系统的管理和维护。唯有如此，才能产生真正的精品，才能和国外的开放课程在影响力、覆盖面、传播共享上相媲美。

第四章　归因研究：高校精品课程传播共享影响因素

第一节　影响因素概述

加拿大著名网络教育专家琳达·哈拉西姆（Linda Harasim）提出，影响学习者在线课程成功与否的因素有：接入机会和常规使用；态度、动机和常规性参与的自我约束机制；良好的网络礼仪实践和沟通风格；维持、组织和回顾所积累文档的系统方法。[①] 香港公开大学前校长谭尚渭提出，远程教育的成功必须依赖两大因素：精心设计和编制的课程以及良好的学生学习支持。[②] 精品课程作为一种高质量的网络课程，旨在实现优质资源共享，是实现远程教育的重要保障。

影响因素分析针对精品课程建设、使用中存在的问题。相关研究和调研分析表明，精品课程传播共享效果较差，是由多种因素造成的，深入探究其影响因素，对于了解精品课程传播共享的原因，提出有效的策略方案，促进精品课程的可持续发展具有重要的意义。为了提高精品课程传播共享效果，研究通过对精品课程评审指标的分析，根据精品课程传播共享的实际情况，具体的研究方法是以问卷调查为依据，对高校精品课程主持教师（含国家级、省级和校级）、精品课程制作人员、教务人员、普通教师、学生等进行访谈，访谈以面对面、电子邮件的方式收集记录表。访谈的对象有华东师范大学、江苏师范大学、西北师范大学、华中师范大学及河南大学等。研究进一步结合现有文献，整理提出精品课程传播共享的影

① Harasim，L. et al.，*Learning Networks*，London：The MIT Press，2002.
② 刘惠萍、张仁钟：《农垦电大远程开放教育教学质量保证体系的构建》，《甘肃广播电视大学学报》2009 年第 3 期。

响因素。

四川大学学者谢彩云指出，精品课程的网站资源设置不协调，呈现形式单一，资源共享程度低，偏重内容展示而忽略学生互动，这是阻碍精品课程资源开放共享的主要因素。[1] 江雪双学者认为，由于思想观念认识不足、资源建设缺乏统一规划[2]，致使资源条块分割建设，传播共享效果差。张晓彬[3]和欧阳汝梅[4]学者都提出了传播源、传播内容和传播环境是影响精品课程传播共享的因素。张凯学者借助问卷调查发现，精品课程的应用受宣传推广、资源建设、网络环境、信息技术能力等因素的影响。[5] 因此，考察课程传播共享的影响因素，对提高精品课程的传播共享效果具有重要的借鉴意义。

一 变量分析

美国行为科学家和心理学家凯利（Kelley's attribution theory）于 1967 年创立了一种社会心理学理论，指人们在进行因果归属时需从主、客观领域的三个范畴着手。三个范畴是：（1）客观刺激物（存在）；（2）行动人（人）；（3）所处关系或情境（时间和形态）。凯利认为，在把一个特殊结果归属于某个特定原因时，沿着这三个方面的线索可以很快考察出对归属中的信息资料的认识。[6] 美国社会心理学家韦纳则进一步提出了"三维度归因理论"[7]，如表 4 - 1 所示。

表 4 - 1 韦纳的归因三维度模式

三维度	内部的		外部的	
	稳定的	不稳定的	稳定的	不稳定的
	不可控的	可控的	不可控的	可控的
四因素	能力高低	努力程度	任务难易	运气好坏

---

[1] 谢彩云、赵英、李华锋：《高校精品课程网站建设阻碍因素与有效传播策略》，《现代远程教育研究》2012 年第 6 期。

[2] 江雪双、许晓东：《影响教育资源共享的因素分析》，《教学与管理》2009 年第 9 期。

[3] 张晓彬、李霜爽：《精品课程传播效果分析》，《教书育人》2008 年第 8 期。

[4] 欧阳汝梅：《影响国家精品课程传播效果的因素分析》，《中国教育技术装备》2011 年第 15 期。

[5] 张凯、陈艳华：《高校精品课程优质资源使用的障碍因素分析》，《教学研究》2012 年第 1 期。

[6] 关力、凯利：《韦纳与归因理论》，《管理现代化》1988 年第 10 期。

[7] 韦克难：《现代管理心理学》，四川人民出版社 2006 年版。

综上所述，根据凯利及韦纳的归因理论，可以给出制约精品课程传播共享的三维度归因模型。这三维度是内在性（内部与外部因素）、稳定性（稳定与不稳定因素）、可控性（可控与不可控因素），即影响精品课程传播共享的因素，包括内部因素和外部因素，有的因素是不稳定的，有的因素是不可控制的，这些因素有的独立存在，有的相互影响。

依据访谈整理、文献梳理，进一步形成对精品课程传播共享影响因素的调查问卷，问卷和精品课程传播共享现状分析是同一问卷（数据的说明见上一章）。总的来说，拟分析的影响因素包括网站资源（信源）、学习者（信宿）、网络媒介（通道）环境、支持服务等方面；包含内部因素、外部因素、主客观因素等。其中，影响教师使用精品课程的因素有：课程内容的吸引力不够（占 60.7%）、网站找不到所需资源（占 58.9%），不协调网站的宣传推广不够（占 51.6%），网站存在大量无用信息（占 50.3%）、课程网站不通畅打开（占 49.1%），课程内容的教学设计不完善（占 44.8%），网站页面设计不协调（占 42.4%），网站平台多样、不统一（占 42.4%），个人学习动力和兴趣不浓（占 39.9%），课程所属学校的知名度不高（占 39.3%），个人学习习惯（占 38%），课程主持教师的影响力不大（占 33.7%），网站缺少适当休闲娱乐信息（占 25.8%），个人计算机技术能力有限（占 23.3%）及同事都在使用（占 21.4%），见表 4-2。

表 4-2　　　　　　　教师使用精品课程影响因素调查　　　　单位：%

调查内容	非常同意	同意	一般	不同意	非常不同意
课程主持教师的影响力不大	9.2	24.5	41.1	21.5	3.7
课程所属学校的知名度不高	8	31.3	38.7	20.2	1.8
同事都在使用（从众心理）	6.1	15.3	44.2	23.3	11
个人学习习惯（不适应网络学习）	6.1	31.9	32.5	25.8	3.7
个人学习动力和兴趣不浓	8.0	31.9	30.7	25.2	4.3
个人计算机技术能力有限	4.3	19.0	38.7	31.9	6.1
课程网站不通畅	14.1	35.0	31.9	17.2	1.8
在课程网站找不到所需资源	18.4	40.5	31.9	8.0	1.2
课程内容本身的吸引力不够	19.0	41.7	29.4	9.2	0.6
网站页面设计不协调	8.0	34.4	38.7	17.2	1.2
课程内容的教学设计不完善	10.4	34.4	40.5	14.1	0.6

续表

调查内容	非常同意	同意	一般	不同意	非常不同意
网站平台多样、不统一	8.0	34.4	38.0	17.8	1.8
网站的宣传推广不够	11.7	39.9	34.4	12.9	1.2
网站存在大量无用信息	8.6	41.7	31.9	16.6	1.2
网站缺少适当休闲娱乐信息	3.7	22.1	38.0	25.2	11.0

通过单样本检验，影响教师使用精品课程因素有：课程内容的吸引力不够（均值＝3.693），网站找不到所需资源（均值＝3.669）、网站的宣传推广不够（均值＝3.479），课程网站不通畅（均值＝3.423）、课程内容的教学设计不完善（均值＝3.399），网站存在大量无用信息（均值＝3.399）、网站页面设计不协调（均值＝3.301），网站平台多样、不统一（均值＝3.288）、课程所属学校的知名度不高（均值＝3.233），课程主持教师的影响力不大（均值＝3.141），个人学习动力和兴趣有限（均值＝3.141），个人学习习惯（均值＝3.110），个人计算机技术能力（均值＝2.834），同事都在使用（均值＝2.822）、网站缺少适当休闲娱乐信息（均值＝2.822），见表4－3。

表4－3　　　　　教师使用精品课程的影响因素的单样本检验

	t	df	Sig.（双侧）	均值差值	差分的95%置信区间 下限	上限
课程主持教师的影响力不大	40.899	162	0.000	3.141	2.99	3.29
课程所属学校的知名度不高	44.540	162	0.000	3.233	3.09	3.38
同事都在使用（从众心理）	35.189	162	0.000	2.822	2.66	2.98
个人学习习惯	40.466	162	0.000	3.110	2.96	3.26
个人学习动力和兴趣不浓	39.176	162	0.000	3.141	2.98	3.30
个人计算机技术能力有限	38.049	162	0.000	2.834	2.69	2.98
课程网站不通畅	44.007	162	0.000	3.423	3.27	3.58
网站找不到所需资源	51.479	162	0.000	3.669	3.53	3.81
课程内容本身的吸引力不够	52.106	162	0.000	3.693	3.55	3.83
网站页面设计不协调	46.992	162	0.000	3.301	3.16	3.44
课程内容的教学设计不完善	49.383	162	0.000	3.399	3.26	3.53

续表

	t	df	Sig.（双侧）	均值差值	差分的95%置信区间 下限	上限
网站平台多样、不统一	45.914	162	0.000	3.288	3.15	3.43
网站的宣传推广不够	49.074	162	0.000	3.479	3.34	3.62
网站存在大量无用信息	47.876	162	0.000	3.399	3.26	3.54
网站缺少适当休闲娱乐信息	35.398	162	0.000	2.822	2.66	2.98

由表4-3可知，网站畅通性、资源的易得性、宣传推广、内容的吸引力及教学设计、网站的信息呈现等均值较高，说明学习者对这几部分内容比较关注，和学习者有较大的关联；而从众心理、个人计算机技术能力有限、课程网站缺少适当休闲娱乐信息，这几个因素的均值较低，说明与被调查者关联度不大，学习者对这几个因素不太关注。

同理，研究整理形成了影响学生使用精品课程的因素，主要是课程内容教学设计不完善（占63.3%），课程主持教师影响力不大（占55.6%），课程宣传推广不够（占54.2%），师生、生生间的互动交流不够（占53.3%），课程所属学校的知名度不高（占52.6%），缺少对学习过程的监控和评价（占46.1%），网站页面设计不协调（占37.6），个人学习动力和兴趣不浓（占36.3%），课程内容本身的吸引力不够（占35.2%），个人的学习习惯（占29%），课程平台多样、繁杂（占27.6%），存在干扰学习的无用信息（占25.3%），个人知识有限、课程理解困难（占20.7%），个人计算机技术能力有限（占16.5%），同学都在使用（从众心理）（占15.4%）。表4-4给出影响学生使用精品课程的单样本检验。

表4-4　　　　　　　　学生使用精品课程影响因素的单样本检验

	检验值=0					
	t	df	Sig.（双侧）	均值差值	差分的95%置信区间 下限	上限
课程主持教师的影响力不大	36.204	1045	0.000	0.556	0.53	0.59
课程所属学校的知名度不高	34.041	1045	0.000	0.526	0.50	0.56
同学都在使用（从众心理）	13.788	1045	0.000	0.154	0.13	0.18
个人学习习惯（不适应网络学习）	20.644	1045	0.000	0.290	0.26	0.32

续表

	检验值 = 0					
	差分的95%置信区间					
	t	df	Sig.（双侧）	均值差值	下限	上限
个人学习动力和兴趣不浓	24.418	1045	0.000	0.363	0.33	0.39
个人知识有限、课程理解困难	16.491	1045	0.000	0.207	0.18	0.23
个人计算机技术能力有限	14.390	1045	0.000	0.165	0.14	0.19
师生、生生间的互动交流不够	34.567	1045	0.000	0.533	0.50	0.56
缺少对学习过程的监控和评价	29.884	1045	0.000	0.461	0.43	0.49
课程内容本身的吸引力不够	23.816	1045	0.000	0.352	0.32	0.38
网站页面设计不协调	25.078	1045	0.000	0.376	0.35	0.41
课程内容的教学设计不完善	42.270	1045	0.000	0.631	0.60	0.66
课程平台多样、繁杂	19.974	1045	0.000	0.276	0.25	0.30
课程宣传推广不够	35.171	1045	0.000	0.542	0.51	0.57
存在干扰学习的无用信息	18.830	1045	0.000	0.253	0.23	0.28

由表4-4可知，课程主持教师影响力、学校知名度、师生互动交流、学程监控、课程教学设计、宣传推广等均值差值比较大，说明这几部分内容与学生关联性较大，对学生影响较大；而同学都在使用、个人计算机能力及干扰信息的均值差值较低，说明这几部分内容和学生的关联不强，影响力较弱。

二　研究结果

表4-5　　　　　　　　　　影响因素均值及均值差异

因素（教师）	均值	因素（学生）	均值差值
课程主持教师的影响力不大	3.141	课程主持教师的影响力不大	0.556
课程所属学校的知名度不高	3.233	课程所属学校的知名度不高	0.526
同事都在使用（从众心理）	2.822	同学都在使用（从众心理）	0.154
个人学习习惯	3.110	个人学习习惯	0.290
个人学习动力和兴趣不浓	3.141	个人学习动力和兴趣不浓	0.363
个人计算机技术能力有限	2.834	个人计算机技术能力有限	0.165
课程网站不通畅	3.423	个人知识有限、课程理解困难	0.207
网站找不到所需资源	3.669	师生、生生间的互动交流不够	0.533

续表

因素（教师）	均值	因素（学生）	均值差值
课程内容本身的吸引力不够	3.693	课程内容本身的吸引力不够	0.352
网站页面设计不协调	3.301	网站页面设计不协调	0.376
课程内容的教学设计不完善	3.399	课程内容的教学设计不完善	0.631
网站平台多样、不统一	3.288	课程平台多样、繁杂	0.276
网站宣传推广不够	3.479	课程的宣传推广不够	0.542
网站存在大量无用信息	3.399	存在干扰学习的无用信息	0.253
网站缺少适当休闲娱乐信息	2.822	缺少对学习过程的监控和评价	0.461

表4-5给出师生使用精品课程的影响因素，下文将利用因子分析方法找出影响因素中的关键变量。由于"从众心理"、"个人计算机能力"、"网站缺少娱乐信息"、"个人知识能力有限"、"课程平台多样"、"存在干扰学习的无用信息"等的均值或均值差异较低，在后面因子分析中则可删除这些题项。

第二节　因子分析概述

教育、社会、经济等领域研究往往需要对反映事物（研究对象）的多个变量进行大量观察，收集大量数据以便进行分析，寻找规律。在实际问题中，一般设计调查表，收集到大量指标（变量）数据。多数情况下，这些指标之间存在一定的相关关系。我们需要在这众多的指标中，找出几个综合性指标来反映原来指标所反映的主要信息，分析存在于各变量中的各类信息，使问题简化，而各类综合指标之间是不相关的，代表各类信息的综合指标称为因子。

因子分析概念最初起源于20世纪初（1904年）由卡尔·皮尔逊和查尔斯·斯皮尔曼（Karl Pearson and Charles Spearmen）设计的关于智力测验的统计分析。因子分析法的基本思想是：在对样本发展水平进行结构分析或综合评价时，往往需要面对5个以上变量或维度的情况，由于收集到的指标通常都会存在或多或少的相关性，变量间信息的高度重叠和高度相关会给统计方法的应用带来许多障碍，这时就可以根据变量间的相关程度高低对原始变量进行重新组合，将其减缩或合并成少数几类变量。一类变量称为一个公共因子，一个公共因子代表一组相关程度较高的原始变量。这样对原始变量的研究就转化成对公共因子关系的研究，由于公共因子的个数较原始变量少了许多，使得计算工作量大大减小。[①]

一 因子分析作用

在多元统计分析中，经常遇到诸多变量之间存在强相关问题，它会给分析带来许多麻烦。通过因子分析，用少数因子描述许多指标或因素之间的联系，以较少因子反映原来资料的大部分信息的统计学方法，进而做回归分析、聚类分析、判断分析等。[②]

因子变量数量远少于原有的指标变量的数量，因而对因子变量的分析能够减少分析中的工作量。因子变量不是对原始变量的取舍，而是根据原始变量的信息进行重新组构，它能够反映原有变量大部分的信息。原始部分变量间多存在较强的相关关系。因子变量具有命名解释性，即该变量是对某些原始变量信息的综合和反映。

二 因子分析方法

主成分分析是寻找因子的一个主要方法，是一种数学变换方法，是把给定的一组变量 X_1, X_2, X_3, $\cdots$, X_K 通过线性变换，转换为一组不相关变量 Y_1, Y_2, Y_3, $\cdots$, Y_K（两两相关系数为 0 的随机变量，或样本向量彼此相互垂直的随机变量）。在这种变化中，保持变量的总方差（X_1, X_2, X_3, $\cdots$, X_K 的方差之和）不变，同时 Y_1 具有最大方差，称为第一主成分；Y_2 具有次最大方差，称为第二主成分。以此类推，原来有个变量，就转换了 K 个主成分。在实际应用中，为了简化问题，通常是找出 q（$q < k$）个主成分就够了，只要这 q 个主成分反映出原来 k 个变量的绝大部分的方差。这 q 个主成分就是要找的 q 个因子。

三 因子分析模型

因子分析的出发点是用较少的相互独立因子变量来代替原来变更的大部分信息，可以通过下面数学模型来表示：

$$\begin{cases} x_1 = a_{11}f_1 + a_{12}f_2 + \cdots + a_{1k}f_k + \varepsilon_1 \\ x_2 = a_{21}f_1 + a_{22}f_2 + \cdots + a_{2k}f_k + \varepsilon_2 \\ x_p = a_{p1}f_1 + a_{p2}f_2 + \cdots + a_{pk}f_k + \varepsilon_p \end{cases}$$

---

① 尚红云：《因子分析法在 SPSS 教学实践中应强调的几个问题》，《统计与咨询》2008 年第 5 期。

② 陈胜可：《SPSS 统计分析从入门到精通》，清华大学出版社 2010 年版。

其中，x_1，x_2，x_3，…，x_p 为 p 个原有变量，是均值为零，标准差为 1 的标准化变量；f_1，f_2，f_3，…，f_m 为 m 个因子变量，m 小于 p，表示矩阵形式为：

$$X = AF + ae$$

其中，F 为因子变量或者公共因子，A 为因子载荷矩阵，a_{ij} 为因子载荷，是第 i 个原有变量在第 j 个因子变量上的负荷，e 为特殊因子，表示原有变量不能被因子变量所解释的部分，相当于多元回归分析中的参差部分。

因子分析有两个核心问题：一是如何构造因子变量；二是如何对因子变量进行命名解释。因子分析分四个基本步骤。

（一）确定变量是否适合做因子分析

因子分析是从众多原始变量中构造出少数几个具有代表意义的因子变量，但有个前提，即原有变量之间要有较强的相关性。如果原有变量之间不存在较强的相关关系，就无法从中找出公共因子变量。在进行因子分析前，需要对原有变量做相关分析。SPSS 软件提供了几种检验方法来判断变量是否适于做因子分析，主要统计检验方法有以下两种：

1. 巴特利特球形检验（Bartleet Test of Sphericity）

巴特利特球形检验是以变量的相关系数矩阵为出发点的。它的零假设相关系数矩阵是一个单位阵。如果巴特利特球型检验的统计数值较大，且其对应的相伴概率值小于用户给定的显著水平，那么应该拒绝"零假设"；反之，则不能拒绝零假设，认为相反系数矩阵可能是单位阵，不宜于做因子分析。

2. KMO（Kaiser – Meyer – Olkin）检验

KMO 统计量用于比较变量间简单相关和偏相关系数。KMO 取值范围在 0 和 1 之间。Kaiser 给出了适合做因子分析的标准：KMO > 0.9：非常适合；0.8 < KMO < 0.9：适合；0.7 < KMO < 0.8：一般；0.6 < KMO < 0.7 不太适合；KMO < 0.6 不适合。

（二）构造因子变量

因子分析中有多种确定因子变量的方法，如基于主成分模型的分析法和基于因子分析模型的主轴因子法、极大似然法、最小二乘法等，其中主成分分析法是使用最多的因子分析法。

主成分分析是在一个多维坐标轴中通过坐标变换，将原有变量做线性变化，转换为另外一组不相关的变量 Z_i（主成分）。求相关系数矩阵特征根 λ_i（λ_1，λ_2，…，$\lambda_p > 0$）和相应的标准正交的特征向量 l_i；根据相关系数矩阵的特征根，即公共因子 Z_j 的方差贡献（等于因子载荷矩阵 L 中第 j 列各元素的平方和），计算公共因子 Z_j 的方差贡献率与累计贡献率。通过计算特征根（方差贡献）和方差贡献率与累计方差贡献率等指标，来判断选取公共因子的数量和公共因子（主成分）所能代表的原始变量信息。

主成分分析法选择因子原理为：设有 n 个样品，各观察 m 个指标（x_1，x_2，x_3，…，x_m）。现在希望用较少的综合指标（y_1，y_2，y_3，…，y_p）（$p \leqslant m$）来反映各原始指标 x_i（$i = 1$，2，3，…，m）中所包含的信息。一般的计算方法是：先计算原有指标的相关矩阵，计算该矩阵的特征根和特征向量。将特征根由大到小排列，分别计算出其对应的主成分。

公共因子个数的确定准则有两种：一是根据特征值大小来确定，一般取大于 1 的特征值对应几个公共因子主成分。二是根据因子累计方差贡献率确定，一般取累计贡献率达 85%—95% 的特征值所对应的第一、第二、第 m（$m \leqslant p$）个主成分。也有学者认为，累计方差贡献率应在 80% 以上。即如果 Z_1，Z_2，Z_3，…，Z_p（$p < n$）的累计贡献率已达到 85% 以上，这意味着前 p 个主成分已能反映原有变量的绝大部分信息。

（三）因子变量的可解释性

因子变量的命名解释是因子分析的另外一个核心问题。经过主成分分析得到的 y_1，y_2，y_3，…，y_m 是对原变量的综合，原变量是有物理含义的变量。对它们进行线性变换后，得到新的综合变量，对因子变量解释可进一步说明影响原变量系统构成的主要因素和系统特征。分析中对因子变量的含义，可以通过因子载荷矩阵的旋转来进行。最常用的是方差极大法，得到因子变量和原有变量之间的关系，对新的因子变量进行命名，使因子变量更具有可解释性。

（四）计算因子变量的得分

计算因子得分是因子分析最后一步，因子变量确定以后，对每一样本数据，我们希望得到它们在不同因子上的具体数值，这些值就是因子得分，它和原变量的得分相对应。估计因子得分的方法主要有：回归法、Bartlett 法等。计算因子得分应首先将因子变量表示为原始变量的线性组合。

第三节　因子分析过程

一　信度分析

表4-6给出影响师生使用精品课程因素的 KMO 检验统计量与 Bartlett 球形检验结果，根据统计学家 Kaiser 给出的分析，影响教师使用精品课程因素 Bartlett 球形度检验统计量为 888.508，KMO 统计量为 0.818，Bartlett 球形检验 p 值为 $0.000 < 0.05$，这说明原有变量适合作因子分析；影响学生使用精品课程因素 Bartlett 球形度检验统计量为 749.718，KMO 统计量为 $0.704 > 0.7$，Bartlett 球形检验的 p 值为 $0.000 < 0.05$，也说明原有变量适合作因子分析。

表 4-6　　　　　　　　　**KMO and Bartlett's Test**

取样足够度的 Kaiser—Meyer—Olkin 度量		教师	学生
		0.818	0.704
Bartlett 球形度检验	近似卡方	888.508	749.718
	df	105	105
	Sig.	0.000	0.000

二　相关性分析

进行因子分析前，应检验所有变量之间的相关性。表4-7显示了影响教师使用精品课程所有变量之间的关系。

表4-7显示，影响教师使用精品课程的所有变量相关系数矩阵及其检验，可以看出，大部分的相关系数都较高（大于0.3，单边检验值小于0.05），各变量呈现出较高的线性关系，说明原始变量间存在较强的相关性，能够从中提取公共因子，适合进行因子分析。同理验证了影响学生使用精品课程的所有变量之间也存在较强的相关性，可以进行因子分析。

三　过程分析

（一）影响教师使用精品课程因子分析

变量共同度反映每个变量对提取出的所有公共因子的依赖程度。该数值表示某题项与公因子间的相关程度，数值越高则关系越密切。参考吴明隆（2010）提出的标准，若因子负荷小于0.450，则考虑删除该题项。

表4—7 影响教师使用精品课程相关课程相关系数矩阵及显著性检验

相关	课程主持教师影响力不大	课程所属学校知名度不高	同事都在使用（从众心理）	个人学习习惯	个人学习动力和兴趣不浓	个人计算机技术能力有限	课程网站不通畅	网站找不到所需资源	课程内容本身的吸引力不够	网站页面设计不协调	课程内容的教学设计完善	网站平台多样，不统一	网站宣传推广不够	网站存在大量无用信息	网站缺少休闲娱乐信息
课程主持教师的影响力不大	1.000	0.575	0.345	0.311	0.398	0.363	0.274	0.212	0.300	0.345	0.264	0.292	0.125	0.284	0.248
课程所属学校知名度不高	0.575	1.000	0.356	0.297	0.284	0.219	0.268	0.253	0.365	0.272	0.219	0.204	0.116	0.153	0.103
同事都在使用（从众心理）	0.345	0.356	1.000	0.278	0.289	0.191	0.123	-0.031	0.141	0.126	0.031	0.082	0.079	0.050	0.301
个人学习习惯	0.311	0.297	0.278	1.000	0.617	0.436	0.357	0.200	0.163	0.264	0.099	0.226	0.204	0.207	0.193
个人学习动力和兴趣不浓	0.398	0.284	0.289	0.617	1.000	0.519	0.281	0.249	0.334	0.364	0.212	0.266	0.207	0.205	0.232
个人计算机技术能力有限	0.363	0.219	0.191	0.436	0.519	1.000	0.316	0.207	0.235	0.363	0.153	0.261	0.186	0.220	0.295
课程网站不通畅	0.274	0.268	0.123	0.357	0.281	0.316	1.000	0.518	0.441	0.487	0.407	0.327	0.240	0.305	0.148
网站找不到所需资源	0.212	0.253	-0.031	0.200	0.249	0.207	0.518	1.000	0.626	0.320	0.460	0.264	0.224	0.311	0.069
课程内容本身的吸引力不够	0.300	0.365	0.141	0.163	0.334	0.235	0.441	0.626	1.000	0.540	0.520	0.391	0.256	0.331	0.115
网站页面设计不协调	0.345	0.272	0.126	0.264	0.364	0.363	0.487	0.320	0.540	1.000	0.622	0.534	0.400	0.338	0.215
课程内容的教学设计不完善	0.264	0.219	0.031	0.099	0.212	0.153	0.407	0.460	0.520	0.622	1.000	0.463	0.325	0.326	0.225
网站平台多样，不统一	0.292	0.204	0.082	0.226	0.266	0.261	0.327	0.264	0.391	0.534	0.463	1.000	0.578	0.434	0.294
网站宣传推广不够	0.125	0.116	0.079	0.204	0.207	0.186	0.240	0.224	0.256	0.400	0.325	0.578	1.000	0.443	0.261
网站存在大量无用信息	0.284	0.153	0.050	0.207	0.205	0.220	0.305	0.311	0.331	0.338	0.326	0.434	0.443	1.000	0.158
网站缺少适当休闲娱乐信息	0.248	0.103	0.301	0.193	0.232	0.295	0.148	0.069	0.115	0.215	0.225	0.294	0.261	0.158	1.000

续表

		课程主持教师影响力不大	课程所属学校知名度不高	同事都在使用（从众心理）	个人学习习惯	个人学习动力和兴趣不浓	个人计算机技术能力限	网站不通畅	网站找不到所需资源	课程内容的吸引力不够	网站页面设计不协调	课程内容的教学设计完善	网站平台多样不统一	网站宣传推广不够	网站存在大量无用信息	网站缺少休闲娱乐信息
Sig.（单侧）	课程主持教师的影响力不大		0.000	0.000	0.000	0.000	0.000	0.000	0.003	0.000	0.000	0.000	0.000	0.056	0.000	0.001
	课程所属学校的知名度不高	0.000		0.000	0.000	0.000	0.002	0.000	0.001	0.000	0.000	0.003	0.004	0.069	0.025	0.095
	同事都在使用（从众心理）	0.000	0.000		0.000	0.000	0.007	0.059	0.349	0.037	0.055	0.346	0.150	0.158	0.262	0.000
	个人学习习惯	0.000	0.000	0.000		0.000	0.000	0.000	0.005	0.019	0.000	0.104	0.002	0.004	0.004	0.007
	个人学习动力和兴趣不浓	0.000	0.000	0.000	0.000		0.000	0.000	0.001	0.000	0.000	0.003	0.000	0.004	0.000	0.001
	个人计算机技术能力有限	0.000	0.002	0.007	0.000	0.000		0.000	0.004	0.001	0.000	0.025	0.000	0.009	0.002	0.000
	课程网站不通畅	0.000	0.000	0.059	0.000	0.000	0.000		0.000	0.000	0.000	0.000	0.000	0.001	0.000	0.029
	网站找不到所需资源	0.003	0.001	0.349	0.005	0.001	0.004	0.000		0.000	0.000	0.000	0.000	0.002	0.000	0.190
	课程内容本身的吸引力不够	0.000	0.000	0.037	0.019	0.000	0.001	0.000	0.000		0.000	0.000	0.000	0.000	0.000	0.073
	网站页面设计不协调	0.000	0.000	0.055	0.000	0.000	0.000	0.000	0.000	0.000		0.000	0.000	0.000	0.000	0.003
	课程内容的教学设计不完善	0.000	0.003	0.346	0.104	0.003	0.025	0.000	0.000	0.000	0.000		0.000	0.000	0.000	0.002
	网站平台多样，不统一	0.000	0.004	0.150	0.002	0.000	0.000	0.000	0.000	0.000	0.000	0.000		0.000	0.000	0.000
	网站宣传推广	0.056	0.069	0.158	0.004	0.004	0.009	0.001	0.002	0.000	0.000	0.000	0.000		0.000	0.000
	网站存在大量无用信息	0.000	0.025	0.262	0.004	0.000	0.002	0.000	0.000	0.000	0.000	0.000	0.000	0.000		0.022
	网站缺少适当休闲娱乐信息	0.001	0.095	0.000	0.007	0.001	0.000	0.029	0.190	0.073	0.003	0.002	0.000	0.000	0.022	

初始一栏是因子分析初始解下的变量共同方差，表示对原有 15 个变量如果采用主成分分析法提取多个特征值（15 个），那么所有变量的所有方差都可被解释，变量的共同方差均为 1。提取一栏是在按指定提取条件（提取 4 个因子）提取特征值时的共同方案。可以看出，除"课程网站缺少适当休闲娱乐信息"、"课程网站存在大量无用信息"、"同事都在使用"的提取值较低，低于 0.450，考虑删除这几个题项。其他 12 个变量的提取值均较高，各个变量的信息丢失较少，因此本次因子分析提取的 12 个变量总体效果较理想，如表 4 - 8 所示。

表 4 - 8　　　　　　　　变量提取情况（公因子方差）

	初始	提取
课程主持教师的影响力不大	1.000	0.645
课程所属学校的知名度不高	1.000	0.704
同事都在使用（从众心理）	1.000	0.326
个人学习习惯（不适应网络学习）	1.000	0.713
个人学习动力和兴趣不浓	1.000	0.707
个人计算机技术能力有限	1.000	0.600
课程网站不通畅	1.000	0.552
网站找不到所需资源	1.000	0.686
课程内容本身的吸引力不够	1.000	0.694
课程网站页面设计不协调	1.000	0.606
课程内容的教学设计不完善	1.000	0.633
网站平台多样、不统一	1.000	0.684
网站宣传推广不够	1.000	0.657
网站存在大量无用信息	1.000	0.428
网站缺少适当休闲娱乐信息	1.000	0.488

提取方法：主成分分析法

公因子（主成分）提取的数目可以根据相关系数矩阵的特征根判定，相关系数矩阵的特征根刚好等于主成分的方差，而方差是变量数据蕴含信息的重要判据之一。决定主成分数目的准则有三种方式：第一种，只取特征根大于 1 的主成分，这意味着提取的主成分得分的方差都大于 1。第二种，累计百分比达到 80%—85% 以上的主成分。第三种，根据特征根变化的突变点决定主成分的数量，从特征根分布的折线图上可以看出。[①]

本书进一步给出被提取的每一公共因子解释掉的总方差列在因子负荷量的平方和 $\left(S_j^2 = \sum_{i=1}^{m} a_{if}^2, j = 1, 2, \cdots, n\right)$ 的总计之下，此栏的值实际为各个公共因子的值。表示第 j 个公共因子对于所有原始可测变量总的影响程度，即它是衡量公共因子，对于原始变量来说相对重要性的指标。通过主成分分析，提取了 4 个公共因子，累计解释方差为 70.290%，如表 4 – 9 所示。

表 4 – 9　　　　　　　　　解释的总方差

成分	初始特征值			旋转平方和载入		
	合计	方差的百分比（%）	累计百分比（%）	合计	方差的百分比（%）	累计百分比（%）
1	4.121	38.677	38.677	2.136	20.046	20.046
2	1.457	13.678	52.355	2.115	19.847	39.893
3	1.018	9.558	61.913	1.753	16.452	56.345
4	0.893	8.377	70.290	1.486	13.945	70.290
5	0.606	5.689	75.979			
6	0.576	5.402	81.381			
7	0.496	4.651	86.032			
8	0.380	3.567	89.599			
9	0.329	3.091	92.690			
10	0.320	3.005	95.695			
11	0.267	2.504	98.198			
12	0.192	1.802	100.000			

注：已提取了 4 个成分。

由于提取的累计解释方差为 70.290%，小于 80%，本书主要采用特征根大于 1 来提取主成分，图 4 – 1 给出了影响因子的碎石图，图中横坐标为因子的序号，纵坐标为相应特征根的值。从图中可以看出，第一个因子的特征值最高，对解释所有变量的贡献最大；第四个以后的因子特征值

---

① 陈胜可：《SPSS 统计分析从入门到精通》，清华大学出版社 2010 年版。

都较小，对解释原有变量的贡献很小，已经成为可被忽略的"高山脚下的碎石"，第四个因子之前的特征根普遍较高（大于1），连接形成了陡峭的折线，而第四个因子之后的特征根普遍较低，形成了平缓的折线，这说明提取4个因子是比较合适的。[1]

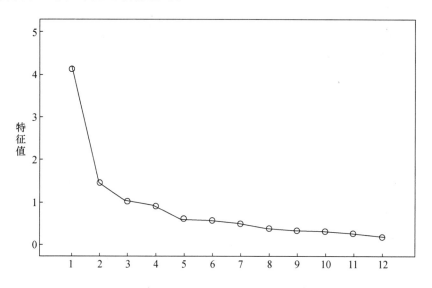

图4-1　精品课程应用影响因素

表4-10　　　　　　　　　　因子载荷矩阵

	成分			
	1	2	3	4
课程主持教师的影响力不大	0.601	0.378	-0.158	0.342
课程所属学校的知名度不高	0.523	0.329	-0.380	0.422
个人学习习惯	0.540	0.476	0.043	-0.440
个人学习动力和兴趣不浓	0.620	0.433	0.009	-0.368
个人计算机技术能力有限	0.562	0.362	0.115	-0.375
课程网站不通畅	0.652	-0.141	-0.250	-0.213
网站找不到所需资源	0.587	-0.344	-0.439	-0.175
课程内容本身的吸引力不够	0.691	-0.280	-0.365	0.073
课程网站页面设计不协调	0.745	-0.223	0.037	0.026
课程内容的教学设计不完善	0.643	-0.432	-0.072	0.165

---

[1]　朱建平、殷瑞飞：《SPSS 在统计分析中的应用》，清华大学出版社 2007 年版。

续表

	成分			
	1	2	3	4
课程网站平台多样、不统一	0.663	−0.274	0.396	0.115
课程网站的宣传推广不够	0.534	−0.282	0.539	0.037

提取方法：主成分分析法

由表 4 - 10 可以看出，提取了 4 个公共因子，如设 F_1、F_2、F_3、F_4 分别为第一、第二、第三、第四主因子，从而得出因子模型为：

$$x_1 = 0.601 \cdot F_1 + 0.378 \cdot F_2 - 0.158 \cdot F_3 + 0.342 \cdot F_4$$
$$x_2 = 0.523 \cdot F_1 + 0.329 \cdot F_2 - 0.380 \cdot F_3 + 0.422 \cdot F_4$$
$$\vdots$$
$$x_{13} = 0.534 \cdot F_1 + 0.282 \cdot F_2 - 0.539 \cdot F_3 + 0.037 \cdot F_4$$

从因子载荷矩阵建立的因子模型可知，各因子的典型代表变量（除个别变量外）并不突出，不能对因子做出很好的解释，因此有必要对因子载荷矩阵进行旋转，见表 4 - 11。

表 4 - 11　　　　　　　　　　旋转后因子载荷矩阵

	成分			
	1	2	3	4
网站找不到所需资源	0.766	0.104	0.046	0.064
课程内容本身的吸引力不够	0.669	0.069	0.228	0.237
课程网站不通畅	0.730	0.314	0.132	0.045
课程内容的教学设计不完善	0.520	−0.042	0.444	0.149
课程网站页面设计不协调	0.534	0.195	0.413	0.181
个人学习习惯（不适应网络学习）	0.102	0.826	0.060	0.104
个人学习动力和兴趣不浓	0.152	0.837	0.142	0.201
个人计算机技术能力有限	0.120	0.673	0.158	0.141
课程网站平台多样、不统一	0.169	0.128	0.759	0.133
课程网站的宣传推广不够	0.065	0.132	0.744	−0.045
课程主持教师的影响力不大	0.100	0.270	0.145	0.826
课程所属学校的知名度不高	0.192	0.133	0.027	0.772

提取方法：主成分分析法。旋转法：具有 Kaiser 标准化的正交旋转法

旋转在 6 次迭代后收敛

此外，根据海尔等（Hair et al.，2006）的观点，评估收敛效度的标准共有三项：①所有标准化的因子荷载要大于 0.5，若 0.7 以上则更加理想。②组合信度要大于 0.7。③平均提炼方差要大于 0.5。因子分析得到的因子载荷均大于 0.5，说明本书使用的量表有较好的效度。

表 4 - 11 显示，因子 1（贡献率为 38.677%）包含网站资源的可获取性、课程内容本身的吸引力、网站流畅性、课程内容的教学设计、网站的页面设计，它们在主因子上的载荷分别为 0.766、0.669、0.730、0.520 及 0.534，可以概括为课程资源因子。

因子 2（贡献率为 13.678%）包含个人学习习惯、个人学习动力、兴趣及个人计算机能力，在主因子上的载荷分别为 0.826、0.837 及 0.673，可以概括为课程学习者因子。

因子 3（贡献率为 9.558%）包含课程网站平台多样、课程网站的宣传推广，它们在主因子上的载荷分别为 0.759 和 0.744，可以概括为课程环境因子。

因子 4（贡献率为 8.377%）包含课程主持教师的影响力及课程所属学校知名度，它们在主因子上的载荷分别为 0.826 及 0.772，可以概括为课程实施者因子。

表 4 - 12 给出了使用正交旋转法对因子载荷进行旋转时使用的正交矩阵。

表 4 - 12   因子旋转中的正交矩阵

成分	1	2	3	4
1	0.612	0.528	0.456	0.373
2	- 0.499	- 0.315	0.560	0.582
3	- 0.609	0.765	0.088	- 0.192
4	- 0.079	0.191	- 0.687	0.697

提取方法：主成分分析法。旋转法：具有 Kaiser 标准化的正交旋转法

4 个因子的得分存于数据文件，变量名分别为 FAC1_ 1、FAC2_ 1、FAC3_ 1、FAC4_ 1。旋转前的因子载荷矩阵乘以因子旋转矩阵等于旋转后的因子载荷矩阵。图 4 - 2 是因子载荷散点图，这里为 3 个因子的三维因子载荷散点图，以 3 个因子为坐标，给出各原始变量在该坐标中的载荷散点分布。

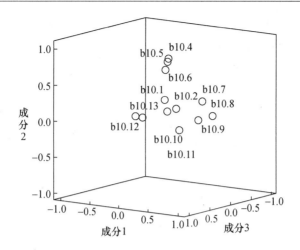

图 4 - 2　载荷散点（教师）

表 4 - 13　　　　　　　　　　　　　因子得分的系数矩阵

	成分			
	1	2	3	4
课程主持教师的影响力不大	0.018	- 0.035	- 0.056	0.401
课程所属学校的知名度不高	0.118	- 0.149	- 0.142	0.463
个人学习习惯（不适应网络学习）	- 0.052	- 0.077	0.468	- 0.095
个人学习动力和兴趣不浓	- 0.021	- 0.069	0.415	- 0.052
个人计算机技术能力有限	- 0.057	- 0.003	0.400	- 0.099
课程网站不通畅	0.246	- 0.091	0.131	- 0.095
网站找不到所需资源	0.377	- 0.165	0.027	- 0.112
课程内容本身的吸引力不够	0.321	- 0.080	- 0.093	0.061
课程网站页面设计不协调	0.130	0.141	- 0.015	- 0.005
课程内容的教学设计不完善	0.215	0.127	- 0.181	0.025
课程网站平台多样、不统一	- 0.038	0.364	- 0.069	- 0.023
课程网站的宣传推广不够	- 0.111	0.421	- 0.025	- 0.105

提取方法：主成分分析法。旋转法：具有 Kaiser 标准化的正交旋转法

表 4 - 13 给出因子的得分矩阵，根据该表得出下面的因子得分函数：

$$F_1 = 0.018x_1 + 0.118x_2 - 0.052x_4 - 0.021x_5 - 0.057x_6 + 0.246x_7 + 0.377x_8 + 0.321x_9 + 0.130x_{10} + 0.215x_{11} - 0.038x_{12} - 0.111x_{13}$$

$$F_2 = -0.035x_1 - 0.149x_2 - 0.077x_4 - 0.069x_5 - 0.003x_6 - 0.091x_7 -$$
$$0.165x_8 - 0.080x_9 + 0.141x_{10} + 0.127x_{11} + 0.364x_{12} + 0.421x_{13}$$

……

表 4 - 14 给出 4 个因子的协方差矩阵，4 个因子两两之间的相关系数为 0，说明经因子分析提取后的 4 个因子之间没有相关性，实现了因子分析的设计目标，同时也说明是经过正交旋转法而得。

表 4 - 14　　　　　　　　　　　　**成分得分协方差矩阵**

成分	1	2	3	4
1	1.000	0.000	0.000	0.000
2	0.000	1.000	0.000	0.000
3	0.000	0.000	1.000	0.000
4	0.000	0.000	0.000	1.000

提取方法：主成分分析法。旋转法：具有 Kaiser 标准化的正交旋转法

通过因子分析，我们从影响精品课程使用的 14 个因素中提取出 4 个主成分，并给这 4 个主成分重新分类，分别为课程资源因子、课程学习者因子、课程环境因子及课程实施者因子。

方差贡献率反映了因子的重要程度。课程资源、学习者、课程环境及实施者这四个因子的方差贡献率为 38.677%、13.678%、9.558% 及 8.377%，其中课程资源因子的贡献率最高，是影响精品课程传播共享的最重要的因子。

（二）影响学生使用精品课程的因子分析

表 4 - 15 给出了 15 个原始变量的变量共同度，变量共同度反映每个变量对提取出的所有公共因子的依赖程度。初始一栏是因子分析初始解下的变量共同方差，表示对原有 15 个变量如果采用主成分分析方法提取多个特征值（15 个），那么所有变量的所有方差都可以被解释，变量的共同方差均为 1。提取一栏是在按指定提取条件（提取 6 个因子）提取特征值时的共同方案。可以看出，几乎所有变量的共同方差均较高（大于0.200），各个变量的信息丢失都较少，本次因子分析提取的总体效果较理想。

表 4 - 15　　　　　　　　　变量提取情况（公因子方差）

	初始	提取
课程主持教师的影响力不大	1.000	0.817
课程所属学校的知名度不高	1.000	0.944
同学都在使用（从众心理）	1.000	0.042
个人学习习惯（不适应网络学习）	1.000	0.349
个人学习动力和兴趣不浓	1.000	0.574
个人知识有限，课程理解困难	1.000	0.319
个人计算机技术能力有限	1.000	0.082
师生、生生间的互动交流不够	1.000	0.965
缺少对学习过程的监控和评价	1.000	0.904
课程内容本身的吸引力不够	1.000	0.626
课程网站的页面设计不协调	1.000	0.888
课程内容的教学设计不完善	1.000	0.841
课程平台多样、繁杂	1.000	0.384
课程的宣传推广不够	1.000	0.899
存在干扰学习的无用信息	1.000	0.138

提取方法：主成分分析。

　　由于"从众心理"、"个人计算机技术能力有限"、"存在干扰学习的无用信息"等提取值较低，在 0.30 以下，说明学习者不太认同这几项是影响精品课程使用的因素，于是考虑删除这三个题项。通过主成分分析，提取了 6 个公共因子，累计解释方差为 58.382%，如表 4 - 16 所示。

表 4 - 16　　　　　　　　　解释的总方差

成分	初始特征值			提取平方和载入			旋转平方和载入		
	合计	方差的百分比(%)	累计百分比(%)	合计	方差的百分比(%)	累计百分比(%)	合计	方差的百分比(%)	累计百分比(%)
1	0.321	11.707	11.707	0.321	11.707	11.707	0.281	10.246	10.246
2	0.281	10.246	21.953	0.281	10.246	21.953	0.285	10.407	20.652

成分	初始特征值			提取平方和载入			旋转平方和载入		
	合计	方差的百分比(%)	累计百分比(%)	合计	方差的百分比(%)	累计百分比(%)	合计	方差的百分比(%)	累计百分比(%)
3	0.269	9.813	31.767	0.269	9.813	31.767	0.272	9.920	30.572
4	0.255	9.303	41.070	0.255	9.303	41.070	0.262	9.565	40.137
5	0.241	8.786	49.856	0.241	8.786	49.856	0.257	9.361	49.497
6	0.234	8.526	58.382	0.234	8.526	58.382	0.243	8.885	58.382
7	0.223	8.134	66.516						
8	0.213	7.781	74.297						
9	0.200	7.299	81.596						
10	0.187	6.812	88.408						
11	0.175	6.388	94.796						
12	0.143	5.204	100.000						

进一步分析获知，各因子的典型代表变量（除个别变量外）不突出，不能对因子做出很好的解释，因此有必要对因子载荷矩阵进行旋转。

表4-17　　　　　　　　　旋转后的因子载荷矩阵

	成分					
	1	2	3	4	5	6
课程主持教师的影响力不大	0.572	-0.138	-0.104	-0.247	0.364	-0.173
课程所属学校的知名度不高	0.552	-0.447	-0.011	0.181	0.213	-0.156
课程内容本身的吸引力不够	0.553	0.030	0.166	0.201	0.483	-0.018
师生、生生间的互动交流不够	0.303	0.522	-0.378	-0.363	-0.058	-0.223
缺少对学习过程的监控和评价	-0.080	0.642	-0.236	0.228	0.566	0.150
个人知识有限，课程理解困难	0.010	0.159	0.510	-0.020	0.062	0.086
个人学习动力和兴趣不浓	0.408	0.300	0.572	-0.018	0.058	-0.019
个人学习习惯（不适应网络学习）	-0.147	0.315	0.553	0.090	-0.084	-0.172
课程宣传推广不够	0.303	0.109	-0.408	0.653	-0.348	-0.225
网站平台多样、繁杂	0.047	0.176	0.192	0.504	-0.176	-0.145
网站页面设计不协调	0.275	0.255	-0.060	-0.362	-0.573	514
课程内容的教学设计不完善	0.264	-0.101	-0.190	0.155	0.004	0.831

表4-17显示，"课程内容本身的吸引力不够"在公因子1和公因子5上的值分别为0.553和0.483，说明这一题项在公因子归属上不清晰，为此本书对该因子进行了二次归类，将其归结为因子1，这样提取的6个公因子就变成了5个。

其中因子1（贡献率为20.493%）由课程主持教师的影响力、课程所属学校的知名度、课程内容本身的吸引力决定，它们在主因子上的载荷分别为0.572、0.552及0.553，可以概括为课程实施者因子或课程来源因子。（传播者）

因子2（贡献率为10.246%）是师生、生生间的互动交流，缺少对学习过程的监控和评价决定，在主因子上的载荷分别为0.522及0.642，可以概括为课程反馈因子。（反馈）

因子3（贡献率为9.813%）由个人学习动力兴趣、学习习惯及个人知识决定，它们在主因子上的载荷分别为0.572、0.553及0.510，可以概括为课程学习者因子。（受传者）

因子4（贡献率为9.303%）由课程的宣传推广、课程平台多样、繁杂决定，它们在主因子上的载荷分别为0.653及0.504，可以概括为课程环境因子。（传播环境）

因子5（贡献率为8.526%）由课程网站的页面设计及课程内容的教学设计决定，它们在主因子上的载荷分别为0.514及0.837，可以概括为课程资源因子。（传播内容）

5个因子的得分存于数据文件中，变量名分别为FAC1_1、FAC2_1、FAC3_1、FAC4_1和FAC5_1。旋转后的因子载荷矩阵见表4-18。

表4-18　　　　　　　　　　因子得分的系数矩阵

	成分				
	1	2	3	4	5
课程主持教师的影响力不大	0.211	0.281	-0.085	0.267	-0.077
课程所属学校的知名度不高	0.231	0.313	-0.149	-0.093	0.121
个人学习动力和兴趣不浓	0.537	-0.101	0.111	0.098	-0.106
师生、生生间的互动交流不够	-0.087	-0.025	-0.017	0.651	0.114
缺少对学习过程的监控和评价	-0.183	0.126	0.601	0.034	0.110

续表

	成分				
	1	2	3	4	5
课程网站页面设计不协调	0.040	−0.098	0.046	0.532	−0.075
课程内容的教学设计不完善	0.044	0.544	0.281	−0.161	0.081
课程宣传推广不够	−0.127	0.117	−0.085	0.159	0.693
个人知识有限，课程理解困难	0.145	−0.027	0.605	−0.004	−0.120
课程平台多样、繁杂	0.150	−0.211	0.092	−0.169	0.571
课程内容本身的吸引力不够	0.536	0.065	−0.088	−0.076	0.065
个人学习习惯	0.145	−0.527	0.021	−0.016	0.131

提取方法：主成分分析法。旋转法：具有 Kaiser 标准化的正交旋转法构成得分

表 4 – 18 给出了因子的得分矩阵，根据该表得出下面因子得分函数：

$F_1 = 0.211x_1 + 0.231x_2 + 0.537x_3 - 0.087x_4 - 0.183x_5 + 0.040x_6 + 0.044x_7 - 0.127x_8 + 0.145x_9 + 0.150x_{10} + 0.536x_{11} + 0.145x_{12}$

$F_2 = 0.281x_1 + 0.313x_2 - 0.101x_3 - 0.025x_4 + 0.126x_5 - 0.098x_6 + 0.544x_7 + 0.117x_8 - 0.027x_9 - 0.211x_{10} + 0.065x_{11} - 0.527x_{12}$

……

表 4 – 19 给出 5 个因子的协方差矩阵，5 个因子两两间的相关系数为 0，说明经因子分析提取后的 5 个因子之间没有相关性，实现了因子分析的设计目标。

表 4 – 19　　　　　　　　　　成分得分协方差矩阵

成分	1	2	3	4	5
1	1.000	0.000	0.000	0.000	0.000
2	0.000	1.000	0.000	0.000	0.000
3	0.000	0.000	1.000	0.000	0.000
4	0.000	0.000	0.000	1.000	0.000
5	0.000	0.000	0.000	0.000	1.000

通过因子分析，我们从影响精品课程使用的 12 个因素中提取出 5 个主成分，并给这 5 个主成分重新分类，分别为课程实施者因子（传播

者）、课程资源因子（传播内容）、课程学习者因子（受传者）、课程反馈因子（反馈）和课程环境因子（传播环境）。

分析获知，这五个因子的方差贡献率分别为20.493%、8.526%、9.813%、10.246%及9.303%。精品课程借助网络媒介呈现信息，其反馈也主要在课程网站中体现，因此反馈因子可以归结为课程资源因子的范畴。进一步分析，传播者与传播内容的方差贡献率为20.493%和18.772%，可见，传播者及传播内容对精品课程传播共享的影响较大，是主要的影响因子。

四 基于探索性因子的二次分析

探索性因子分析致力于找出事物内在的本质结构，可将关系复杂的变量综合为少数因子（于秀林，1999），采用主成分分析法和方差旋转法。通过主成分分析法对影响师生使用精品课程的影响因素进行因子分析可知，提取的4个影响教师使用精品课程的因素已经涵盖了原始变量的大部分信息，可以作为公因子；但本书提取的影响学生使用精品课程的5个因子仅涵盖了58%以上的变量信息，这说明数据来源的局限性，需要找寻其他的变量，本书将通过大量的专家调研及访谈来进一步修正和弥补。

一方面，访谈对象为江苏师范大学、华东师范大学的本科生，学生普遍反映：不知道精品课程的存在，缺少课程的宣传介绍，课程获知渠道单一、很多学习者不知道从何种渠道去获知，课程的宣传多停留在面向学校的阶段，未普及到社会，对在职人员及其他社会人员的宣传不到位；部分地区网络资源受限，学习者很难接触到精品课程，更无从谈起使用精品课程。因此，本书认定传播渠道（媒介、通道）也是影响学习者使用精品课程的主要因素。目前精品课程的传播渠道多为网络媒介，扩大传播渠道也意味着提高其宣传推广效应。另一方面，本书针对精品课程主持教师（含国家级、省级和校级）、精品课程制作人员进行调研，调研的对象来自华南师范大学、华东师范大学、江苏师范大学、河南大学、兰州大学及西北师范大学。

在文献分析、因子分析基础上，初步形成精品课程传播共享的构成维度，并结合专家访谈反馈的要素，构建了精品课程传播共享影响因素调查表，旨在完善精品课程传播共享的影响因素，弥补因子分析的不足，提高研究的信度。调研时间为2013年2月，共回收有效教师卷11份，其中精品课程主持教师7份、精品课程制作教师2份、普通教师卷2份。调研中由 11 位专家采取 5 分制原则对 5 个因子及相应选项进行评价。调研结果如下：

（1）课程资源方面。网站资源的可获取性及课程内容的吸引力，专家 100% 的赞同；网站的流畅性，专家 90.9% 的赞同；课程内容的教学设计，54.5% 的专家非常赞成、45.5% 的专家比较赞成；课程网站的页面设计，63.6% 的专家非常同意、27.3% 的专家比较同意。

（2）课程实施者方面。课程主持教师影响力，72.7% 的专家非常赞同、10% 的专家比较赞同；课程所属学校知名度，54.5% 的专家非常同意、45.5% 的专家比较同意；在教师的教学风格上，81.8% 的教师非常赞同，9% 的教师比较赞同；同时，教师还提到了教育部、省市教育主管部门的统筹规划、设计等。

（3）课程学习者。个人学习动力与兴趣、个人计算机能力和个人知识储备，72.7% 的专家非常赞同，27.3% 的比较赞同；受众需求的满足也是影响精品课程使用的重要因素。

（4）课程环境。课程网站平台多样，63.6% 的专家非常赞同、18.2% 的比较赞同；课程网站的宣传推广，72.7% 的专家认同，27.3% 的比较赞同；应建立精品课程使用的激励机制、完善课程的评价机制。

（5）课程传播渠道的多种传播媒介融合。63.6% 的专家完全认同，27.2% 的专家比较认同；在多种传播方式的融合上，63.6% 的专家非常认同，18.2% 的专家比较认同。专家还提出，课程内容的实用性，从学习者需求设计、开发课程，课程主持教师的教学风格、教学技巧及教师对授课内容的把握、责任性，课程的针对性、媒体组织形式，学习者的学习方式也是影响精品课程使用的因素。由于各位专家研究方向不同，其评价也存在一定的偏向。[①]

此外，本书按照专家对重要程度的态度进行分析。专家的态度倾向系数由加权统计方法求得。

态度系数能够定量的表达学员（学生）对某项指标的态度倾向及其强弱，它是由加权统计方法求得：$F = (k_1 \times n_1 + k_2 \times n_2 + \cdots + k_i \times n_i) / K \times N$。其中 $k_1, k_2, \cdots, k_i$ 为各等级分值，本书加权赋分方式为：非常同意 5 分，比较同意 4 分、一般 3 分、不太同意 2 分，不同意 1 分。n_1，

---

① 韩小孩等：《基于主成分分析的指标权重确定方法》，《四川兵工学报》2012 年第 10 期。

n_2，$\cdots$，n_i 为各等级响应人数。K 为最高等级分值的绝对值，本书即为 5 分。N 为样本总数，本书即为参与调查的人员总数，本书也即参加调查的人数，即 11。F 为重要程度态度倾向系数。

根据上述算法，得出 $0 \leqslant F \leqslant 1$。当 $F = 0$ 时候，说明该项的重要程度最高；当 $0 < F \leqslant 0.5$ 时，说明该项的重要程度比较低；当 $0.5 < F \leqslant 1$ 时，说明该项的重要程度最高。即系数越接近于 1，其重要程度越高。[1] 分析获知，专家对影响因素评价均值及态度系数如表 4 – 20 所示。

表 4 –20　　　　　精品课程传播共享影响因素得分均值及态度系数

	网站找不到所需资源	课程内容的吸引力不够	课程网站方面畅	课程内容的教学设计不完善	课程网站页面设计不协调	个人学习惯	个人学习动力和兴趣不浓	个人计算机能力有限	个人知识储备	主持教师的影响力不大	课程所属学校知名度不高	教师教学风格	网站平台多样不统一	网站宣传推广不够	政策机制	多种传播媒介融合	传播方式多样
有效	11	11	11	11	11	11	11	11	11	11	11	11	11	11	11	11	11
缺失	0	0	0	0	0	0	0	0	0	0	0	0	0	0	0	0	0
均值	5.0	5.0	4.7	4.6	4.4	4.5	4.7	4.7	4.7	4.6	4.5	4.8	4.5	4.8	4.7	4.6	4.2
态度系数	1	0.8	0.91	0.91	0.92	0.87	0.93	0.93	0.93	0.87	0.87	0.96	0.89	0.93	0.91	0.87	0.85

由表 4 –20 可知，专家对上述影响因素的均值均在 4.0 以上（比较同意），专家对各项的态度倾向系数都达到 0.5 以上，各态度系数的均值都较高，说明专家的意见分歧比较小，经过分析，专家意见基本趋于一致，无须进行下一轮的调查。因此，本书确定了精品课程传播共享影响因素的构成要素：课程资源（传播内容）、课程实施者（传播者）、课程学习者（受众）、课程环境（传播环境）和传播渠道（媒介、通道）五个维度（附详细的二级表述），其中课程资源影响最大，其次是课程的宣传推广、学习者自身因素等，见表 4 –21。

----

① 赵健：《网络环境下城乡互动教师学习共同体构建与运行研究》，博士学位论文，西北师范大学，2011 年。

表 4 – 21　　　　　　　精品课程传播共享影响因素调查表

一级表述	二级表述	详细描述
课程资源 （传播内容）	网站找不到所需资源	网站资源易获得
	课程内容的吸引力不够	课程主题的吸引力
	课程内容的实用性	课程内容具有实际应用价值
	网站的流畅性	网站能顺利访问
	课程内容的教学设计不完善	资源的系统性
		资源的多媒体
		资源的组织形式
		资源的针对性
		资源适于自学习
	网站页面设计不协调	网站页面设计符合视觉审美
课程实施者 （传播者）	课程教师的影响力不大	主持教师地位、知名度
		主持教师对课程内容的权威性
		主讲教师的教学风格
		主讲教师的教学技巧
		教师责任心
	课程所属学校知名度	是否为 985 高校、211 高校或特色高校
	相关部门（教育部、省市教育主管部门）	顶层设计的合理规划
课程学习者 （受众）	学习习惯	是否适应网络学习
	学习动力和兴趣不浓	对精品课程是否有学习兴趣
	计算机技术能力有限	是否具有一定信息素养
	知识储备	可以理解课程内容，并建立关联
	个人需求的满足	个人需求应得到满足
课程环境 （传播环境）	课程网站平台	网络平台多样，标准不统一、难共享
		课程平台的功能
	课程网站宣传推广不够	相关部门宣传推广策略
	课程的评价机制	应具有完善的评价机制
	课程的激励机制	应建立相应激励机制
传播渠道 （媒介、通道）	多种传播媒介融合	纸媒、移动媒体等
	多样化的传播方式	人际传播、大众传播等

第四节　因子分析结论

因子分析结论主要来源于两个方面：一方面是公因子的提取；另一方面是专家的调研反馈。

一　课程实施者因子（传播者）影响精品课程的传播共享

课程实施者因子主要由课程主持教师的影响力、课程所属学校的知名度决定，师生在主因子上的载荷分别为 0.826、0.772 和 0.572、0.552；整体载荷值较高，说明课程实施者影响精品课程的传播共享。

二　课程学习者因子（受众）影响精品课程的传播共享

课程学习者因子主要由个人学习习惯、动力和兴趣、个人计算机技术能力决定。其中教师在主因子上的载荷分别为 0.826、0.837 及 0.673；学生则有个人学习动力兴趣、学习习惯及个人知识决定，它们在主因子上的载荷分别为 0.572、0.553 及 0.510，说明学习者的个人情况影响精品课程的传播共享。

三　课程资源因子（传播内容）决定精品课程的传播共享

教师认为，课程资源因子主要由网站资源的可获取性、课程内容吸引力、网站流畅性、课程内容的教学设计、课程网站的页面设计决定，它们在主因子上的载荷分别为 0.766、0.669、0.730、0.520 及 0.534；学生认为，课程资源因子主要由课程网站的页面设计及课程内容的教学设计决定，它们在主因子上的载荷分别为 0.514 及 0.837；整体载荷值较高，是影响精品课程使用的决定因子。

四　课程环境因子（传播环境）影响精品课程的传播共享

课程环境因子主要由课程网站平台多样、课程网站的宣传推广等决定，师生对此在主因子上的载荷分别为 0.759、0.744 和 0.653、0.504；载荷值较高，可以认定传播环境影响精品课程的传播共享。此外，课程的评价机制、相应的激励机制也是影响精品课程传播共享的因素。

五　反馈因子影响精品课程的传播共享

反馈因子主要包括师生、生生间的互动交流，学程监控及评价，它们在主因子上的载荷分别为 0.794 及 0.648，载荷值较高，也是影响精品课程传播共享的因子，可以归结到课程资源因子。

由于精品课程是借助网络媒介呈现信息，其反馈信息主要通过网络平台体现，可以将反馈因子归结为课程资源因子，属于课程资源设计的范畴，下文将其融合到课程资源中分析。

六 传播渠道（媒介、通道）影响精品课程的传播共享

访谈获知，目前精品课程获知渠道单一，需要扩大宣传推广，提供多渠道传播媒介或传播通道，提高精品课程的使用频率和使用效果。

综上，借鉴信息传播的整体互动模式、研究梳理出精品课程传播共享影响因素的关系，如图4-3所示。即要提高精品课程的传播共享效果，应在课程质量、课程设计、课程宣传推广等方面精心规划；国家政策应适当调整，给予政策、技术等支持；应从学习者角度开发、设计、评价课程；对课程主持教师授课方式、授课技巧也有较高的要求；课程建设应遵守统一的标准协议、提供统一的资源共享平台，对课程进行系统的管理和维护，唯如此，才能生产真正的精品课程。

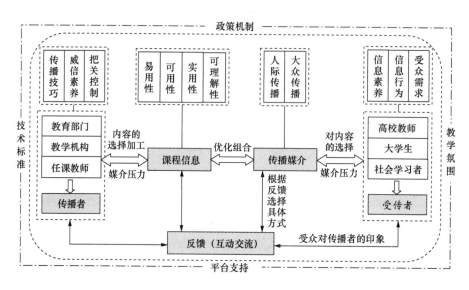

图4-3 精品课程传播共享影响因素关系

图4-3列举了影响精品课程传播的若干因素：传播的信息很容易获取吗？传播内容吸引人吗？学习者寻求的是什么信息？学习者养成了什么传播习惯？学习者拥有怎样的传播技能？这些因素影响受众的使用意向、使用行为，进而影响精品课程的使用效果，最终影响其可持续发展。下文将对这几个因素详述。

第五节　主要因子分析

一　传播者的影响因素

传播者是传播活动的发起人和传播内容的发出者，主要解决"传播什么"和"如何传播"问题。传播者位于传播过程的首端，不仅决定传播过程的存在及发展，还决定信息内容的质量、数量与流向及受众的反映，可以是位于传播起点的个人和组织。① 传播者的地位、传播技巧等对传播效果有较大的影响。

（一）威信效应

威信效应指传播者个人或群体的权威性、可传性对受众的心理作用，以及由此产生的对传播效果的影响。传播学研究认为，当受众把传播者或信息来源确定在高权威性、高可靠性位置时，这种认定就会转变为对信息内容的相信。威信的高低与学习者的影响程度存在正比关系。传播活动中，受众威信效应的产生主要取决于传播者、传播机构或信息来源在受众心目中的威望和地位。传播者是代表一定的部门、传播组织所进行的传播活动。② 具有一定的代表性、专业性和复杂性，他们所发布和传播的信息无不具有一定的倾向性和思想性，反映并代表一定阶级、集团、组织的利益、愿望和要求。

1. 课程主持教师的影响力

精品课程传播中，师生关系更加平等和开放，精品课程主持教师应是主动的信息加工者、扩散者及舆论引导者；能够灵活、多样运用多种手段传递信息，乐于表达和创新，敢于尝试和接触新生事物；应具备"多元"、"精熟"、"快速反应"的综合素质及更好的信息收集、加工、传播的信息素养，应具有较高的威信；还应注重教学手段和教学方式的变革，能够吸引学习者的动力和兴趣，代表某个学校、学科的整体水平③；还应规划课程内容，探索新的教学方式，对信息有效筛选，并加以改造和利

---

① 邵培仁：《传播学》，高等教育出版社2005年版。

② 同上。

③ 王娟：《信息传播视角下我国高校精品视频公开课建设现状的调查研究》，《电化教育研究》2012年第12期。

用，努力使个人成为信息时代新型的传播者，转变教学观念和态度，改变知识构成，提高人格魅力和影响力。

调研可知，认为精品课程中课程主持教师影响力不大的教师占33.7%，而在精品课程定义的"五个一流"中教师队伍位于首位，这说明了高水平的教师队伍是建设精品课程的重要保证。因此，主持教师的影响力有助于扩大课程的影响力和覆盖面，提高课程所在院校的知名度，带动优质资源共享。

2. 传播者对传递内容的权威性

传播者对传递内容的权威性指传播者在他所传播内容范围内，具有较强的编码、释码能力，具有较多的研究和较广阔的知识，具有一定令受众信服的力量和威信。① 传播者的权威性是与特定的信息内容相联系的，可以来自不同方面，如传播者的专家身份、领导地位、特定身份等。精品课程传播中，最重要的传播者是课程主持教师。如果精品课程主持教师是学科带头人、对该领域的知识有较深厚的积累，则影响力也较高，辐射范围也较广。这类人也称为意见领袖，是在精品课程传递过程中具有强影响力的人。

当精品课程学习者把传播者确定为高权威性、高可靠性位置时，这种认定就会转变为对信息内容的选择和认同。目前，精品课程主持人基本都是各院校的教授、名师、学科带头人、科研能力强，在学界具有较高的威望，能够发挥"意见领袖"的效应，能够带动一大批中青年学者，有助于培养青年骨干和接班人，从而保障精品课程建设的高质量和高水平。

3. 课程所属学校的知名度

目前，高等教育在资源配置方面未能很好体现公平与效益兼顾，资源配置在不同类型高校之间差距过大，211 高校、985 高校与其他高校在获取财政支持力度上差异明显，东部、中部与西部及沿海与内地之间高等教育资源分布严重不均。资源分配后"静止"在一家，如何使资源在一定的时空范围内为更多的需求者服务，提高资源的共享程度值得探讨。②

分析可知，认为精品课程中课程所属学校知名度不高的教师占39.8%。而 985 高校和 211 高校，国家财政投入和政策支持力度大，集中

---

① 郑兴东：《良好的传播者形象构成因素》，《采写编》2008 年第 5 期。
② 《关于促进我国高等教育资源配置与结构优化的提案》，http://www.mj.org.cn/mjzt/2011nzt/2011nlh/2011lhtafy/201103/t20110303_121504.htm，2011 - 03 - 04。

了大量人力、物力和财力资源，学术氛围浓郁、教学名师众多、学校知名度高，在国内具有较高威望，影响力强，能够发挥"意见领袖"的效应。因此，应加大对985高校及211高校精品课程的开发力度，以便优质资源能扩散到全国各地，为更多的学习者所使用。

（二）职业素养

精品课程传播者应具有高尚的道德情操、适当的礼节、愉快的表情，客观、公正、坦诚，具有良好的形象和较好的表述能力，具有较好的职业道德、思想品质、政治修养，学术素养高，具有深邃的观察力、敏捷的文思、生动的表现力，在广大学习者心目中享有很高的信誉。精品课程主持教师应具有良好的口碑，高度的责任感和使命感，这种品格既能增加受众的信任，也能赢得受众的喜欢，可以消除学习者的防范心理，让更多的学习者主动地学习该课程，有助于减少课程传输障碍，取得较好的传播效果。

（三）传播技巧

精品课程，首先，需要主持教师提供课程内容、教学设计、资源组织和呈现，媒体设计、评价与反思，还应搭建相应的教师梯队，保证精品课程师资队伍的高水平；其次，需要提供网络资源制作技术人员，负责课程网站平台的开发、维护、管理等；再次，应在教育部制定的规范、时间内开展精品课程的申报、评审等工作；最后，还需要各高校教务部门提供相应辅助条件。因此，精品课程的传播技巧是指传播者所采取的教学手段、教学方法，对教学内容的设计、组织和安排，涉及学习资源、教学策略、学习支持、学习评价及教学活动的设计。

精品课程传播中学习者被动地接受信息较多，主动思考较少，对信息的鉴别能力较弱，对教师提出了更高的要求。精品课程主持教师的教学风格，是否深入浅出、条理清晰、论证严密、结构严谨，是否吸引学习者的注意需要精心设计。教师不再是知识、信息的唯一传播者，而是教学活动的组织者、指导者，教师的职能由"教"变为"导"，应更多地根据学习者的需要筛选组织教学内容，进行教学设计，改革和创新传统的课程内容，优化课程内容结构和信息资源的自主呈现方式[1]；应帮助学习者制定学习目标，培养学习习惯，掌握学习方法和策略，使学习者能够很快地从

---

[1]　胡钦太：《信息时代的教育传播——范式迁移与理论透析》，科学出版社2009年版。

网络资源中找到所需要的信息，促进学习者借助各种资源和渠道进行自主学习，培养学生利用媒介获取信息的能力。

（四）把关控制

把关人又称"守门人"，是指"在传播中决定什么性质的信息被传播、传播多少以及怎样传播的人或机构"。[①] "把关"决定了什么样的信息能进入传播渠道，信息是否符合群体规范或价值标准，"把关"是传媒组织的有意操作，通过收集信息、过滤信息、制作信息、传播信息等环节影响着受众的观念、情感和价值观。实际上，媒介的把关活动是一种多环节、有组织的行为，它不仅受到媒介组织及其规范的制约，也受到社会的政治、经济、文化因素的影响。

1. 精品课程把关人的类型

精品课程的把关，既包括对信息的把关，也包括对意见的调控与控制，信息发布模式的控制，信息扩散环节的控制等。一般来说，精品课程的信息流动过程包括选择政策的制定、传播内容的筛选、信息的编码组合、信息的加工转换等环节。[②] 精品课程的传播者包括：

（1）宏观决策机构如教育部处于结构最上层，其影响力是通过各个层次向下渗透，主要对精品课程整体内容、来源与导向的把关，通过政策文件的颁布、扶持相关网站如国家精品课程资源网，针对本科类、高职高专、网络教育类开展精品课程建设和遴选工作等方式贯彻一定的意识。

（2）中间传达机构如省市教育主管部门，负责对上（教育部）对下（高等院校）的文件传达、政策解读等，实现对公共议程的引导，完成对课程中观层面信息的把关。

（3）组织机构如各高校相关学院，执行上级文件，通过对精品课程内容的选择，负责精品课程的制作，实现课程网站的定位目标。

（4）相关教师，负责精品课程内容的选择、教学设计、资源的组织与安排、页面的设计等，完成对课程内容质量的把握，其中教师的特性、背景、态度、角色等对精品课程的内容抉择较大；教师要负责选择媒体内容，要负责网站结构与页面布局，要负责网站的推动，集接收者、守门人、传播者多重角色于一身。

目前，精品课程由教育部发布政策文件进行统筹规划，各省级教育主管部门执行相关文件，并落实到具体高校的以"自上而下"为主的组织实施模式。各高校根据自身情况、特色申报精品课程，经过"校级—省级—国家级"申报、考核层层把关，逐级遴选的方式产生最优质的课程。在这个过程中，几种传播者的地位和作用是不同的，其中主持教师是最主要传播者，决定了精品课程的传播内容和传播方式；教育部是顶层设计者，负责精品课程文件的制定，负责组织相关专家对申报的课程进行考核、评估；省市教育部门负责上级政策的执行，结合各地情况，将相关政策落实到院校，院校负责落实具体课程。

2. 精品课程把关人的职能

（1）检查加工功能。守门人是传播通道上的检查者，代表相关组织和受众需求，对信息做出鉴别和选择，决定其能否进入传播渠道。因此，部分信息遭到阻止、受到删减，需要再次排版等。守门人对精品课程资源进行深入加工，使其按照自己的意图传播。其次自己动手加工信息。如教师对精品课程内容的选择等，使信息条理化、系统化，并进行编码传递出去。

（2）评价导向功能。精品课程把关人也是评价者，这里是指高校教务处、省级教育主管部门和教育部，涉及对传播者劳动成果的肯定程度，关系到受众的影响程度和信息覆盖面、传通面。上级主管部门的检查、加工和评价功能的释放，对传播者和受众的信息传播、接受行为具有促进和抑制作用，也具有导向功能。当符合受众需求的信息内容被受众接受时，传播者就会按照把关人的指挥棒来组织生产。

（3）中介传递功能。把关人具有中介作用，即传受双方思想、信息的交换和交流。把关人处于传播的中心地位，承担整体协调的责任，负责资源的总配置。① 精品课程所传达的信息主要是为了有效地传递给学习者。在传递过程中，应该注意精品课程传达的信息要有针对性，提供的信息应丰富完备，适用有价值，能满足学生的需要。此外，还应注意学生的反馈信息，克服传播过程中的干扰，保证信息传递的效果。

3. 精品课程的制度控制（意识形态）

精品课程传播受到教育部、省市教育主管部门、高等院校、主持教

---

① 邵培仁：《传播学》，高等教育出版社2005年版。

师、制作人员等层层把关。精品课程传播是一种制度化的传播，即精品课程网络资源与政府部门的关系问题，与广大受众的关系问题。精品课程建设与传播具有操控性，是教育部通过有关政策、文件、规范等实现优质资源共享，保障高等教育质量，进而形成一种文化资产，以实现社会的一体化，达到控制大众意识的目标，以确保整个社会的价值观念符合国家制度、意识形态。

从某种程度上说，精品课程建设是教育部维护国家意识形态的具体表现，是传递统治阶级意志的工具，直接履行社会控制职能。精品课程的整个运作过程是受教育部控制和操纵的，教育部通过对精品课程内容的选择、精品课程使用的技术标准、制作规范及传播过程的模式化（自上而下的三级遴选机制）三方面来实现。通过制定精品课程建设标准、遴选办法和规范、技术要求等，而这种规范的语言来自教育部，来自国家权力，来自权力的强制性规定，并受其全面管理。此外，通过对传播过程的控制和操纵及规范化后的精品课程，最终达到服务并作用于个人和社会。从媒介组织的运作方式看，教育部进行的是一种强制性的思想灌输，最终实现社会意识一致化和思想规范化，达到操控的目的。

4. 精品课程的经济控制（利益博弈）

目前，国家精品课程普遍聚集在师资力量雄厚、办学条件优越的985高校和211高校，且工学、理学的课程数量明显多于其他学科。这一方面反映出985高校、211高校及优势学科、知名教授具有较多的话语权，容易产生"意见领袖"的权威性效应；另一方面也反映作为规则制定者，在精品课程的文件制定、标准执行、评价方案设置等方面会产生倾向，即利益相关者收益的倾斜。中西部高校由于缺少"意见领袖"或与其关联的利益相关者匮乏，地域、经济、文化等因素，在硬件投入、师资力量、学科带头人等方面都存在较大的差距，这是政策隐性倾斜的结果，更是利益博弈的结果。

5. 精品课程的文化控制（价值合理性）

哈贝马斯认为，现代技术是一种控制的工具，应该达到目的合理性和价值合理性的统一。精品课程一方面是国家意识形态的体现，即达到优质资源共享的目的；另一方面是文化价值的体现，即探寻其存在的价值合理性。在精品课程建设过程中，我们更多地强调了"目的—工具"的取向，将精品课程建设纳入一个框架范围来执行，导致了生产的产品不断的

"非理性化"，越来越为评价而制作，为满足评审指标而制作，为评奖而制作，体现为技术上生产的复制性和机械化、产品的同质化，催生了专家文化、专业制作公司，缺失了文化生产的自主性和多样性；同时由于传播的强制性和单向性，使得精品课程的生产、制作和传送具有了零散化、碎片化等特性。

作为一种文化资产，精品课程应强调多样性、多元化、丰富性。"十二五"期间，共享课建设应适当改变其生产、制作、营销的渠道和方式，在课程的选择、生产方面注重独特性、多样性，使得精品课程建设呈现"百家争鸣"的现象，而不是围绕指标、标准建设，应积极塑造、积淀、传播多元文化。

二　受众的诉求

受众作为构成传播过程两极中的一极，在传播过程中地位十分突出，扮演着重要角色。[①] 受众一方面是信息的接收者，要在传播过程中选择与接收信息，对接收到的信息进行译码；另一方面又是反馈信息的发送者，即反馈信息的传播者，在接收到信息，并对其进行译码和处理之后，发送反馈信息以帮助传播者调控传播过程。由于学习者的双重地位，学习者是传播能否取得效果的关键。

精品课程借助网络媒介传播信息，学习者可以随时获取自己所需信息。但学习者应具备哪些素质，才能在获得信息、加工信息等方面处于最佳状态，取得良好的学习效果呢？精品课程传播信息量大，使用者是一个信息体，受到来自各种渠道信息的作用，但信息不等于知识，使用者对这些信息接收程度如何，对接收到的信息能否进行加工处理，能否转化为自身的知识与能力，要求使用者在生理、心理和知能结构上具备一定的素质要求。[②]

受众的接受动机和心理效应、心理倾向是传播效果得以保证的重要内容。由于先天遗传和后天习惯与实践不同，受众在兴趣、爱好、气质、性格等方面形成千差万别、各不相同的心理特征。受众的心理特征包括接受需要、动机和心理效应、心理倾向，还包括受众信息接收的内在操作机制，最引人注目的是内在选择机制或选择性心理，包括选择性注意、选择

①　邵培仁：《传播学》，高等教育出版社 2005 年版。
②　南国农、李运林：《教育传播学》第二版，高等教育出版社 2005 年版。

性理解和选择性记忆。①

（一）选择性心理

1. 个性特征

在接收信息方面，受众对信息接收和理解也不同。学习者的情绪、个性等会在一定程度上影响他们的传播行为，进而影响传播效果。有些学习者不适应网络媒介，这是由学习者的个性差异造成的。受众是积极主动的信息寻受者，按照兴趣去寻求各种信息，以满足自己的需要。需要是受众心理活动和行为的最基本的、最核心的动因。兴趣是学习最直接的内在动力，浓厚的兴趣能有效地诱发学生学习的积极性，促进其主动地探求知识、研究规律、把握方法，从而创造性地运用知识。调研可知，38%的教师认为个人学习习惯、39.9%的教师认为是个人学习兴趣和动力，影响了精品课程的选择和使用。39%和36.3%的学生认为个人学习习惯、个人学习兴趣和动力影响了他们使用精品课程。

2. 选择性注意

信息接收中的选择性注意，不只在于它是专门指向待定对象，还在于它是依据一定的接受目的、接受定向和接受定式，积极主动地直奔某个看中的接收对象。这样在具体的接收过程中，接收者会一方面让那些与己毫不相干的媒介信息略过，另一方面则主动回避自己不感兴趣的媒介信息，而只注意那些接受定向、接受期待、接受需要和接受个性等接受因素相吻合的接受对象，以保持心理平衡。在精品课程学习中，学习者只将一定的传播内容作为自己的选择对象，并接收与自己的兴趣、需要相符合的信息符号。这一方面源于受众在有限的时间内对信息的选择，另一方面源于网络给了受众主动权。

3. 选择性理解

传播学研究表明，理解是一个复杂的过程，传播者都希望能得到受众的创造性理解，希望受众带着被媒介信息唤起的某些预存立场、接受定向和接受需要等"添加剂"，以积极的注意和理解态势去主动发现和理解信息。学习者对信息的容忍程度由信息的数量和结构决定，对信息的理解和其数量的容纳有一个临界点，当个体所遭受超过他能承受或能使用更多的

---

① 邵培仁：《传播学》，高等教育出版社2005年版。

信息轰炸时，注意力会下降，错误和挫折就会增加。① 调查显示，20.7%的学生认为个人知识有限、课程理解有困难，应使精品课程传播的信息在传受双方共同的经验范围内。

4. 选择性记忆

学习者的心理因素对传播行为有重要影响，信息接收的原动力来自接收者本身。首先，是学习动机，学习者只有保持一种持久的学习动机，才能有效地接收传播的信息，信息接收不受外力驱使，才是接收者积极主动的行为。其次，要懂得感知、记忆和个人心理活动规律，知道怎样才能进行有效感知，如何进行记忆，怎样才能提高理解的效率。因此决定信息能否被正常接收与阅览的因素与受众的态度有关，即受众对信息的判断与评价及对传播者的判断与评估。

精品课程传播中，学习者对不同媒体有着不同接受期待。一般来说，学习者更易选择引起注意的文本、视频、音频、动画等内容。多种传播媒介的综合运用增强了受众选择性记忆的效果和信息的传通。麦克卢汉认为，多媒体所带来的影响，使得由媒介带来的人的感官失衡状态得到改变，使人恢复到自然的感官平衡。② 各种传播媒介的综合运用，使得媒介取长补短，也使难读与易读、文字与图像、听觉与视觉得到了优化组合，避免了信息的遗漏、损耗和遗忘。

（二）使用与满足心理

一般来说，人们对媒体获得的满足来自三个方面：媒体内容、媒体接触和使用过程、导致接触不同媒体的社会环境。在这个使用过程中，受众具有主动性，受众的主动性既受到社会和社会心理的影响，也受到社会环境的影响。③"使用与满足"研究把受众看作是有特定需求的个人，把他们的媒介接触活动看作是基于特定的需求动机来"使用"媒介，从而使这些需求得到"满足"。使用与满足理论最突出的特点是从受众的角度研究传播过程。④

"使用与满足"理论表明，人们对媒介利用的动机是多种多样的，表面上是对信息的需求，实质是通过某些信息交流达到人际交流目的。精品

---

①　E. 莫洛根：《信息架构学》，詹青龙等译，华东师范大学出版社 2008 年版。

②　南宏师：《网络传播学》，国防工业出版社 2008 年版。

③　刘海龙：《大众传播理论：范式与流派》，中国人民大学出版社 2008 年版。

④　安佳：《"使用与满足理论"在 SNS 网站的运用》，《新闻爱好者》2009 年第 12 期。

课程传播中，使用者对信息需求的迫切性、信息需求的强烈程度等制约着他对信息的反应和接收状况，精品课程以网络为载体传递信息，信息传递的目的是共享；共享信息是传播者的出发点，也是传播的目的与归宿，传播不是单向的、线性的，而是相互的、互动的；应从学习者需求出发进行课程建设和开发，关注学习者的行为活动和心理诉求。

1. 认知的需要

对于精品课程而言，学习者使用精品课程的主要目的是获取新知识，满足认知的需要，借助论坛实现人际交流的目的。因此，精品课程信息传播应具有交互性、多样性，信息组织应具有非线性，资源的设计应聚焦案例化、情境化、活动化、微观化，以吸引学习者注意力，满足他们的需要，使精品课程成为知识传承的重要载体和平台。

2. 匿名交流的需要

网络给学习者提供了一个稳定的学习环境，学习者所扮演的角色比较稳定，有一个固定代号，但他们之间不知道彼此的真实身份，学习者可以和其他人自由交流，也可以按照自己意愿去接触与使用信息。精品课程给学习者提供了聊天室、论坛等释放自我的环境，这种虚拟性使学习者的"匿名心理"得到了满足。

3. 自我角色认定的需要

网络为学习者带来的不是真正的匿名，而是个体角色的自由选择与转换。一般来说，网络受众的角色主要由互动、规范和自我表达来完成。但网络赋予受众的是一种"虚拟角色"，以"自我表达"为主，兼有"互动"的功能。心理学中有一种理论称为"认知失调论"，即人们在观点、态度、行为等之间具有一种抑制或平衡的取向，这有助于理解受众在网络环境中所扮演的角色。每一个受众都有一定的求知欲，希望获取信息并对信息进行验证，并能动地感受、选择、互动，借助博客、微博等传播中介创造和展示自己。

4. 参与传播的需要

受众参与论认为，受众既是信息接收者，又是信息传播者，让受众参与传播，正是为了让他们积极接收传播。通过受众参与，使传播者在信息传播过程中有意识地与受众一起完成传播内容的制作，受众分享参与兴趣并主动接收传播内容；通过受众参与，使传播者和接收者不再独立于信息传播的两极，而是融为一体，共享信息传播全过程。受众参与论更注重以受众为本位、为中心，其核心内容是"受众参与传播过程"。①

（三）信息素养

"信息素养"的本质是全球信息化需要人们具备的一种基本能力，包括判断什么时候需要信息，懂得如何去获取信息、评价和有效利用所需信息。它是利用信息工具和信息资源的能力，选择获取识别、加工、处理、传递并创造信息的能力。② 信息素养已成为信息社会每个成员所必备的基本素养。学习者应能熟练使用各种信息工具，特别是网络传播工具；应使信息工具作为跨越时空的、"零距离"的交往和合作中介，同外界建立多种和谐的合作关系；应在浩瀚的信息资源中具有甄别能力以及自控、自律和自我调节能力。

精品课程传播提供了丰富的信息资源，给学习者带来极大便利，但面对众多信息资源，信息超载已成为学习者在网络环境下自主学习的主要障碍，信息迷航正成为阻碍传播效果的迫切问题。③ 精品课程学习需要学习者的信息检索、筛选、过滤和加工能力，要求学习者具备一定的信息素养，对自身的学习进行更有效的控制，具备终身学习能力、竞争能力和创新能力。分析可知，23.3%的教师和23.3%的学生认为个人的计算机能力影响了精品课程的使用。

（四）学习方式

专家认为学习者的学习方式对精品课程的使用效果具有一定的影响。通过访谈获知，目前部分学习者对网络学习不太适应；部分学习者在网络环境中，找不到学习伙伴。在网络学习中，师资力量的匮乏、学习者的在职状态以及师生"准永久性分离"使得课程应为学习者提供尽可能多的助学资源，以帮助学习者自学。即自主学习已成为学习者的主要学习模式。

Web2.0时代，面对智能手机、平板电脑等移动设备的兴起，部分学习者喜欢将课程资源下载到这些移动媒体中学习，喜欢移动化的学习方式。因此，应利用各种方法、渠道宣传网站，鼓励学习者利用网站进行学习交流或讨论问题，培养学习者网络学习的习惯，使他们逐渐能够独立自主地安排学习进度、学习时间和学习内容，完成学习任务。学习者的学习方式及自律性、自主学习能力、自我时间管理能力、学习动机的强弱等影

---

① 严三九：《网络传播概论》，化学工业出版社2012年版。

② 《信息素养》，http://baike.baidu.com/view/51446.htm，2013-3-12。

③ 胡钦太：《信息时代的教育传播——范式迁移与理论透析》，科学出版社2009年版。

响精品课程的使用。

三　传播内容的规范与组织

（一）标准规范

精品课程传播共享实际是传受双方之间不断进行编码和译码的过程。师生之间互为编码和译码，这个过程就是符号互动过程，即教师将教学信息进行分析和归类，转化为符号，学生则通过符号对教学信息进行间接认识。由于认知行为会受到一系列主观因素的制约和干扰，在编码、译码过程中会发生信息失真，因此精品课程必须提高编码和译码的质量，这可以通过课程的标准化设计、结构设计、教学设计、页面设计和反馈设计共同完成。

1. 标准设计

课程标准是规定某一学科的课程性质、课程目标、内容目标、实施建议的教学指导性文件，是对学生经过一段时间学习后应该知道什么和能做什么的界定和表述。[①] 教学内容是精品课程的主体，呈现是否科学、规范，表现方式是否恰当、合理，很大程度上决定着精品课程教学资源的质量。因此，精品课程应提供统一课程内容标准，这里的标准主要指技术方面，指课程平台与课程内容的开发应符合标准；要求教学内容符合目标要求，知识结构合理，覆盖面达到要求，相关资源丰富、形式多样，呈现方式适合成人学习；页面布局合理、色彩协调、信息量适度，文字精练、准确、规范，导航清晰、链接合理、跳转快捷；便于开展人机交互；媒体形式、传播方式选择恰当，技术运用合理，符合 CELTS 相关标准。[②]

2. 结构设计

网络资源质量是制约精品课程教学质量的关键环节，也是教育信息化进程中的重要内容。要充分发挥精品课程教学的有效性，网络资源的设计是关键。根据学习资源进行知识传递的顺序和组织的方式，可以将精品课程学习资源分为结构化资源与非结构化资源两大类。结构化资源是经过设计按照一定的结构组织起来的补充性学习材料、练习和测试题等。结构化学习资源具有良好的结构和相对的稳定性，多采用线性的知识传递方式。

---

① 崔允漷、朱伟强：《基于标准的课程设计：界定目标》，《外国教育研究》2008 年第 8 期。

② 任为民：《网络精品课程建设的标准要求与开发策略》，《现代远程教育研究》2009 年第 4 期。

非结构化资源包括教师、学习货盘、同步或异步交流内容、网络外部链接等，具有结构不稳定、内容动态变化的特点，多采用非线性的知识传递范式，应根据课程内容设计合理的课程结构。[1]

3. 教学设计

教学设计是指对课程的学习目标、学习过程及评价的合理设计，课程内容的教学设计很大程度上决定了课程的教学效果，涉及教学内容、教学策略、学习活动、学习支持、评价与反馈等多方面的内容。[2] 精品课程存在以教为中心的建设，缺乏对学生有效引导。调研获知，58.9%的教师在资源网站找不到所需资源，63.3%的学生和44.4%的教师认为教学设计影响他们使用精品课程。

精品课程资源是物化的教学内容，是学习者学习的主要对象，应根据专业特点和学习者层次制定课程目标，根据课程目标和人才培养要求选取教学内容、开发学习资源；运用恰当的媒体与技术，遵循相关标准，依据课程内容的特点选择相应的资源呈现形式，并符合多媒体教学的基本原则及学习者的学习倾向，提供多种可选载体的学习资源，建设多种媒体有机结合的立体化教材。此外，强调以学习者为中心设计学习活动，强调自主探究式的学习方式、强调情境和协作学习、强调对学习环境的设计、强调利用各种信息资源来支持学习、合理运用多种学习评价方式，强调学习过程的最终目的是完成意义建构。

4. 页面设计

精品课程资源网站页面是学习者的第一印象，良好的页面是激发学习者学习兴趣的重要因素。分析可知，42.4%的教师和37.6的学生认为页面设计影响他们使用精品课程。精品课程页面设计要充分体现为用户学习提供帮助的意识，屏幕显示和布局应清楚合理、符合学习者的认知习惯与年龄特征，主要体现为：

（1）版面布局。版面编排将界面上的所有元素统一为画面的基本构成元素，通过空间、文字、图形之间的相互关系，运用比例、均衡、堆成、连续、间隔、重叠、交叉等组合手法，巧妙地穿插与互相衬托，突出设计的主题，增强美感。在精品课程资源网站中，页面设计要风格一致，

---

① 武法提：《网络课程设计与开发》，高等教育出版社2007年版。
② 黄荣怀、陈庚、张进宝：《网络课程开发指南》，高等教育出版社2010年版。

以减轻学习者的认知负荷、突出课程的主体内容，提高艺术感染力。页面风格一致要求对课程的布局和内容风格要统一。页面长度不应太长，一般不超过三屏，尽量不要出现横向滚屏，同一页面中不宜出现多个动态区域。

（2）文字编辑。精品课程资源主要通过文字传达信息，需要在文字处理、编排等方面精心设计。文本可在网页上通过设置不同的字体、字形、字号、颜色、底纹和边框等，突出重要内容，还可以设置各种各样的文字列表、文本缩排、段落和标题来清晰表达一系列项目，但页面中文字、字体、字号变化不宜太多。

（3）色彩运用。精品课程网站设计时应根据学习者文化背景、认知结构、心理情绪等因素，根据课程内容，完成网页的配色方案，[1] 应突出主题色彩，用于课程标志、标题、主菜单和主色块，要决定前景色、背景色、辅助色的搭配，背景色和前景色颜色应协调，美观、画面清晰、色彩分明、搭配合理、色调悦目，要合理使用近似色以达到页面的和谐统一，突出文字，但色彩不宜太多。[2]

（4）链接导航。链接导航要清晰，要按栏目建立相应子目录，导航设计可以使用超文本、图片等链接，使学习者不易迷航。画面简洁突出主题，具有艺术感染力。只有这样，才能引起广大学习者学习兴趣。[3]

5. 反馈设计

（1）互动交流。理想的精品课程应能够根据用户的知识结构、学习情况，动态生成学习内容。这就要求课程网站具有强大交互功能。互动式教学能极大地调动学习者学习的热情和积极性，增强教学效果。精品课程资源互动，不仅可以提高学习者的信息素养，还能够适时地同步或异步地解答学习者对学习内容的疑问，增强师生之间、生生之间的交流，对调动学习者的学习积极性、拓宽学习者的思维空间、培养他们发现问题、解决问题的能力有着极其重要的作用。

调研可知，仅18.7%的学生认为精品课程的互动功能强，应实现精品课程的多边互动，通过网络平台提供的"情境、协作、会话"条件完成知识建构；教师应通过网络教学平台发挥主导作用，设计和构建学习环

---

① 武法提：《网络课程设计与开发》，高等教育出版社2007年版。
② 张一春：《精品网络课程设计与开发》，南京师范大学出版社2008年版。
③ 黄荣怀、陈庚、张进宝：《网络课程开发指南》，高等教育出版社2010年版。

境，使得学习者可以借助电子邮件、即时通信工具、论坛系统、留言本及协同工作系统、在线答疑来完成互动。此外，教师应定期在线答疑，以保证课程教授者及时获得用户反馈，更好地把握学习者的学习动态，从而提供更有针对性的指导，提高教学质量。

（2）学程监控。对精品课程学习者的学习行为进行有效监控与评价，能保证学习质量、提高学习效果、达到既定学习目标。精品课程中的学程监控包括：提供合适的在线学习资源，引导学习者的学习行为；通过计算学习者访问课程的时间、在论坛上的发言次数等方式，了解学习者的学习行为；评价学习者的学习行为。这些措施一定程度上对学习者行为起到了引导与监控的作用。调研可知，46.1%的同学认为精品课程的学程监控功能较弱。

（二）可获取性

信息传播的过程有三个基本要素：信源（传者）、信道（媒介）、信宿（受者）。精品课程传播要注意其传播通道是否稳定，师生之间的桥梁是否畅通，网络通道的流畅性是保证精品课程传播共享的关键。分析获知，49.1%的教师认为精品课程资源网站畅通性不够。笔者通过国家精品课程资源网也了解到，1—5月可完全顺利打开的国家精品课程分别为：9%、6%、17%、20%和47%。无法打开的分别为24%、23%、27%、5%和25%，如表4-22所示。

表4-22　　　　　　国家精品课程网站运行状况监控统计

课程数量（共2722门）	优	良	中	差	无法打开
2011年1月1—31日	240	1383	286	162	651
	9%	51%	10%	6%	24%
2011年2月1—28日	161	1452	343	126	640
	6%	53%	13%	5%	23%
2011年3月1—31日	468	1201	212	109	732
	17%	44%	8%	4%	27%
2011年4月1—30日	204	551	172	32	52
	20%	55%	17%	3%	5%
2011年5月1—31日	1269	365	324	95	669
	47%	13%	12%	3%	25%

资料来源：所有数据均来源于国家精品课程资源网，http://news.jingpinke.com/。

　　为保证精品课程资源网站的畅通性，保证学习者能够及时访问优质资源，促进资源共享，实现各种资源的整合、链接、汇合，需要教育主管部门从全局出发，制定资源建设的统一规划、统一标准，完善资源评价、认证机制，实现资源的联通和共享。此外，为增加课程网站的知识性和网站活力，网站内容必须定期进行更新。可设立专人负责课程网站内容的定期更新，定期发布课程相关资料，保证用户从网站上获取课程知识的最新动态。

　　（三）可理解性

　　施拉姆认为，传播者和接收者只有对信号拥有共通的经验范围，才能实现有效的传播①，如图 4 - 4 所示。精品课程要达到理想的传播效果，交换的双方要有共通的意义空间。这一方面指对传播中使用的语言、文字等符号含义的共通的理解，另一方面指大致相同或接近的生活经验和文化背景。② 传授双方的共同经验越大，将会影响有意义的学习。如果两者认识出现偏差，传播就会受阻，传播效果将降低。

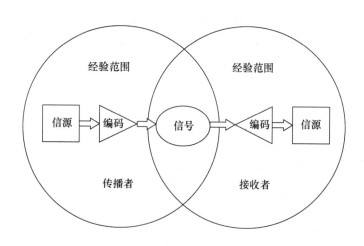

图 4 - 4　施拉姆关于传播中经验范围的模式

　　精品课程多为主持教师从自我经验出发设计教学资源和组织教学活动，很少针对网络条件下的学习对象、学习需求、师生互动和教学管理特

---

① ［美］威尔伯·施拉姆、威廉·波特：《传播学概论》，新华出版社 1984 年版。

② 郭庆光：《传播学教程》，中国人民大学出版社 1999 年版。

点进行优化设计，一些课程网站变成课本搬家、传统课堂教学搬家或课程的展示工具，使用者需求未得到充分体现，因而学习者和教师的共同经验范围较小，学习效果不理想。因此，鉴于精品课程中传受双方经验范围不同，传者应善于发现、培养或创设与受者的共同经验，选择合适媒体，进行相应的设计。经验范围重叠越多，编码和译码过程中对信息的损耗就越小，信息的准确率就越高。①

（四）实用性

选择某种知识进入课程，是因为它具有实用价值，可以实现自己的各种生活目标。② 当选择内容考虑社会现实、社会需求时就蕴含了选择者的意识形态，而这种意识形态总体上体现了社会主流的意识形态。从课程设置与管理者的角度，应使得课程内容和课程目标与社会价值要求相一致，具有实用性。精品课程是一种数字化的课程形态，其内容选择应更加实用，应注重学习者的需求与诉求，注重实际工作、生活、学习等领域知识的掌握与技能的培养。

截至 2010 年年底，共评选出 3975 门国家精品课程，其中普通本科2582 门、高职高专 1041 门、网络教育 209 门；共涵盖文学、历史学、哲学、经济学、管理学、法学、教育学、理学、工学、农学、医学、农林牧渔、生物运输、财经、医药等 33 个一级学科，72 个二级学科。虽然课程资源丰富，但课程明显存在"理工大于人文"、"重本科轻高职"的现象，如图 4-5 和 4-6 所示。

调查可知，59.7% 的教师和 35.2% 的学生认为课程内容的吸引力影响他们使用精品课程。因此，从用户个体感知和情感角度出发，使课程更加通俗易懂、贴合实际，为学习者提供量身定做的学习内容，提高学习者对课程内容的整体认同感，使课程内容覆盖多学科、多领域，如加大人文与社会科学类、自然科学类、工程与技术类、医药科学类、农业科学类及实用技能类、操作技能类的课程的建设，合理规划课程，使课程内容更加贴合生活及社会所需，为广大学习者所关注和认同，具有实际应用价值和推广价值，从而最终提高精品课程的使用效果。

---

① 南国农：《教育传播学》，高等教育出版社 1995 年版。
② 刘电芝、袁海泉：《论新课程实施的辩证观》，《课程·教材·教法》2005 年第 2 期。

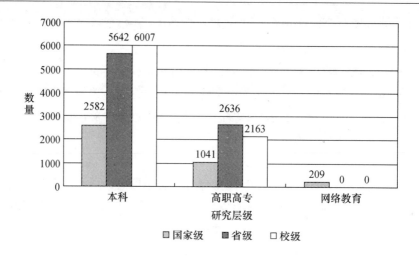

图 4 - 5 2003—2010 年国家精品课程数量统计

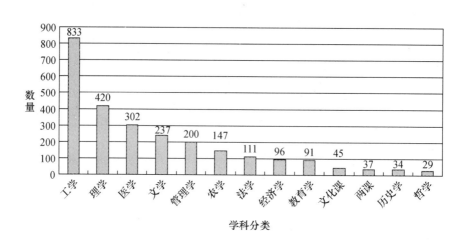

图 4 - 6 2003—2010 年国家精品课程（本科类）学科分布统计

四 传播环境的营造

教学环境是教学活动的重要组成部分，是学校教学活动必需的诸客观条件的综合，环境是按照人的身心需求专门设计和组织起来的。① 目前，教育理论界比较公认的是把教学环境分为物质环境、社会心理环境两大类。精品课程的传播环境包括政策宏观因素、教学课堂环境、教师构建的

---

① 李秉德：《教学论》，人民教育出版社 1991 年版。

环境、学习空间、相关人员的素质等微观环境。这里主要指硬件环境、课堂教学环境和社会环境。

（一）硬件平台

精品课程的硬件环境主要指设施环境。硬件平台是否完善、良好、关系到精品课程的教学活动能否顺利进行。目前，各参与高校自主确定精品课程技术规划方案，致使平台较多，如 Blackboard、天空教室 Skyclass、Moodle 等专用平台，及 THEOL、WebCL、eYouCT 等自主或联合研制的教学平台等。这些平台具有非常高的专业性与使用的便捷性，但各自为政，容易受小圈子利益的束缚而影响课程的质量；同时众多平台缺乏统一的规范与标准，缺乏统一的平台管理，导致课程更新与维护困难，不能在高层次上共享与交流，资源兼容性差。

调研可知，42.4% 的教师和 27.6% 的学生认为，平台多样影响他们使用精品课程。精品课程不仅仅是将教学材料在网上发布，不是"静态课程＋平台"的形式，更多的是师生之间、生生之间的充分沟通和交流。利用统一的资源共享平台，有助于保证不同高校开发的课程资源具有可移植性，使得学习更加容易，师生的交流更加便利。

（二）宣传推广

各类新生事物的推广过程，形成了 S 形曲线和 J 形曲线两种创新推广和信息扩散模式。[①] 一个国家或者社区采用新事物的过程通常呈 S 形曲线，即开始比较缓慢，经过一定时间后会出现迅速发展，当发展到一定程度达到饱和状态，推广过程会缓慢下来。罗杰斯指出，技术的采用是渐进式的，需要经历数个阶段。

精品课程可以看作一种新生事物或一项新技术，具备新生事物（创新事物）的特征。精品课程有生命周期，其生命周期指课程获批的 5 年内，课程的畅通使用。调研可知，51.6% 的教师和 54.2% 的学生认为精品课程的宣传推广力度不够，局限在国内传播，影响力低；课程来自不同高校，内容相对独立分散，难以塑造品牌课程和品牌专业；以教为中心的建设，缺乏对学生有效引导，使用率低。

精品课程是由教育部发起，各高校组织建设，不同部门之间及其形成

---

① 俞树煜：《西部地区中小学现代远程教育资源研究》，博士学位论文，西北师范大学，2007 年。

的群体规范、群体作用方式和群体压力等氛围下的信息传递过程，应在精品课程的生命周期内，综合利用多种媒体，扩大宣传推广，提高其使用效率。当精品课程能被价值观念、传播结构等规范认可时，其传播效果会较好，这些构成了精品课程传播的社会环境。社会环境是由各种无形的社会心理因素构成的一个环境系统，它对师生的精神面貌、心理活动、社会行为及教学活动都产生了巨大的影响。

（三）教学氛围

精品课程是高水平、有特色的示范性课程，是课程的数字化形态，最终应回到课程建设本位上；应以课程的相关理论对其进行建设和设计。在教学课堂环境的设计和营造过程中，要从整体出发，注重教育性、协调性，设计和营造适合学习者心理特点、有利于促进学习者全面发展的教学环境。由于精品课程学习和学习者自身的特殊性及网络资源量的丰富性，学习者在学习过程中可能存在着孤独感、困惑，学习技能差，缺少与教师的沟通，容易疲劳，进而放弃学习，这需要课程主持教师、课程设计人员共同营造网络虚拟的教学环境。

为提高精品课程学习效果，需要给学习者提供缓解压力的空间和信息，需要将"娱教"思想引入课程设计和开发中，营造快乐、轻松的学习氛围。这不仅能加深学习者对知识的理解和认识，还能营造出轻松愉快的学习氛围，吸引用户主动投身课程网站的学习中。调研可知，25.8%的教师希望精品课程体现"娱教"思想，以提高学习者的学习兴趣。此外，通过网络虚拟空间，学习者在网络中释放压力，如通过接触轻松信息改变心情；通过聊天室、BBS等发表自己在现实空间不敢发表的言论，使学习者按照自己的意愿去接触、使用信息。

（四）激励机制

要提高精品课程的利用效率，实现精品课程的可持续发展，就需要解决资金、版权、技术、质量等问题。在资金保障上，精品课程的运作和建设费用可考虑由政府和社会公益部分承担，让政府认识到精品课程在促进终身学习中的作用，增加财政资助或纳入政府预算，在政策上予以扶持。在产权保护上，做好精品课程的知识产权授权、签字、审查工作，严格课程网络发布出版程序。此外，相关院校应给予经常使用精品课程授课的教师和学生相应的政策倾斜，如教师折算工作量，使用精品课程的学生折算学分等。

（五）评价机制

目前对精品课程在评价方式上多是自我评价；评价主要从审查和考核者的角度出发，遵循自上而下的标准化方针，缺乏自下而上的从课程学习者的感知角度的评价。[1] 精品课程不是"评出来"的，而是在实践中"用出来"的。精品课程建设应该从重指标建设评价向重应用效果评价过渡；由"先评后用"到"先用后评"转变；评审不局限于各项评审指标的限定，应采取专家与学习者评价并重方式；从运用、更新等方面对课程资源运行情况进行年度评估分析；建立质量监控和评估反馈机制。[2] 在我国高等教育质量工程向内涵式发展推进过程中，更需要从关注学习使用者的实际感知角度来思考如何建设的问题。

五　传播渠道的融合

（一）大众传播

大众传播指职业传播者和传播机构通过大众传播媒介（如报刊、广播、电视、电影等）向大众提供信息、知识、观念、娱乐的过程。大众传播个体需要经过专门训练，传播对象应分布广泛；传播者之间的联系是间接的、松散的。[3] 精品课程要取得理想的传播效果，必须综合应用各种大众传播媒介，扩大宣传推广。

（二）人际传播

人际传播指两个或两个以上的人之间借助语言和非语言符号互通信息、交流思想感情的活动。人际传播是传受双方之间的信息互动过程，具有交流性强、信息反馈直接、快速、及时、集中的特点，适用于在较短时间改变接收者的态度和行为。[4] 目前，精品课程缺乏宣传推广，很多学习者不了解；师生之间、生生之间也缺少互动交流，导致精品课程人际传播的氛围不够浓郁。因此，应加强使用者之间的人际互动交流，带动人际推广，提高精品课程的传播共享效果。

---

[1]　詹泽慧、梅虎、詹涵舒、陈亚芝：《中、英、美开放课程资源质量现状比较研究》，《比较教育研究》2010 年第 1 期。

[2]　王琳、栾开政、张会杰：《MIT 开放课程的评价及对我国精品课程建设的启示》，《现代远距离教育》2007 年第 5 期。

[3]　邵培仁：《传播学》，高等教育出版社 2008 年版。

[4]　同上。

第五章　策略研究：高校精品课程传播共享对策

第一节　精品课程传播共享策略模型

一　原因分析

精品课程借助信息技术，形成一个意识（主体）对另一个意识（客体）的关系，即构成传播关系。所谓传播，就是用注意力与注意力的再生产扩大产品的再生产，就是资源组合本身大于资源创造，用传播学术语来说，就是传播方式大于信息内容。[①] 无论从意识形态的目的来说还是从经济效率来说，网络是一个社会再生产的操作，传播的结果是为了共享某种信息资源。[②] 但精品课程传播过分受技术工具理性思想的影响，过分注重学习资源的数字化、多媒化、网络化呈现，忽视了学习者的主体地位，将信息的"传递"等同于"传通"。萨姆瓦在《跨文化传通》一书中将"传通"定义为："一种双边的、影响行为的过程。在这个过程中，一方（信息源）有意向地将信息进行编码并通过一定的渠道传递给意向所指的另一方（接收者），以期唤起特定的反应或行为。"精品课程应秉承优质资源开放共享的核心理念，实现信息的联通，进而带动整个知识资产生产的增值。

考察信息技术在教育中的作用有三种观点：传媒观、工具观和环境观。传媒观是教育技术的经典思想，它将教学过程看作是信息传递过程，信息技术的根本作用是改变了教学活动的时空结构。[③] 传播理论认为，教

---

① ［法］吴尔敦：《信息不等于传播》，宋嘉宁译，中国传媒大学出版社 2012 年版。

② ［英］马克斯·H. 博伊索特：《知识资产：在信息经济中赢得优势》，张群群、陈北译，上海人民出版社 2005 年版。

③ ［美］E. 莫洛根：《21 世纪的专业：信息架构学》，詹青龙等译，华东师范大学出版社 2008 年版。

学活动是传播活动的一种形式，是一种互动过程，目的在于分享信息、互相影响、构建共识，不断调节各自的行为态度。[①] 熊才平等认为，Web 2.0 时代信息资源的发展变迁，需要从静态的"单一获取"到动态的"利用建设"。[②] 研究借助传媒观，将精品课程传播共享看作置身于信息空间、信息环境中的信息扩散过程。从信息学角度看，精品课程传播是基于网络平台，随着时间推移，在一定条件下，信息从信源逐级逐层传播至信宿并被信宿接受、采纳和利用，使得信息覆盖面由一点弥漫至整个空间的过程。[③] 只要信息势差存在，只要"低位势"的信宿处于这个扩散域中，就会受到信源的作用。

精品课程实施存在重复建设、经费有限，项目持续发展能力弱等问题。"十二五"期间，教育部拟建设 5000 门共享课，2012 年展开原国家精品课程的升级改造，2013 年采用招标建设和遴选准入方式建设新课程。共享课不是对精品课程的否定，不是推倒重来，也不是重复建设，而是国家精品课程项目的延伸和拓展。因此，如何做好共享课的规划、建设、实施、提高其传播共享效果，是当下及未来研究的重点。本书针对精品课程传播共享的影响因素，提出精品课程传播共享的策略方案，即共享课建设及传播共享的策略方案，旨在实现精品课程的可持续发展。

二　策略模型

何为模型？赖斯和杜尔（Lesh and Doerr，2003）认为，模型是由元素、关系、操作及控制其相互作用的规则组成的概念系统，这些元素、关系、操作和规则是由一些外部表征系统表示的。建模的主要目的是形成和修正对概念的理解，即概念转变。建模是人类认知和科学探究的基础（Schwarz and White）。通过建模，学习者得以表达和外化他们的思想，将他们的理论具体化并加以验证；建模使素材更有吸引力，起到促进认知的作用。[④]

精品课程的可持续发展，必须关注外部动力及内部动力。内部动力源于传播系统内各要素及其相互作用；外部动力源于外部环境对传播系统的

---

① 南国农、李运林：《教育传播学》第二版，高等教育出版社 2005 年版。

② 熊才平、何向阳、吴瑞华：《论信息技术对教育发展的革命性影响》，《教育研究》2012年第 6 期。

③ 邓忆瑞：《网络环境下信息扩散的动力机制研究》，《情报杂志》2008 年第 4 期。

④ 乔纳森：《技术支出的思维建模：用于概念转变的思维工具》，顾小清等译，华东师范大学出版社 2008 年版。

作用。二者共同推动着精品课程网络空间的信息传播。分析获知，传播者、传播媒介、传播内容、传播环境、受众是精品课程传播共享的影响因素，其中传播内容是最重要的影响因素。本书借鉴信息扩散场模型，将精品课程传播共享视为由许多相互关联、相互作用的要素组成的并执行特定功能的复杂系统，该系统主要由传播者、受众、信息、通道、环境等要素组成。这个过程可以是一点对一点，也可以一点对多点或者多点对多点，多点对一点，呈网状分布，没有中心，没有边际。精品课程要获得好的传播共享效果，需考虑上述因素，见图5－1。

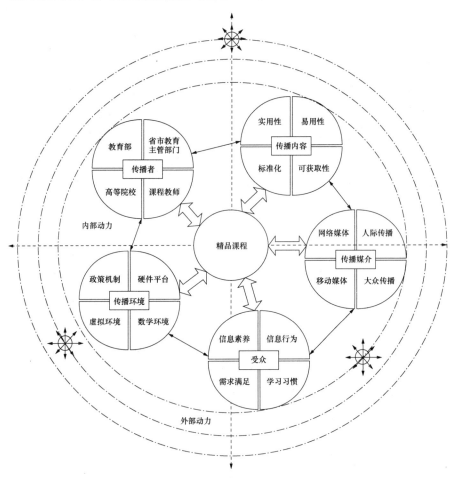

图5－1 精品课程传播共享的策略模型

该模型展示了精品课程传播系统内部各要素之间的相互关系。传播者是网络空间信息输出方的空间表现，主要解决传播什么及如何传播问题，决定着传播过程的存在与发展及传播内容的质量、数量和流向。受众是网络空间信息传播接收方的空间表现，受众以其接受和采纳行为来影响信息传播过程，决定信息的传播速度、质量和范围。信息（精品课程本身）是连接传播过程的桥梁，只有当信息传播出去，并被受众接收，传受双方的需求获得满足，才能实现信息共享。在整个传播过程中，信息传递还受到一定社会环境的制约，存在干扰因素，只有对信息进行及时的反馈和沟通，降低干扰因素，才有助于信息的传播和扩散。下文将重点从模型的5个构成要素展开分析，即从传播者、传播内容、传播媒介、传播环境、受众方面提出精品课程可持续发展（共享课建设）的策略方案。

第二节 以传播者规划为动力

一 秉承文化资产建设理念

传播是一种特殊的商品，它制造了形象和符号，信息是"经验产品"。流行的传播学理论把传播看作信息的发送者到接收者之间的直线运动，其实传受双方应该完成信息的意义建构，"意义"不是传送者"传递"的，而是接收者"生产"的。精品课程传播本质是以互联网实现对优质资源的重组，把信息交换的传播过程转化为新的社会生产力，从而加速整个社会的信息生产、消费融为一体的进程。精品课程建设不是为了评审，而是"提高国家文化软实力"发展战略的重要组成部分。精品课程在建设过程中可采用类似于《国家中长期教育改革与发展规划纲要（2010—2020年）》制定过程中利用网络广泛征求意见的办法集纳智慧，提供相应支持服务，保证项目顺利实施的办法。

约瑟夫·奈认为，软实力通过本国文化和价值观在国际上的吸引力，来获得他国的认同（Dickinson，Emily，1960）。文化是国家软实力的重要组成部分。胡来林认为，精品课程把课程从学校扩展到社会，从面对面教学方式，扩展到远程教育方式，使课程承载文化与传播文化的功能十分巨大，对推进文化传承起着重要作用。[①] 实际上精品课程是一种公共产品，是以现代信息通信技术为载体，由国家、高校或主持教师提供的，能够激

---

① 胡来林：《精品资源共享课建设策略研究》，《远程教育杂志》2012年第6期。

发并满足教育者或学习者需要的公共物品。引入社会学中社会公益供给理论，精品课程体现了非竞争性（即一个使用者对该物品的消费并不减少它对其他使用者的供应）和非排他性（即使用者不能被排除在对该物品的消费或争取对该物品消费的权利之外）的公共物品属性。[①] 因此，可从公益性、无偿性、非营利性等角度促进建设精品课程（共享课）。

在我国公共产品生产和供给中，政府担当着重要角色，以政府为主导，规范社会资本成为提升国家软实力的必由之路。精品课程建设涉及的主要是制度开发，这里指国家制定精品课程建设的方针政策和发展规划。既往的精品课程建设中政府干预意识过强，削弱了学校及教师建设、设计精品课程的权利和积极性，降低了课程对社会需求的适应性，影响了课程的使用效益。因此，如何寻求"放权"与"调控"的平衡，提高精品课程（共享课）的使用效益，国家应承担建设、服务的监管职责，应借助国家、省市教育主管部门、高等院校、课程教师、学习者多方的力量[②]，真正将精品课程（共享课）建设成为国家支持、非营利部门推动、全民参与和共享的教育共享服务体系，如图 5 – 1 所示。

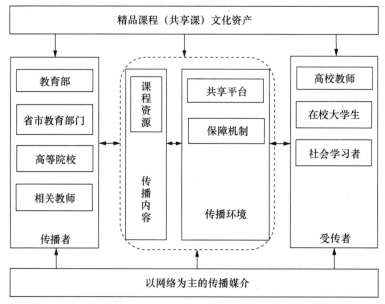

图 5 – 2　精品课程（共享课）的建设理念：文化资产

① 王龙：《回顾与展望：开放教育资源的七年之痒》，《开放教育研究》2009 年第 2 期。
② 杨凤英：《教育产品的属性与政府职能的调整》，《教育学报》2006 年第 2 期。

精品课程（共享课）建设的本质，是通过智力资本和人力资本的结合，构建一种学习型文化。高校是智力资源相对集中的场所，承担着知识创造和生产重任。作为一种文化资产，作为一种智力资本，精品课程（共享课）应有利于促进知识的传播和发展，有利于促进知识的积累和再创造，有利于促进教育资源的共享，应以基于共享平台的课程资源为核心，依据网络媒介将传受双方联系起来。

二　采用自上而下与自下而上相结合的实践模式

（一）顶层设计

随着科技的进步，人们逐渐走向对技术理性力量的顶礼膜拜和绝对敬仰。在技术理性滥觞的思潮中，精品课程建设呈现出明显的技术取向，过多地强调技术指标，过分地强调标准的执行，采用"自上而下"发起的组织实施模式、"校级—省级—国家级"自下而上的三级遴选推荐机制和"建设—推荐—评审—公示—立项"的工作开展机制。但由教育部发起、全国多数高校参与实施的精品课程建设项目，高投入没有高产出；教育部赋予了传播技术某种过度的规范权力，只讲速度和连续性，貌似合理的是宏观调控导致信息孤岛的存在，致使生产的产品很大程度上脱离控制的信息字节，高度理性化和知识密集的生产导致了一种信息扩散和流动的准无政府状态。[①] 因此，精品课程（共享课）建设迫切需要进行高度的组织和有序化，需要"顶层设计"，以便信息资源被高效利用。

"顶层设计"概念源于工程学领域的"整体理念"，是大型工程技术项目建设中的一种设计理念和科学决策模式。陈琳教授认为，要建设某一项大工程，应实现理念一致、功能协调、结构统一、资源共享等系统论方法，从全局出发，对项目的各个层次、要素进行统筹考虑。[②] 精品课程建设需要教育部等相关部门的宏观调控，需要控制课程建设的数量和质量，需要主持教师对课程内容进行筛选，需要控制精品意识和质量意识，保证课程的高质量。精品课程建设的动力主要来自政策驱动，由国家项目引动，相关部门协调执行，在短时间内成效明显，但在可持续发展方面存在一定的"瓶颈"。

为此，本书从传播者作为课程建设推动力出发，提出精品课程可持续

---

① ［英］斯各特·拉什：《信息批判》，杨德睿译，北京大学出版社2009年版。
② 陈琳等：《创建数字化学习资源共建共享模式研究》，《中国电化教育》2012年第1期。

发展策略，即共享课的建设规划，从国家宏观（教育部）、区域中观（省市教育主管部门）和学校微观（高等院校）三个层面展开。宏观层面，重在制定发展战略和提供方针政策引领；微观层面，在于制定建设的解决方法和策略；区域规划则介于两者之间，重在立足区域性差异。以区域为单位合理配置资源，协调组织建设，发挥落实国家宏观政策、引领学校微观建设等重要作用。[①]

国家层面应采用统筹资源，以"规划带动建设"的形式，边规划、边实施、边完善，制定精品课程建设标准、形成完善的资源服务体系，支持共建共享。国家提供资金和技术支持，保证课程建设及后续管理的足够经费，并吸纳社会各界对课程建设的参与和各种形式的支持，增进校企合作。对于区域来说，积极推动各级区域各高校精品课程（共享课）建设，推动区域整合，保证优质资源的推广。各级部门和学校应制定相应的管理办法和标准及奖励机制；在资金投入上，做到课程经费的专项投入，多渠道筹集经费来源。学校层面，各高校应根据学校的等级规模和办学效益等因素制定课程建设规模，因地制宜，以满足广大学习者需求为目标，在符合国家和区域共享课建设规范的前提下，发挥学校的特色。[②]

（二）组织实施

1. 规划实践模式

精品课程将大量资金投入到硬件设施（主要指网络平台）上，在规划、应用、标准化方面及保障条件等方面投入较少，使得投资巨大的国家精品课程项目对教学没有真正实质性的作用。因此，精品课程（共享课）应采用理性建设方式，以符合学习者需求为导向，授课教师根据教学开展课程的设计、管理和监督，可以采用个人自建的形式，也可以多个院校合作开发一门课程，或学校和社会企业联合制作的方式。通过向高等院校、省市教育主管部门、教育部逐级申请，相关部门适度规划，改变以往以"自上而下"为主的建设模式，采用"自下而上与自上而下相结合"的组织实施模式，真正将精品课程（共享课）建设的目的理性和价值理性结合起来，实现知识传播、共享及知识资产的转化，详见图5-3。

---

① 胡小勇：《区域教育信息化可持续发展研究》，北京师范大学出版集团2011年版。
② 同上。

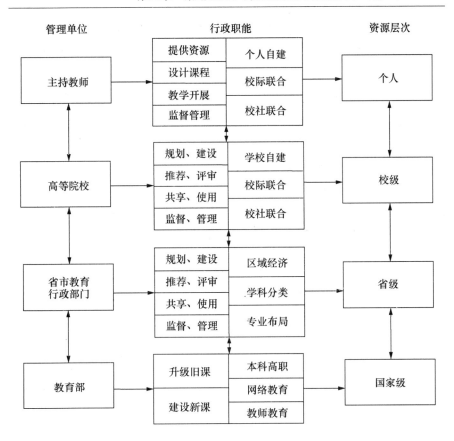

图5-3　自下而上与自上而下相结合的实践模式

在传输体系和管理体制的层面上，将精品课程（共享课）分为国家级、省级和校级三个层级。该模式可以看作是自上而下与自下而上相结合的建设路径。自上往下看，高校负责建设，可采用学校自建、校校互建、学校与社会联建的方式，向省级教育行政部门推荐，根据区域经济发展、学科分类和专业布局，进一步遴选为省级课程，省级教育行政部门再向教育部推荐。自下往上看，教育部统一规划和设计，按照普通本科、高职教育和网络教育的方式对精品课程进行改造，并适当建设、补充新课程，省级教育行政部门和高等院校遵照执行。

课程是实施社会控制的中介，国家的经济、文化、科技发展的需要和意识形态的控制往往渗透其中。精品课程把关人分为两个层面：一种是微观的，即主持教师对于精品课程网站内容的把关；另一种是宏观的，即教育部等相关职能部门在整个社会环境中的把关，体现了意识形态的影响。

无论相关职能部门如何把关，最终会进入某一个网站，最终会进入某一微观把关人的范围。为此，本书提出"课程教师对课程内容的选择、组合、编码"建设共享课，即共享课建设需要教师从学习者需求确定课程目标，对课程内容适度增删、调整和加工，涉及课程设计、教学设计、技术平台开发等，其中教学设计包括学习环境设计和教学活动设计两部分。课程设计涉及内容媒体、学习资源、教学策略、学习支持、学习评价及艺术设计；设计好坏决定了课程的开发质量和教学效果，其中内容设计是主体，应按照网络环境需要和教学目标进行合理分解与重组，并根据不同内容选择不同的媒体表征形式，课程内容的组织呈现模块化、微型化，根据学习者需求设置交流模块和课程答疑模块，见图5-4。

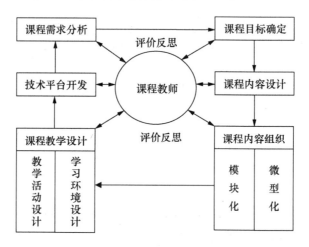

图5-4　课程教师对精品课程（共享课）的把关

将课程意识体现在教学设计中，首先，应明确通过教学使学生达到怎样的预期学习结果和发展水平，以此为根本再考虑如何选择和组织教学内容、如何营造积极的学习环境、选择怎样的教学方法、如何评价学习的结果等问题。教学设计包括明确学习者的预期学习结果，以及如何实现和评价学习目标。在评价上，应将教师评价和学生的自我评价相结合，将诊断性评价、形成性评价和终结性评价相结合，尤其是学生的自我评价和形成性评价，教师应注重通过反馈实现对学生学习过程的控制，并给予及时指导。①

---

① 王嘉毅：《课程与教学设计》，高等教育出版社2007年版。

2. 协调布局方案

精品课程（共享课）共享本质上是作为公共产品的优质资源需求和供给问题，这是一个资源重新优化配置的过程。[①] 要解决资源稀缺性和使用者需要的无限性、多样性之间的矛盾，有限资源必须按照一定比例分配到不同地区、不同高校、不同学科、不同专业的不同课程中去，使资源充分、有效地应用。既往的精品课程供给规模较大，但存在区域间、学科间、学校间的配置差异，其中北京、上海等发达地域高校在课程数量上远远超过西藏、青海等欠发达地区；工学、理学的课程数量也远远多于哲学、历史学等学科；985 高校、211 高校拥有 72.3% 的精品课程，远远高于其他高校。评选出的课程较多的是政府、评委眼中的精品课程，而不是学习者需要的课程。因此，应由教育部、省市教育主管部门、高等学校组成精品课程（共享课）建设的三级管理机构统一规划、制定相关政策，并在学科教师、设计制作人员等共同开发下，加强高校间和校内各院系的资源共享、合作与交流；积极推动各级课程建设管理机构的整合，逐步形成自上而下统一的课程组织保证体系。

教育部作为精品课程项目实施的发起者，责无旁贷地担当起提供全部或大部分课程建设的责任，应制定科学的、具有一定前瞻性、问题性、可操作性和弹性的发展规划，应以资源共享为导向加强宏观调控，通过导向性政策和标准，避免优质资源建设的重复性；实时运用行政管理手段转变省市教育主管部门和高等学校的"部门利益至上"思想，扩大资源开放程度，支持资源共享；实时通过增加或减少对某类学校或某些专业的课程建设经费，扩大或限制其生产；通过倾斜政策，缩小资源配置的地区差别和学校分配差别；[②] 适时处理课程建设中遇到的问题，明确建设的目标和发展战略，创新资源配置方式，提高资源配置的合理性及使用效率；不断发挥辐射带动作用，带动省市教育主管部门、高等学校的战略性规划，使得不同地区、不同高校制订符合本地区、本学校的精品课程建设计划和推进方案。

精品课程（共享课）的有效配置可以实现不同利益主体之间的互补

---

① 苏小兵、祝智庭：《数字化教学资源的需求和供给模式研究——公共产品的视角》，《中国电化教育》2012 年第 8 期。

② 范先佐：《教育资源配置：政府应起基础性作用》，《河北师范大学学报》（教育科学版）2006 年第 3 期。

和共享。精品课程（共享课）的利益相关者包括学生、教师、从业者、研究者、管理者、决策者及政策制定者。除学生外，其他的利益相关者都提供资源和服务，而教师不仅提供服务，还是使用者。政策制定者由于资源和服务的投放行为，他们具有更多的话语权，较大程度上决定了课程的走向。① 因此，精品课程（共享课）建设应由教育部牵头，省市教育主管部门协调配合、树立全局观念和发展意识；高校根据学校的学科优势、专业优势和课程特色组织推进；各级教育管理机构应加强资源的共享和高校合作，防止资源的低水平重复建设及分布不均衡现象，从整体上提高课程的建设质量，将课程建设和共享作为优质资源评估体系的一部分，推动优质资源发展长效机制的形成。② 从纵向看，形成以教育部统筹为主的、全国范围内优质资源共建共享的服务体系；从横向看，形成各级省市、高校精品课程（共享课）的平行共建共享，推行东西部地区开展课程共建共享的模式。③ 这样，既维护了利益相关者的权益，又建立良好的合作伙伴关系，构建了共同的愿景和目标，有助于实现最大化的优质资源共享，维护最广大学习者的社会权益，保障和提升教育公平和社会公平。④

3. 分层分类推进

国家精品课程采用教育部发布政策文件，下级相关部门参照文件要求执行。这种自上而下的实施模式有力地促进了精品课程建设的快速发展，并在一定程度上提供了项目可持续发展的外部条件。从项目推进时间和进度上看，2003—2007 年完成第一个五年期的建设规划；2007 年项目被列入"质量工程"，启动第二个建设规划；从项目推进效果上看，课程数量逐年递增，覆盖专业范围逐渐扩大，参与高校数量不断扩展，促进了高校课程建设和优质教育资源的共享应用。⑤ 但精品课程单一、宏观的分层评价体系，造成了优质资源建设的同质化，抹杀了高校之间的异质性。⑥

---

① 胡小勇：《区域教育信息化可持续发展研究》，北京师范大学出版集团 2011 年版。

② 黄琼珍、黄颖：《高校网络教育资源共建共享机制探究》，《高教探索》2010 年第 3 期。

③ 胡小勇、卞金金：《信息化进程中教育资源配置的区域性差异研究》，《远程教育杂志》2010 年第 6 期。

④ 刘红霞：《我国公益性信息资源开发利用的发展现状与业务模式》，《图书馆情报工作》2011 年第 5 期。

⑤ 王龙、周效凰：《中国精品课程建设的实践模式研究》，《现代远程教育研究》2010 年第 4 期。

⑥ 潘懋元、吴玫：《高等学校分类与定位问题》，《复旦教育论坛》2003 年第 3 期。

《国家中长期教育改革和发展纲要（2010—2020年）》明确要求，建立高校分类体系，实行分类管理。发挥政策指导和资源配置的作用，引导高校合理定位，克服同质化倾向，形成各自的办学理念和风格，在不同层次、不同领域办出特色，争创一流。长期以来，我国没有形成一种固定、系统的高校分类方法，造成了学校发展的不平衡、不利于高校间的有序竞争；造成了资源难以整合，学校特色淡化，不利于高校发展的"百花齐放"。高等教育结构和层次的失调已经成为制约其进一步发展的严重障碍，高校数量和规模的扩张急需更加合理可行的高校分类分层标准和措施的出台。① 建立高等学校分层分类体系是高校发展的趋势，有利于各级各类高校准确定位，明晰其职责和范围；有利于高校多样性发展、开展公平竞争，破除"千校一面"现象；有利于使高校发挥自身优势、形成特色，构建高等教育质量的长效机制，实现资源合理的分配和流通。②

推进各类地域、各层次高校精品课程（共享课）的建设，可以采用"以目标分类分层为导向"的办法，从总体战略目标和阶段目标两个层面考虑。其中，总体战略目标是对精品课程（共享课）蓝图的系统规划；阶段目标是对各阶段所能达到目标的具体设想，是对总体战略目标的分解和细化，应具有层级性、实践性和侧重点，既反映阶段目标向总体战略目标的层层递进，又体现各阶段的实施重点，有针对性地指导各阶段规划的制定。通过设计和实施分层分类发展策略，有助于精品课程的可持续发展。③ 这个实施战略是建立在高校分层分类基础上的，即首先对高校进行分层分类，进而推进课程的阶段性目标和总体战略目标。因此，共享课也可以按照普通本科教育、高等职业教育、网络教育和教师特点及要求，制订课程建设计划和遴选评价标准，分类指导，组织共享课建设和使用的分步推进，从而产生多种标准下、为不同高校服务的共享课，满足不同地域、不同高校、不同层次、不同类型学习者的多元化诉求，避免优质资源的同质化。④ 但高等学校的分层分类很难靠学校自身来形成，必须依靠政府的调

① 杨红霞：《高等学校的分类分层发展——通向高质量高等教育的重要路径》，《中国高等教育评估》2008年第3期。

② 杜瑛：《我国普通高等学校分类研究》，硕士学位论文，华东师范大学，2004年。

③ 胡小勇：《区域教育信息化可持续发展研究》，北京师范大学出版社2011年版。

④ 教高〔2012〕2号，《精品资源共享课建设工作实施办法》。

控方式，综合运用质量评估、项目管理、公益扶持等多种手段来完成。①

高等学校根据办学特色和学科专业优势做好本校共享课建设，使课程建设真正落实到具体高校、具体负责人。② 当课程推进到一定阶段，再分步骤、分层次地推向国际领域，即教育部应采取适当措施分步骤、有层次地将课程推向国际市场，并调整推出课程的性质与内容，将课程翻译成多国语言，以适应广大国外学习者的学习诉求。③ 精品课程（共享课）的成功推出将为广大学习者提供一个面向全世界、多领域的开放交流平台；通过不同地域学习者的交流联通，可以拉近不同学习者之间的距离，实现学习者对信息的互通互融，为教育国际化或全球化打下良好的基础。

三　多元联动、各利益主体共建共享

信息网络技术的广泛应用，使知识的生产和传播突破了时空局限，要求高等教育资源跨部门、跨区域、跨国界开放共享。多元联动是指在共享课建设过程中，多种主体充分挖掘和发挥潜能，特别是教育部、省市教育主管部门、高等学校、课程主持教师应积极加强联系与合作，共同促进优质教育资源长期稳定的发展。资源共建共享将是提高优质资源配置和使用效率的必然趋势。共享课需要共建共享。共建指共同建设与开发④，可以在不同教师、不同学校间开展；共享指资源与他人共同享有，共享可以使资源实现增值。通过共建共享可以实现优质资源的广泛扩散传播。⑤

学者胡小勇认为，优质教育资源的共建共享，包括区域内部共建共享和跨区域共建共享两类，这涉及复杂的利益和系统因素制约，共享必须明确各利益主体。⑥ 明确利益相关者，可以对精品课程（共享课）的组织结构和行为主体进行梳理，协调各种利益相关者的局部目标和区域目标，实现所有相关者的利益最大化，并建立成功的合作伙伴关系，构建和维护一个共同愿景及共同目标。精品课程（共享课）的利益相关者较广泛，他

①　李莉平、沈湘芸：《论大学计算机基础教学中的分层分类教学》，《高教视窗》2009 年第2 期。

②　王永锋、张少刚：《开放大学国际化的理论与路径研究》，《现代远距离教育》2012 年第5 期。

③　马光华：《教育国际化与高校校际合作》，《中共郑州市委党校学报》2006 年第 2 期。

④　张一春：《Web2.0 时代信息化教学资源建设的路径与发展理念》，《现代远程教育研究》2012 年第 1 期。

⑤　刘晓林：《高校数字教学资源共享模式研究》，硕士学位论文，江苏师范大学，2011 年。

⑥　胡小勇：《教育信息化进程中区域性优质资源共建共享：理论框架与个案研究》，《电化教育研究》2010 年第 3 期。

们的意识和行为不仅影响着精品课程的可持续发展进程和结果，更涉及各相关部门之间的协调运作。各管理协调部门应结合本校特色和优势，采用自主开发、合作开发、积极引进等多种方法，形成资源建设共建共享组织体系。① 既往的精品课程在推进过程中人为干预过强，部分利益主体既得利益得到较大满足，而学习者作为最大的受益群体却收效甚微。因此，对共享课的系统规划应兼顾不同地域院校、不同学科、不同课程、不同群体的利益，促进相关部门协同工作，共同推进共享课的建设。当各利益主体利益均衡时，便容易实现资源的共享，实现共赢与多赢。②

四 发挥地域优势，典型高校联盟

从精品课程实施效果看，一是各高校各自追求小而全、大而全，资源短缺和闲置并存，在资源配置与利用方面普遍存在分散、重复、低效、同质化倾向；二是部分高校担心优质资源共享会影响院校办学特色、削弱自身竞争力和丧失品牌，致使已有的优质资源未在更广阔的范围扩散传播；三是优质资源大都集中在 985 高校和 211 高校，造成优质资源成为某地区或某高校的专有资源，其他地区或高校只能"望源兴叹"。面对资源共享呼声越来越高，迫切需要在更大范围和更深层面使优质资源共享系统化、制度化，需要在不同高校之间展开区域合作和联盟。因此，各相关高校应结合所在区域的社会经济条件，发挥地缘优势，加强与周边地区（尤其是发达地区）高校的交流合作，加强与社会各界力量的合作，通过开展跨区域间的合作和交流，开发高质量的精品课程（共享课），以实现区域间优质资源的优势互补和均衡发展。③

联盟是一种基于战略目的、长期稳定的全方位深层次合作。④ 联盟应遵循"开放、合作、共享、共建"的理念，通过外在政策与制度保障，推动现有的共享模式实践逐渐走向深入，形成在全国有着重要影响的共享品牌。联盟需要选择适合的联盟伙伴，制定相关的规章制度及实施方案，并设置专门的战略联盟工作机构。联盟有助于实现取长补短、优势互补。

---

① 黄琼珍、黄颖：《高校网络教育资源共建共享机制探究》，《高教探索》2010 年第 3 期。

② 胡小勇：《区域教育信息化可持续发展研究》，北京师范大学出版集团 2011 年版。

③ 胡小勇、赖露媚：《区域性教育信息资源均衡发展研究：案例比较与优化策略》，《现代远程教育研究》2010 年第 6 期。

④ 于洪良：《大学联盟发展：构建高等教育优质资源的共享体系》，《理论学习》2012 年第 8 期。

近年来，部分高校和地区已在优质资源共享方面取得了一定成效。如由西北师范大学牵头，8 所师范院校组建的"甘肃高校教师教育联盟"，走上典型高校辐射和带动的联盟发展战略；又如由上海交大、西安交大、浙江大学联合采用专门远程系统进行学分互认，宁波大学与加州大学远隔重洋实行跨国学分互认等，都在一定程度上实现了资源共享。①

此外，教育主管部门应充分利用网络教学环境，实施精品课程统一建设、应用、管理和评估，使得高校之间、高校与行业之间开展合作共建，逐步走出各高校自主建设的单一模式。高校联盟将建立优质高等教育资源共享体系，可以避免资源重复建设。高校联盟促使高校把更多的精力放在学科互补和发展上，共建学科专业，共享优质资源。高校联盟使成员学校不受自身专业结构和管理体制的局限，整合教育资源，带动区域内高校共同发展。高校联盟有助于优势资源的共享利用，实现优势互补、互惠互利、相互促进、整体提升。

五 依托地域特点，从区域内到区域间共享

既往精品课程存在"谁投资，谁受益"，建设后的"共享"往往被限定在一定协作组织或协作单位内部，所建资源不能被社会广为共享使用，绩效不高。② 区域间的共享不但可以向师生提供丰富的资源，还减少了重复建设，提高了资源利用率；有必要将校内、区域内资源的共建共享推广到校外、区域间。区域间的共建共享应遵循"优势互补、资源共享、互惠互利、共同发展"的原则，可以以市为单位作为资源共享的小区域，先在小区域内实现资源共建共享，然后逐步扩大至更大范围内的资源共享。③ 在此过程中，相关教育主管部门应积极转变管理方式，通过引导，强弱联合，促进优质教育资源共享。

实现区域内到区域间的优质资源共享不是停留在表面上，应落到实处，应积极参与、多方协作，多种渠道、多种方式共享与整合教育资源，针对本地需求，做到区域间外部推动和区域内内部促进相结合，促进本地域资源共享建设和推广。④ 可以以优化区域精品课程（共享课）的内容和

---

① 陈琳：《中国高校教育信息化发展战略与路径选择》，《教育研究》2012 年第 4 期。

② 陈琳等：《创建数字化学习资源公建众享模式研究》，《中国电化教育》2012 年第 1 期。

③ 刘晓林：《高校数字教学资源共享模式研究》，硕士学位论文，江苏师范大学，2011 年。

④ 薛琴：《整合与共享：西部经济欠发达地区远程教育资源优化的实现路径》，《甘肃广播电视大学学报》2010 年第 12 期。

质量为目标，制定资源共建共享机制，通过联合办学、共同发展等多元联动方式实现课程优化配置和整合，以实现资源跨校、跨区共享，以实现区域教育资源建设、管理与应用的可持续和均衡发展。① 通过建立有效的、区域范围内精品课程资源整合机制、知识共享机制，推动区域学校逐步形成自主发展力，逐步提升区域各校教育教学质量，并最终形成优质教育资源。

通过开展跨区域间合作和交流，开发高质量的优质资源，以实现区域间教育优质资源的优势互补和均衡协调发展。如陕西省学位委员会和西安交通大学联合组织的"西部地区研究生精品课程大讲堂"，对优质资源共享进行了深度探索，并取得了预期效果。② 这种区域内大范围、互利共赢、战略联盟、走向实质的资源共享，保证了精品课程共享的广度和深度，有助于实现精品课程的开放式建设及质量的提高。南京大学桑新民教授主持的国家级精品课程《学习科学与技术》近八年来在国内 9 个省、20 所高校进行创新推广，对于优质资源的区域合作、校际合作有着重要的启示意义。③

通过加强区域内高校之间的合作，进而扩大到区域间不同高校间的合作，有利于避免校际之间的恶性竞争、同质化及克服地域劣势，使优质教育资源优化配置；有助于提高精品课质量，打造具有独特优势和特色的品牌课程，发挥精品课的辐射示范效应；有助于形成一批具有独特核心竞争力的跨区域的高校集群④；有助于实现区域内资源的共享；有利于东西部、城乡之间优势互补；区域间的高校合作对教学一致性要求较强，应得到省市教育主管部门的支持帮助，尤其是中西部地区，省市教育主管部门应强化分类指导和分步推进，以保证区域精品课建设的均衡全面发展⑤，最终实现精品课程优质资源的引领、示范和带动作用，拓展优质资源的共

① 胡小勇、赖露媚：《区域性教育信息资源均衡发展研究：案例比较与优化策略》，《现代远程教育研究》2010 年第 6 期。

② 教育部学位管理与研究生教育司：《2006—2007 研究生教育创新计划实施报告》，北京理工大学出版社 2008 年版。

③ 梁林梅、桑新民：《国家精品课程创新推广特性及策略研究》，《开放教育研究》2011 年第 4 期。

④ 丁金昌：《区域高职院校校际合作模式的探索与实践》，《中国高教研究》2010 年第 1 期。

⑤ 胡小勇、卞金金：《信息化进程中教育资源配置的区域性差异研究》，《远程教育杂志》2010 年第 6 期。

享辐射范围。

六 发挥学科优势，建立专业主干精品课程群

课程群从属于某个学科，指以一门以上单门课程为基础，由三门或三门以上性质相关或相近课程组成的结构合理、层次清晰、课程相互连接、相互配合、分工合理、能满足不同专业教学要求的系统化、连环式的课程群体。[①] 课程群的构建并不是课程的简单堆砌，课程群组成课程之间关系密切、逻辑性强，知识具有递进性，便于在互联网上组织教学；教学内容具有明显的时代性和先进性。课程群构建应疏通理论课、实践课之间的关系，应有助于学生专业素质的提高，有助于师资队伍的建设。通过打造高校开放式的专业精品课程群，将高校主要专业的主干课程建设为创新形式的精品课程，方便世界范围内广大学习者随时随地学习。

以往精品课程建设以单一课程为主，不利于资源的共享应用，应打破这种单一课程建设的局面，构建科学合理的课程体系，把课程体系中内在联系紧密的多门课程建设成精品课程群，以便更充分地利用优质资源，达到更好的教学效果。[②] 精品课程群建设的基本思想是把内容联系紧密、内在逻辑性强、属于同一个培养技能范畴的一类课程作为一个课程群系统进行建设。精品课程群将打破课程内容的归属性，弱化课程的独立性，强化课程间的相互联系及连贯性。

由于不同专业、不同学科对精品课程优质资源的适切性不同，精品课程群的构建应紧扣高校的办学特色，注重基础课、专业课、实践课的合理规划，综合考虑课程内容之间的关联，并对相关教学内容和课程体系进行优化，使主干课程的理论课、实践课之间相互衔接、各有侧重；按精品课程建设标准与要求建设多层面、多角度、多方向的专业立体化课程群，以便各课程相互之间形成协同作用；并根据学科专业特点，联合其他相关院校相关人员，对所选专业主干课程进行论证，结合本专业已建的精品课程，形成专业主干精品课程群建设方案，最终形成示范性专业主干精品课程群，面向全社会公众开放。精品课程专业主干课程群的建立将有助于优化教学结构，构建新型的课程体系，整合精品课程优质资源，发挥资源整体效益，起到示范辐射的作用。

---

① 吴开亮：《关于高师院校课程群建设的探讨》，《江苏高教》1999 年第 6 期。
② 王飞、曾劲珧：《从协同学视角看英美文学精品课程群的建设》，《语文学刊》（外语教育与教学）2010 年第 10 期。

精品课程教师应转变观念，突破各自为政的课程建设意识，充分发挥协同作用，配置年龄、知识结构和数量合理的课程群教学团队，合作共建精品课程。[①] 以往的部分精品课程缺少优秀的教学团队，导致课程建设滞后，无法创建精品课程；可以通过跨学科的课程组合，使相关专业知识以整体性面貌呈现出来，促进优秀师资的整合，这对资源的共享应用具有较强的引导和带动作用。众所周知，教育技术为教育信息化改革的制高点和突破口，而作为其实践领域的精品课程在课程性质、课程内容、校际分布等方面存在不均衡，迫切需要统筹规划、建立专业主干精品课程群，带动和辐射其他专业、其他学科，实现以点带面的优质资源的整合和共享。

七　"政产学"合作一体化

精品课程是一种文化资产。目前，教育部通过对精品课程的经费支持实现产品价值补偿，学习者不需要支付费用便可使用；在精品课程建设过程中，研究机构的介入能够深入了解和发现课程建设中存在的不足并加以矫正。实现"政产学"合作一体化，是以"政"为导向、"学"为基础、"产"为纽带，三者有机结合、融为一体；"政"是指由政府主导的精品课程建设项目；"学"是指具有培养教育技术学高端的、知识创新型人才的高校，特别是具有博士及博士后授予权的大学；"产"是指精品课程的相关产业机构。政学研合作指精品课程建设工程、相关高校及机构之间为了实现优质资源的知识创新和共享应用，构建完整的产业生态链而建立的研发合作关系。[②] 其中，政府主要通过政策制定、财政支持、资源配置等方式对精品课程建设和发展产生影响。

为提高精品课程使用效率，扩大辐射范围，开拓新的增值空间，借鉴三螺旋理论将大学、产业、政府三方共同构成创新体系主体，形成一种三螺旋模式。[③] 高校应该和产业机构建立良好的合作伙伴关系，政府应该支持这种关系的形成。在精品课程建设过程中，应充分利用教育部的政策和财政支持，明确政府、高校及产业部门的职能，创造良好的精品课程

---

① 刘斌：《我国高校体育教育专业技术学科课程建设研究》，博士学位论文，上海体育学院，2009 年。

② 陈仕品、张剑平：《政产学研合作：探索我国教育技术发展的新途径》，《电化教育研究》2012 年第 7 期。

③ Henry Etzkowitz, Loet Leydesdorff, The Dynamics of Innovation: From National Systems and "Modle2" to A Triple Helix of University – in – dustry – Government Relations, *Research Policy*, Vol. 29, 2000, pp. 109 – 123.

（共享课）建设的内外环境，促进知识的创新和知识转化，实现优质资源生产、运营的合理规划，实现资源的共享和传通，促进区域间优质资源的交流与合作。①

综上所述，研究提出应从学校条件、课程本身、产业机构及共享范围等层面，探讨区域精品课程（共享课）传播共享的策略方案，如图 5 - 5 所示。

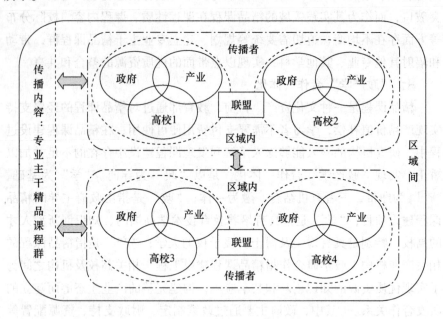

图 5 - 5 精品课程（共享课）区域传播共享策略

八 立足校本课程，孕育精品

精品课程的真正内涵在于它是一门"课程"，应回归到"课程"本位，应该是具有实效性、高质量的课程，而不是"重形式，轻内涵"的"精品"，不是各项评审指标下、专家眼中的"精品"。既往的精品课程较多地关注教学内容、教学方法和教材等方面的建设，较多地关注多媒体化呈现方式，忽略了学习者真正的需求，过多地将重心放在了技术层面和评价指标层面，忽视了精品课程的本质是课程，使得精品课程变成游离于现行教育教学过程之外的一种国家投资行为和硬件设施建设，造成教育投资

---

① 徐辉、王正青：《大学—产业—政府的三重螺旋：内涵、层次与大学的变革》，《西南大学学报》（社会科学版）2007 年第 9 期。

的低效和浪费，导致课程建设和应用的失衡。精品课程能否向用户提供有价值的、开放的课程资源是影响其共享使用的关键因素。共享应结合具体高校的办学层次与类型、人才培养的具体要求及学生特点，开发出适合本校和学生需要的课程，实现课程的校本化，进而逐步升级为精品课程。

精品课程是适应时代发展、满足学习者需求的实效性课程，应从学习者需求、能力培养出发开发课程。但既往精品课程建设"标准"、"划一"，不顾及学校、学科、课程、学生之间的差异性和独特性；而校本课程的开发目的在于尊重学生、具有学校和社会的独特性与差异性，体现学校办学理念和办学特色。[①] 开发的价值在于"提高课程的适应性，促进学生的个性成长；提升教师的课程意识，促进教师的专业发展；实现学校的课程创新，促进学校特色的形成"。校本课程指除了国家课程、地方课程，学校自主开发的、适合本校的、具有学校特质的课程。[②] 校本课程开发是课程知识新的生长点，最基本特性是自主性，能极大地调动校长、教师、学生的主体性，唤醒原本存在的教育资源，改变知识传递方式和生产方式，改变学习者的世界观、价值观、态度和能力素质。[③]

高校应集中精力开发具有本校特色、能够适应本校教师、学生状况和办学条件的校本课程，应对学习者反映良好的课程推荐为校级精品课程，并逐渐升级为省级乃至国家级精品课程。作为精品课程（共享课）建设"自上而下"模式的补充，国家模式与校本模式的结合意味着彼此的补充和丰富。为此，各高校教育主管部门一方面应结合学校办学实际情况，加强分类指导，针对不同学校、不同学科、不同课程采用不同的评审指标，在不同层次、不同科类的高校打造精品课程，将共享优质教学资源与搞好自身课程建设结合起来；另一方面应尊重教师和学校的主体地位，赋予教师一定的自主权，转变课程的建设方式和管理模式。真正的优质资源共享是一个长期的过程，精品课程的产生应根植于学校内部，应从专业基础课程、主干课程、特色课程中产生。[④] 即在对学校重点课程建设的基础上，

① 崔允漷：《校本课程开发：理论与实践》，教育科学出版社 2000 年版。
② 许洁英：《国家课程、地方课程与校本课程的含义、目的和地位》，《教育研究》2005 年第 8 期。
③ 李定仁、段兆兵：《校本课程开发：重建知识伦理》，《教育研究》2004 年第 8 期。
④ 兰维、张景斌：《义务教育均衡发展目标与学校发展模式的选择》，《教育研究》2002 年第 2 期。

构建统一共享模式，并通过组织专家、同行及学生的评价，逐步产生校级、省级、国家级的精品课程，建立起"建设—应用—反馈—建设"的共享循环机制，见图 5－6。①

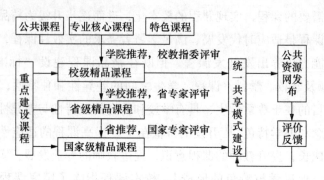

图 5－6　立足校本课程、开发精品、促进共享

九　加强校际合作、协同培养

精品课程共享意识薄弱，部分高校及教师担心共享会使自己的成果被别人轻易获取，削弱本校"品牌"课程竞争力，致使课程共享程度低，大量资源局限在本校校园围墙内，形成信息孤岛。中央电教馆王珠珠馆长提出："优质资源应加强校际之间的协作，通过校际间的协作实现东西部合作、城乡合作，促进不同高校间的优势互补，促进优质教育资源的传播与共享。"② 精品课程（共享课）建设的核心是"共享"，要共享就必须开放，开放以后能够共建。为此，提出精品课程（共享课）建设应实行"协同培养"的策略方案，即校校协同、校企协同、学校与研究所协同、学校与地方协同。但目前高校校际间的联合意识薄弱，信息孤岛现象明显，高校间开展校际合作变得越来越重要。

校际合作是通过两个以上办学实体间的合作，在教、学、产、研和社会服务等活动上进行合作，通过共同投入和努力达到交换、整合、节约及优化资源目的，起到优势互补、合理分工、互惠互利的作用。③ 通过高校之间的合作，有利于加强师资队伍力量，共享优质资源。通过强强联合，

①　杨竣辉、吴阔华：《高校精品课程资源共享模式的研究与实践》，《江西理工大学学报》2011 年第 4 期。

②　王珠珠：《架起从理论走向现实的桥梁》，《中国教育报》2008 年 11 月 10 日。

③　王伟：《关于高职院校校际合作的思考》，《广州番禺职业技术学院学报》2010 年第 10期。

有助于开发优质资源，创建优质课程；通过强弱联合，有助于带动课程建设薄弱高校发展；通过跨地区合作，有利于整合地方资源。校际协作联盟提高了资源的使用效率和学校的辐射效应，实现经济效益和社会效益的最大化。① 校际协作有助于课程主持教师与其他高校同行进行交流研讨，实现真正意义上的"共融、互助、共建"的目标。

通过校际合作，可以减少重复建设，提高资源利用率，优化资源配置、扩大共享范围，改变课程建设各自为政现象，促进其可持续发展；同时使得合作的院校共存共荣，实现优质资源的共享，缩小校际差距，促进教育的均衡发展。在选择院校合作时应考虑高校在学科专业、办学层次、资源条件、办学目标和合作需要等方面的异同，选择合适的合作对象和合作类型的高校。如桑新民教授主持的国家精品课程"学习科学与技术"，自 2004 年在南京大学开始跨校共建共享的实践探索至今已有 8 年时间，目前在国内已先后有 9 个省的 20 所高校参与了该课程的共建共享，课程也由最初的教育技术学本科专业课程，扩展为本科生的公选课或通修课，该课程的校际协作取得了一定的成效。②

十　开展校企合作、搭建第三方共赢机制

资源建设正逐渐走向合作，应该将网络教育资源的实现交第三方专业机构去完成，让经验丰富的教师根据教学需求设计课程资源，让设计与实现分离，使得教师从繁重的课程开发中脱离出来，既发挥专业机构的长处，又促进课程质量的提高，使高校、企业联合形成共同体。高校与软件开发公司及教育培训机构进行教育资源合作开发，发挥各自优势，进行商业化开发和运作模式，有助于提高教育资源的社会效益和经济效益，增强教育资源建设的活力与可持续发展能力。③ 如北京师范大学教育技术学院与北京金远见电脑技术有限公司共建博士后工作站，共建"教育技术产业化应用创新平台"。这种校企合作方式做到了理论与实际的紧密结合，实现了高校和企业之间的优质教育资源共享，形成了两者共赢的局面。

---

① 滕琴、刘传先：《校际间实验教学资源共享的实践与思考》，《实验室研究与探索》2008 年第 2 期。

② 梁林梅、桑新民：《国家精品课程创新推广特性及策略研究》，《开放教育研究》2011 年第 4 期。

③ 柯和平、李春林：《基于网格技术的区域性教育资源库共建共享机制研究》，《电化教育研究》2008 年第 1 期。

校企合作是精品课程可持续发展的必由之路，也是高等教育生存和发展的内在需要，教育主管部门和高校领导应高度重视校企合作，按照"校企合作"的模式，"由点到面"扩大合作效益。如笔者参与华东师范大学国家网络教育精品课程的升级改造，其设计与开发便是与第三方制作公司共同完成的，其中平台和设计理念的提供与制作是 E‑learning 旗下的思创公司，教学内容的设计和呈现则由主持教师、制作人员共同研讨完成。思创公司采用先进网络平台，融入了部分传统面对面教学的方法，通过讨论、群组协同等机制，建立起完整的数字学习环境，提供了系统支持 AICC、SCROM 等国际标准，具有优秀的可操作性、可移植性、开放性和易获得性；能够适应多种服务器平台、多种协议、多种流行的数据库系统，同时又能适应新技术的发展，能很好地满足不同厂商和不同规格课程的集成、数据集中处理的需要。平台提供的视窗化、插件化、碎片化等应用功能，使得异步课程与同步课程相结合、线上学习与线下学习相结合、正式学习与非正式学习相结合、静态动态学习与常态学习相结合、组织学习与知识管理相结合①，通过高校、企业和科研院所联合，使高校与企业、科研机构互利互惠，既保证了课程质量，又扩大了课程的宣传推广，有助于课程使用效率的提高，达到了共享共赢、互利互惠的目的。

精品课程（共享课）建设的要旨是共享，要共享就必须开放；单一的"高校自建"模式已不能适应资源共享的诉求，可以采用"协同培养"方式进行，即校校协同、校企协同、学校与地方协同。也就是说，可以采用高校自建（985 高校、211 高校、普通高校）、校际合建（本地高校、外地高校）、校企共建（企业单位、科研院所）等方式，拓展课程建设方式。如一个专业的主干课程可由一个学校牵头，相关学校参与，发挥各个学校课程优势，其结果是学生共享不同学校的课程，降低了教师参与精品课程的工作量，实现了优质资源共享，如图 5‑7 所示。

此外，精品课程（共享课）建设应积极与市场合作，联手国内较为知名的大型商业网站合作、开发与维护，使之在宣传、技术、运作方式、服务理念上获得提升，降低课程共享维护的成本，提高共享范围、影响力和知名度。可加强与网易、爱程网等网站合作，或加强与商业搜索引擎

---

① 上海时代光华教育发展有限公司，http：//search.51job.com/list/co，c，317312，0000，10，1.html，2013‑01‑10。

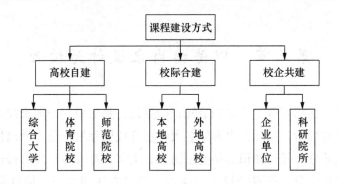

图 5 - 7　高校精品课程（共享课）的多元化建设方式

（如百度、谷歌等）网站合作；通过授权相关搜索引擎网站，允许对共享资料开展学术搜索。这些开放式合作，一方面将拓展精品课程（共享课）网络共享的宣传渠道，提升课程在高校及社会上的影响力；另一方面将推进课程网络共享与商业网站合作，促进课程共享技术的成熟。①

综上所述，通过集团运作，引入第三方制作公司，立足校本课程，加强校际联动，在不同层面形成优势互补、协作共赢的联动机制，建立新的资源联盟，可以扩大精品课程（共享课）的共享范围。为此，本书构建了精品课程（共享课）建设的三维框架，如图 5 - 8 所示。其中校本课程、校际合作、校企合作这三方面是相互影响、相互促进的，其配合程度决定了课程建设的数量和质量。

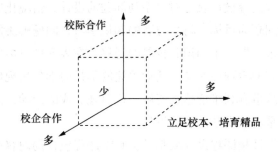

图 5 - 8　高校精品课程（共享课）建设的三维框架

---

① 周子游：《国家级精品课程网络共享研究》，硕士学位论文，沈阳师范大学，2012 年。

第三节　以传播内容设计为核心

现代大学承担着生产和创造知识的重任，是集中一个国家或地区优质智力资源的场所，国际上很多知名大学把开放课程看作是大学回报社会的重要组成部分。任何知识都是通过语言、文字、符号等手段进行传递和处理的，都是信息。信息的投入量越大，信息方法越得当，信息利用率越高，信息功能就越好，组合方式的多种设计就越充分，决策就越佳，形成的生产力就越大。① 精品课程借助网络平台完成符号和信息的传播，其信息资源不能太复杂，不应花费学习者较长的时间去识别，应与学习者的价值观念、文化心态及适应能力相匹配，可以拆分、重组，应具有标准化、实用性、可理解性及可获取性。

一　教学内容的选择取向

精品课程传播的应是层次结构良好、系统完整的学科内容。② 课程内容是课程中特定的事实、观点、原理和问题及处理方式，课程内容应符合逻辑体系和学生的认知规律。在不同课程目标导向下，课程内容围绕三个不同取向展开，即教材、问题情境、表现性活动。在行为目标导向下，精品课程的内容是学科知识，强调知识的科学性、注重知识的层次和序列。课程的重点在于向学习者传递知识。在生成性目标导向下，课程内容就是问题情境，课程内容设计就是对一系列问题的设计，情境化以解决现实生活中的真实性问题为目标，将学习者的知识学习、问题解决能力培养和实际生活结合起来，促进了知识和技能的迁移。在表现性目标导向下，课程内容就是一系列的表现性活动。活动关注的不是向学生呈现什么内容，而是让学生积极从事有利于情感、态度、价值观养成的活动，课程内容设计就是对生活联系的表现性活动的设计。

教学内容设计是课程设计的基础，它将课程包含的内容按照教学目标和网络教学环境需要分解、重组，使教学内容用最适宜的形式表达。分析教学内容的目的在于确定教学内容的范围和深度，把握教学内容中各项知

① 肖美丹：《知识资产与企业绩效关系实证研究》，中国农业出版社 2009 年版。
② 武法提：《网络课程设计与开发》，高等教育出版社 2007 年版。

识点之间的相互关系。精品课程的内容应根据教学大纲及学生的需求，采用情境化、活动化的设计理念，借助多种媒体呈现信息，并根据教学内容与教学目标分析的结果和各类媒体信息的特征，合理选择适当的媒体和具体内容，将它们作为要素分别安排在不同教学内容中，具体体现如下：第一，课程内容应模块化，以知识点或教学单元为依据，这样可以使课程内容结构合理，导航明确清晰。第二，教学单元应完整化。第三，关键知识应多元化，根据不同的学习层次设置不同的知识单元体系结构。第四，组织结构开放化，要开放、可扩充，便于课程内容的更新。第五，内容表现形式多样化，根据具体知识的要求采用多种媒体表现形式及超文本表现方式。第六，内容应整合，知识内容的组织要由简单到复杂，使学习者循序渐进掌握新知识。共享课意味着课堂教学被搬到一个无边界的信息时空中，应整合新信息技术，包括语义网、概念图式、教学本体、可视化及词典技术、资源整合、检索技术等加工教学内容，形成一种人和知识的交互进而把知识组织的有序化内化到知识建构中。

二　教学内容的标准规范

从科学和哲学信息域理论看来，知识、理论结构发展的本质是特定信息域项目中的增减、变化、扩大、重组、分化而进化的过程，任意无组织的信息堆积，不能构建理性的知识体系。精品课程设计过于多样化、个性化，加大了课程维护、管理和评价的难度，致使课程更新率低、应用效果不理想。共享课的学习单元间应相对独立，具有生成性、开放性、连通性、微型化等特点，因此有必要对共享课设计规律进行梳理，形成典型的课程设计样式。

教学样式介于教学模式和教学案例之间，本质是提供一种分享成功教学实践的格式和方法，它能够保证不同的人在不同的教学情境中以不同方式使用。教师会根据自己组织内容的样式和自由呈现内容的样式组织课堂，学生也会逐渐形成和发展他们自己的思考、组织和学习样式。教师、学生和学习内容之间的互动在很大程度上依赖教师选择教学样式的能力，教学样式有助于丰富学习经验、满足学生的需求。[1] 精品课程按照教学内

---

[1] L. C. 霍尔特、M. 凯斯尔卡著，祝智庭、顾小清、沈书生、刘强编：《教学样式：优化学生学习的策略》，华东师范大学出版社 2008 年版。

容的组织安排和呈现形式可分为以章节为主、以模块为主、以问题为主及以专题为主等几种类型。在此基础上本书进一步梳理、提炼了八种典型的精品课程设计样式，即理论导学型、技能训练型、问题研学型、案例研学型、情境模拟型、虚拟实验型、自主探究型和自由样式。如华东师范大学的精品课程《外国文学史》便采用了教学样式的设计规范和理念，整体呈现风格统一，导航风格为"课程导学、教师团队、课程学习、课程信息、课程资源、实践活动"，该课程受到广大学习者的普遍欢迎和喜爱，教学效果好，课程的设计理念已深入人心。

以往精品课程缺少开放和动态的资源设计，而共享课是基于资源、情境、协作的学习，如果只简单给出导航条目，不做任何标志和组织，资源还是"裸资源"；如果资源是良构的，组织程度高，则易于查找；如果资源是非良构的，则容易进行讨论和交流，对于培养学习者高级认知能力，进行情意培养具有不可替代的作用。因此，共享课建设应考虑资源的粒度、使用的便捷度及交互性，不能脱离学习过程谈学习资源，应考虑学习者的特征与参与度、主持教师的教学风格；应强调课程一体化，考虑学习资源设计诸要素及要素之间的关系。祝智庭教授提出，应从教育文化资产开发与国家软实力建设共享课，将学习单元和学习模块作为共享课的建设核心，见图5-9。

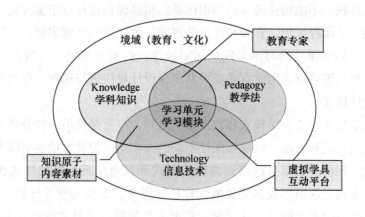

图5-9 共享课建设新认知

三 资源的结构化组织

学习资源指独立于主体教学内容，学习者在学习过程中可以利用的一切显现或潜隐的资源，包括结构化资源和非结构化资源。结构化资源是经过设计按照一定的结构组织起来的学习材料，是经过教学设计，具有良好的结构、明确的目标和相对稳定性。非结构化资源是没有稳定结构、处于动态变化之中的资源，具有内容不稳定，动态变化的特点。学习资源设计应符合学习者的学习习惯，应以知识点为单元进行模块化设计，使数字化资源能够通过多元化的移动终端进行传播，满足学习者随时随地学习的需求，实现自主学习，培养学生的自学能力。

学习资源的设计与课程内容密切相关，要以良好的结构方式组织资源，以便学习者快速定位所需要的资源。资源量应丰富，应具有较好的表现形态和合理的"颗粒度"，资源之间应有相对独立性与可重用性。

共享课应以课程资源的系统性、完整性为基本要求，以资源丰富、充分开放共享为基本目标，注重课程资源的适用性和易用性，尤其应从学习单元和学习模块角度进行设计。为此，本书提出按照"课程—学习单元—学习模块—知识点（学习活动）"的课程结构来组织资源内容①，注重拆分、重组、再造等功能的实现，体现自组织、发散和解构，并以知识点作为资源内容建设的重心，对资源平台进行系统设计②，如图 5 – 10 所示。这种结构方式下的共享课具有多样化、多媒体化、交互性、可扩展性、多用途、语义丰富、粒度大等特点。共享课建设不是无节制地增加信息的数量，扩大信息的规模，增强信息的媒体表现形式，而是有针对性、有选择地设计、组织和管理信息。③

共享课资源指在特定对象活动和活动过程直接涉及的要素，包括课程简介、教学大纲、教学日历、教案或演示文稿，重点难点指导、作业、参考资料和授课录像等结构化资源及案例库、专题讲座、素材库，知识检索系统、演示/虚拟/仿真实验实训系统、试题库系统、作业系统、在线自测/考试系统，课程教学、学习交流工具及网络课程等非结构化资源。为此本书基于资源的模块化操作，注重问题意识、活动设计，构建了"共享课的学习资源组织框架"，如图 5 – 10 所示。

---

① 祝智庭、刘名卓：《精品资源共享课研发方案》（提供给教育部高教司的技术报告），2011 年 10 月。

② 祝智庭：《资源应用平台设计方案》，2007 年 3 月 21 日。

③ 袁志秀：《基于生态学的信息传播模式》，《情报杂志》2005 年第 3 期。

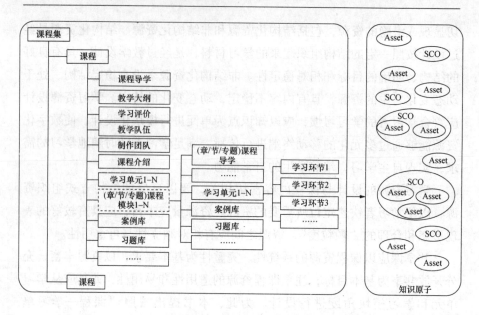

图 5 – 10　共享课课程结构

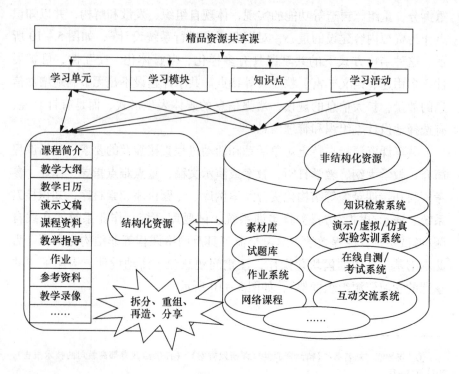

图 5 – 11　共享课学习资源的组织与设计

四　知识点的微型化设计

教学内容既可以分为章、节、目、点等层次，又可以分为单元、课时等层次，应对教学内容进行精心组织和选择，编制相应的教学单元并进行排列。教学单元的编制应采用两种办法：其一，把预期的学习结果分为具有内在联系的几组，每组构成一个教学单元；其二，是围绕一个教学活动设计教学单元。不管采用哪种方法，教学单元都是一内在联系的整体。①共享课资源隶属于知识点，资源的架构已经微观化。以知识点为单元进行模块化设计，可以呈现诸如语义网、思维导图这样的概念网络结构，有利于打通不同知识点间的壁垒，满足学习者零散学习的需求，建立多重学习通道和立体化的学习空间。由于每个单元模块的资源容量较小，学习内容已形成碎片，易于重构和整合，可用于多种学习终端，为无缝学习提供了保证。

以知识点为单元进行内容的模块化设计，强调整个学习过程包含情境创设、自主学习、小组讨论、自我评价等环节，强调以学习自我调节为取向的设计模式；将知识建立相应的关联，能够迅速查找所需要的内容，避免重复性知识的学习。当把信息组织打碎、重组、创造一种颗粒化的，在知识因子水平上彰显知识运动规律、机制和隐秘的"发生学"新境界，即知识点对应的颗粒化，可以带来重用和资源的再造。以知识点进行内容呈现，单位越小、粒度越强，可重用性就越强，就会构建越多的新意义；有了小分子结构的资源形式，知识就会以一种自由资源的形式存在，知识点不是我们的目标，知识点组成的网络才是我们的目的。

如江苏师范大学陈琳教授主持的精品课程《现代教育技术》，其中"虚拟实验"环节采用了单个知识点的动画呈现方式，如"视频展示台的操作、摄像机的推拉摇移、视频采集"等，讲授清晰明了、浅显易懂，便于学习者掌握一定的概念、事实和原理，有利于知识、技能的学习及问题解决。因此，本书梳理出共享课的知识点设计图，见图5-12。

依据夏佩尔的"信息域理论"，按知识点、知识链、知识树机构组织呈现教学信息，即教学按照知识点组织信息，知识点又构成"知识链"和"知识树"，这些链条有辐射性，从而具有"1+1>2"的系统功能，即学习者不仅需要"良构"的资源体系，还需要"非良构"的空间，因为

---

① 王嘉毅：《课程与教学设计》，高等教育出版社2007年版。

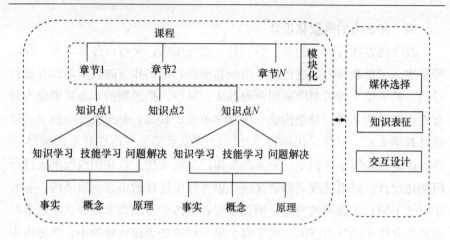

图 5 - 12　共享课的知识点设计

高度结构化的知识组织将限制学习者在自主建构知识时所需要的自由，而知识组织序列将打破课程资源序列的单一性。结构化的知识网络使学习者获得意想不到的关联知识点。这种结构性的关联、导航和检索开始跨库、跨平台、跨网页、跨服务器时，整个知识点的关联就是语义的关联。这种关联仿佛人的大脑链路，使得信息孤岛不复存在。

五　信息的多媒化呈现

传播需要对信息加工和编码，需要借助适当的媒体和通道，将信息传输给受众。精品课程信息包括知识、技能、思想、观念等；还包括与内容相关的其他信息，如评价性信息、管理信息、干扰信息等；多媒体化的文本构成了互动网络，更具有可控性；应将这些信息用超链接连接起来，或者用网页形式包装起来，使得信息之间可以相互解释、补充、延伸。

（一）语言符号

网络语言就是在网络上出现并使用的语言。[①] 精品课程的语言指具有特点的用语及网页上的图像符号、文字等网络传播的一切手段、言论及网络聊天室和电子公告牌的对话。语言类符号强调传播者的个人色彩，加强了师生互动交流的及时性，增强了信息的可视性和形象性，如即时工具、电子邮件等传播的渠道。

（二）图形图像类符号

精品课程传播中常用的图像类型有矢量图和位图，包括 BMP 格式、

---

① 南宏师、张浩编：《网络传播学》，国防工业出版社 2008 年版。

GIF 格式、JPEG、TIFF 等，借助直观的视觉呈现，学习者容易识别和识记。如精品课程中的导航按钮等。

（三）动画类符号

精品课程中的动画指那些在单位时间内具有一定运动形态的各种造型变化及形式效果变化。动画能吸引学习者的注意力，增加网页的动感，增加网页的视觉趣味效果。

（四）音频类符号

音频是声音符号形式，是一种信息载体。精品课程中的音频是针对课程内容，教师进行教学内容的答疑录音或授课的录音。

（五）视频类符号

视频具有图像特征，具有动态性、直观性、形象性等特点。精品课程的视频指教师的授课录像及相关专家讲座。目前，广大学习者对视频资源的需求迫切，应加大共享课视频资源的比重。

（六）文字符号

文本是传播活动中必不可少的符号和符码组成的某一表意结构。[①] 精品课程采用的文字符号系统是经过精心设计的，往往具有不同层次，每一个层次都只是传达作品信息的某一部分。学习过程中，学习者通常通过点击图标按钮链接获得下一个层级的信息。图像、音频、视频等内容可以与文字内容结合在一起使用，用层级化方式组织，文本的层级化更好地满足了受众的个性化需求。但层级化文本分解了传播内容，使得信息的表意不是很完整，因此有时会产生信息的失真、变形现象。

精品课程中，文本不是孤立的单元，而是通过超链接，与其他文本中的信息发生联系，并处于一个极具扩张力的网络。[②] 即网络组织结构的层次化及超链接的存在，使网络信息不再是在一个封闭的单元中线性地展开，而是呈现出非线性的特征。文本的超链接使它变得更加开放、发散，与其他信息的关系更多，也成为整个信息网络中的一个节点。

六　信息的交互设计

哈贝马斯用哲学的语言、社会和历史的理论建构了"沟通行动理论"，即目的理性着眼于社会行动中如何利用外界资源重组个人目的，而

---

① ［美］约翰·费斯克等：《关键概念——传播与文化词典》，新华出版社 2004 年版。
② 彭兰：《网络传播学》，中国人民大学出版社 2009 年版。

人与人之间的沟通被视为满足目的的手段。精品课程中传播信息从"推"到"拉"使得受众拥有自主能动的传播参与和选择权。因此，精品课程（共享课）应注重人的要素，注重师生之间的互动与交流，注重问题意识与情境的设置。要创设互动资源，资源就应丰富多样，便于自由选择和重构。学习者通过不同技术完成与学习环境的交互，完成学习过程；交互包括师生之间、生生之间、学生与学习材料之间的交互；体现为电子邮件、在线讨论、BBS 讨论区等互动模块，即要考虑人人间及教学支撑平台本身的交互功能；要设计多样灵活的学习和训练内容；要提供及时的信息反馈，以便及时了解学习者的学习情况并提供真实、有效的评价；要鼓励学习者深层次地理解与沟通，激发学习者积极思考，参与和自我展示，并通过多种方式对学习者进行个别指导和帮助，实现信息的共享和交流。

北京师范大学李芒教授的国家级精品课程《学与教的基本理论》[①] 将个人博客和课堂结合起来，这种师生之间的沟通方式比电子邮件、讨论群组更简单和容易，不仅传播了课程内容，还传播了教师的智慧、想法、态度和观点，可以将课程的相关通知、公告及时告知学习者，是师生交流互动的新的表达方式。又如华南师范大学徐福荫教授的国家级精品课程《电视教材编导与制作》中"虚拟实验室的技术交流平台"。该平台自 2004 年 11 月 22 日创建以来，历史最高在线纪录是 413 人同时在线，该平台注重师生及生生之间的互动交流，教学效果较好。[②]

因此，精品课程（共享课）的交互应具有开放性、多样性、自主性、延迟性等特点，学习者不受时空限制，可以与教师及学习伙伴进行多样化的交互，交互可以是实时的，也可以非实时。由于网络环境中的互动与交流活动的设计受到学习者主观因素及网络环境的影响，主要体现为：学习者的认知心理，认知水平、认知需要与学习动机直接影响交互活动的参与度；学习者的情感，参与互动活动的兴趣、学习信心；界面及交互方式，艺术性、生动性，内容的丰富性等对交互有影响，因此在交互设计时应尽量克服这些因素的影响。

---

① 《学与教的基本理论》课程网址：http：//219. 142. 121. 14：8801/。

② 《电视教材编导与制作》课程网址：http：//202. 116. 45. 198/dsjc/wlkc/site/vlab/luntan/index. asp。

第四节　以传播渠道推广为基础

媒体又称为媒介，指信息传递过程中储存和传递信息的实体。传播学中，一般认为信息传播的过程为信息源即传播主体将信息编码后，通过某种渠道传递给受众，受众经过信息解码后，再通过该渠道反馈给信息传播主体，如此循环往复。因此，信息从信息源传递至受传者，中间的编码器、通道和解码器等一切技术手段工具均被称为媒体。

一　媒介的特性与功能

著名传播学者麦克卢汉认为"媒体是人体的延伸"、"媒介即信息"，媒介扩大和提高了人的感觉和思维能力。媒介种类的增多、传播方式的变革，使媒介之间可以相互补充，互为促进，使"延伸"更深更广。网络是一个庞大的信息资源库，选择、加工、复制与传播的信息量较大，拥有无限延伸的版面容量和自由的信息发布时间，与受众之间的互动更为便捷、迅速、灵活；可将文字、图片、声音、视频等媒体融合，进而集合成网络信息想象空间，实现情境学习。

精品课程以网络媒介为载体，将个人的课堂教学，延伸为全球性的课堂，有助于为受众创造立体化的信息接收平台，满足受众多种方式、多种途径获取信息的心理需求；不断形成小众化并不断扩大的公共领域，实现传播方式的多元化；通过把受众大脑内部的思维网络并入无比扩展的外部信息网络，彻底改变了人类传统的"主体—客体"认识模式。网络空间存储信息及传播信息的方式越来越成为实现知识共享的有力手段，社会空间越来越是一个被媒介操纵的场所。

从媒介产品到受众解读是一个意义生成的过程，网络媒介不仅是精品课程信息传播的平台，也是连接传受双方的桥梁。网络传播使得文字、声音和图像在流动中融为一体，形成了一个世界性的传播网络。在网络传播的社会结构过程中，技术革新、社会演变和表象形态被统一在整体社会的施动者所组成的系统中。无论是从意识形态来说，还是从经济效率来说，传播的结果都是为了共享某种信息资源，这形成了社会发展的传播张力。从主观上讲，任何媒介承载的内容都是在表示一种意识形态、价值观。语言、图像、声音各种符号有机组合的背后隐藏着特定的意识形态系统。媒介的工具作用主要体现在促进和维护社会思想的同一性，精品课程媒介的选择和融合也应越来越体现意识形态渗透的功能。

二 网络环境中媒介的呈现

根据人们接触媒介的过程和信息处理程度，可以将人们的媒介接触分为三个阶段：认识媒介、媒介参与和使用媒介。认识媒介是基础、媒介参与是关键、使用媒介是提升。媒介之间可以相互支持，也会相互干扰，如何在多种媒介之间以一种兼容和内聚的方式来分配信息，表达某种特定信息，这就需要对目标、内容、媒体三要素进行分析。因此，应使媒体的呈现时机与教学目标、教学内容紧密联系，成为有机的整体，可用新课程的三维目标来表现，即"目标—内容—媒体"三维选择模型图（见图5－13），即可以根据教学内容和教学目标确定媒体的使用目标，选择呈现的时机。一般教学中，媒体的呈现时机为中间阶段，我们用▲表示。精品课程利用网络媒介呈现信息，媒体信息的呈现时机可以选择在注意的开端或低谷，以保证学习者注意的持久与稳定，从而获得教学的最佳效果。

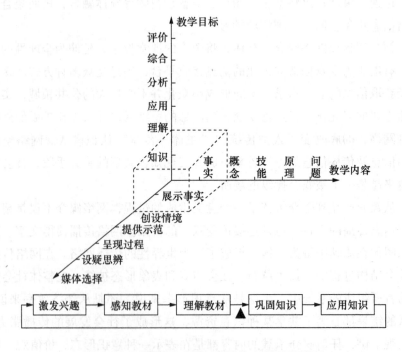

图5－13 "目标—内容—媒体"三维选择模型

此外，学习者的情绪、动机、意志、性格、兴趣等因素也会影响媒介的选择。个体的媒介接触与控制的动机具有鲜明的情绪色彩。媒介希望控制受众的媒介接触习惯，有效降低受众投入精力的方法就是以简单方式呈现信息，方法越简单人们适应的时间越短，长期就会自动接触媒介所呈现的信息，也就逐渐控制学习者的信息接触。但信息接触不等于信息注意，信息接触仅指个体与信息有了联系，信息注意是一种对信息的有意识行为。精品课程的媒介设计，应考虑受众的媒介心理，应根据教学目标和教学内容及多媒体功能和特点，选择适合受众认知特点和习惯的媒介。①

三 多种媒介融合优化传播

精品课程传播体现了从单向到互动传播特点，总体形成一种散布型网状传播结构，在这种传播结构中，任何一个网节都能够生产、发布信息，所有网节生产、发布的信息都能够以非线性方式流入网络之中。作为网络传播过程的一段，信息由一个节点传递到另一个节点，需要借助媒介来进行，即传播者传播到一个节点，再从这个节点获得反馈；信息到达一个节点后，经节点发散、传递到其他节点，实现更广泛的信息传播，应侧重信息的重组、再造、连通，通过不断建构新的知识网络，最终形成一个循环连通的网状结构，实现信息在网络管道中的流通、互通。

精品课程传播融合了人际传播、群体传播、组织传播、大众传播等传播方式，形成了极为复杂的传播情境及传播过程。未来媒体的发展趋势是多种媒体的融合。精品课程（共享课）传播共享，不应是单形态、单平台的，而应在多平台上进行，报纸、广播、电视、移动媒体、多终端设备都是其传播的共同组成部分；尤其是博客、论坛等新型传播手段的兴起，将不同的传播方式对接融合，共同构成立体、复合型的信息传播系统。天津师范大学王志军教授的国家级精品课程《多媒体教学软件设计与开发》，提供了视频、图片、源程素材、外文资料等多种学习资源，并提供了 Authorware、Flash 等多种插件，这些以独立知识点形式呈现的学习资源，可以轻松地下载到多种媒体终端进行移动学习，自由学习。②

罗杰斯认为，创新扩散需要借助一定的社会网络，不同的传播媒介在扩散中的作用不同。大众传媒是最有效的传播手段，能够让潜在接收者得

---

① 王帆：《教育技术学视野中的媒介素养教育研究》，中国社会科学出版社 2011 年版。
② 《多媒体教学软件设计与开发》，课程网址：http：//59.67.71.237：8080/aw/index.asp。

知一项创新，而人际传媒能使使用者较快接收信息，更倾向于使受众说服和接受。因此，共享课建设应借助线上和线下媒体，扩大宣传推广的渠道，实现大众传播和人际传播的彼此交融，综合利用多种传播手段与社会系统之间的信息互换，各种方式之间的优势互补，形成立体的传播网络，实现更广范围内信息的扩散传播、实现优质资源的共建共享和效益最大化。① 为此，本书构建了"以传播媒介融合为基础"的推广策略，如图5－4所示。

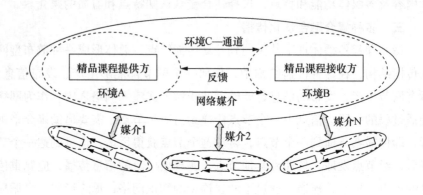

图 5－14　"以传播媒介融合为基础"的推广策略

图 5－14 显示，传播系统是由资源提供方、接收方和传输通道组成，是具有一定层次、结构和功能并与环境要素发生关联的整体。通道是精品课程传输的途径，是传受双方之间的中介桥梁；任何系统都处于一定环境之中，精品课程（共享课）必须在一定环境条件下进行。② 根据曼海姆的知识社会学视角来看，"环境对知识的影响是全方位的，正是这些全方位因素的影响，特定知识最终汇成一个系统的理论体系"。③ 本书中的环境，指传输过程中的外在条件，如时间、政策及社会文化环境，包括国际和国内环境；通过了解国际国内文化建设等政策要求，更好地寻求精品课程发展的各种机遇。如目前公开课火爆背后折射出媒介与知识共享、现代社会

---

① 李敏：《创新扩散理论框架下的精品课程共建与共享》，《现代教育管理》2011 年第 8 期。

② 董景荣：《技术创新扩散的理论、方法与实践》，科学出版社 2009 年版。

③ 杨生平：《试析曼海姆知识社会学理论》，《北京行政学院学报》2011 年第 2 期。

环境与知识传播等相互关系和问题，开辟了全新的知识生产与传播空间。①

第五节 以传播环境支持为保障

优质资源共享不仅是实践问题，更是理念问题。② 以往精品课程在推进过程中遇到旧思维与体制机制障碍，遇到根深蒂固的"山头主义"的制约，部门或地区甚至小团体利益是形成"信息孤岛"的"温床"，阻碍了优质资源的标准化、开放和共享。③ 作为管理者，相关部门领导应转变教育观念，改变那种认为共享外校资源会削弱本校资源的竞争能力，甚至丧失品牌的老观念④；树立知识创新、开放共享的新理念，积极采取有效措施扎实推进共享课的建设，逐步完善本土化、特色化的精品课程体系，形成品牌效应；只有领导重视，并积极提供政策支持，才会使优质资源大范围的共享成为可能。

精品课程（共享课）建设需要提供服务平台，平台应具有资源管理、完全开放、系统管理和交互管理功能，还涉及平台建设、管理、机制及技术支持。⑤ 其中，资源平台的信息组织和知识组织手段将成为教学平台组织教学资源必须融合的重要手段，或教学资源系统本身就是教学平台或数字资源的核心技术和核心资源。此外，精品课程（共享课）建设应遵循开放的标准和协议，秉承"开放、共享"的核心理念。本书构建了"传播环境营造为保障"的支持策略，见图5-15。

一 提供开放的标准和规范

以往精品课程由于各终端浏览器版本不同，下载及使用资源格式不同，造成共享资源内容显示太慢、响应等待时间长，影响学习者使用资源的质量及资源使用效果。⑥ 共享课建设迫切需要提供统一的制作及技术标

---

① 周婷、叶静：《现代网络媒介的知识传播》，《传媒e时代》2012年第6期。

② 罗尧成、姚俭：《优质资源共享与研究生教育强国路径选择》，《高校教育管理》2011年第5期。

③ 《我国教育信息化建设与应用现状调研与战略研究报告》，高等教育出版社2010年版。

④ 丁新：《网络教育优质资源共享机制分析与思考》，《中国远程教育》2003年第21期。

⑤ 刘晓林：《高校数字教学资源共享模式研究》，硕士学位论文，江苏师范大学，2011年。

⑥ 廖小明、姚元军：《高校精品课程资源共享的社会效应及其阻塞机制分析》，《西南农业大学学报》（社会科学版）2011年第5期。

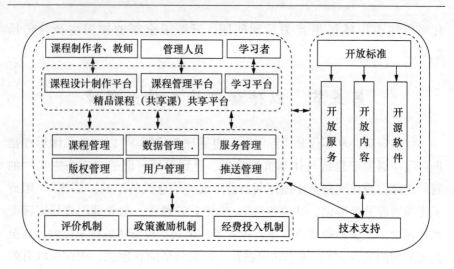

图 5 - 15 "以传播环境营造为保障"的支持策略

准、设计制订基于网络平台的资源建设和共享发布的技术方案，提高资源的可获取性、可用性和易用性①；统一的标准和规范可以避免资源建设的重复性，有利于协调规划；有利于推动资源的可重用、互操作；有利于不同平台和资源的整合、嵌入及不同平台之间的信息共享和信息交换，做到内容、标准和技术工具的全面开放。资源处于网络平台的核心地位，涉及元数据标准、组织标准等，所有的标准规范可以"灵活扩展"，在一定的原则下通过扩展和简化，制定具体的可实施的资源描述框架。资源的共建共享最终也会落实到标准规范体系框架中，在互操作层面上可以提供相关的数据传输与交换标准。

在技术方面，共享课建设需要内容管理系统（CMS）的支持，课程平台开发应采用开源软件或是在开源软件基础上进行二次研发；在标准方面，应遵循国际通用资源建设许可协议，如开放共享协议（CC）、互操作标准（如 IMS、OKI、SCORM）等，方便系统之间内容的互操作。可以采取国家统一或者大学联合方式，在遵循国际通用标准的基础上，共同制定符合国情的开放课程政策和标准，包括课程开发标准、版权策略和发布协议等，真正实现资源的共建、共享和互操作。即各个学校各个系统处于同

① 柏伟、何小松：《地方高校精品课程优质资源共享机制探索》，《教育与职业》2008 年第7 期。

一个技术系统——网络和基于各种协议和规范接口的应用系统。"信息孤岛"、信息非标准化和非共享等缺陷被重新审视和调整。

二　提供统一的资源共享平台

MIT OCW 采用了统一的开放学习支持系统 CMS（Content Management System），此系统是由微软公司开发的统一网络平台。一体化与标准化网络平台的搭建使得教师只需接受短期的培训，便可以独立完成课程的网络更新与维护；使用者只需要参照平台使用指南就可以轻松进行学习，实现资源共享。[①] 我国的精品课程没有统一的共享平台，资源建设与分类缺乏统一的标准，致使不同高校的精品课程教学资源自成体系，重复建设严重。整体看来，资源库平台的通用性和兼容性较差，没有形成统一的调用和共享机制；从内容上看，缺乏用户之间的关联，资源缺乏深度整合，形成信息孤岛；从技术上看，缺乏本体、语义网等高级资源组织，缺乏跨平台整合、嵌入等技术的应用；从范围和水平看，学习者可以访问的是教师提供的"做死"的知识集成，而很少有开放的资源。

以往使用的缺乏海量资源与高组织度的资源平台不过是一个阅览室，而不是高集成度的平台。我们把这种以知识分类和静态模块化方式配置、组织资源，资源未深度整合，管理没有独立性，也不采取先进的知识组织手段的方式称为第一代资源建设模式。[②] 这种资源的特点是静态、分散、不支持高级学习，存在信息噪声、冗余资源、非结构化、迷航等问题。在教育资源大量扩张情况下需要改变现状，采取知识组织、动态整合的新途径就成了第二代资源建设模式。为了实现资源的充分共享，必须建立统一的网络平台，把所有资源集成在一个"大统一"平台中。借助这个"通用"的资源平台，实现资源管理专门化；教师可以轻松提供学习者所需的资源，实现对学习过程的监控和管理。该平台是一个有效的虚拟学习环境系统，将为网络教学提供全面的信息化环境与支持。建立具有广泛教育功能乃至终身学习功能的资源平台，是优质资源共享的必然需求和取向。

当然，统一的共享平台并不意味着千篇一律，各高校可以结合课程特点、学科特点、地域特点，建立灵活、可扩充的课程网络平台，对所有课程进行统一管理和维护，实现资源的重用、移植和镜像；应通过不同课程

---

① 李敏：《创新扩散理论框架下的精品课程共建与共享》，《现代教育管理》2011 年第 8 期。

② 袁昱明、施建华：《网络教育资源平台的理念、原理与技术》，科学出版社 2010 年版。

应用系统的整合和聚合，通过开放接口、数据交换和互操作等实现无缝连接，在平等基础上架设各系统融合的桥梁，嵌入不同系统和扩展服务，需要各个应用系统的合作、协调、标准化。信息上层建筑的职能就是对无序或组织度不高的资源进行结构化改造；建立统一的管理平台，将使得优质资源与学习者之间的交流、会话变得更加容易，建立统一的共享平台是实现优质资源共享的必由之路和战略选择。

一个完整的网络教学平台应该具有以下功能：（1）课程开发功能：即教师可以在网络平台上建设课程，可以上传教学大纲、教学文档，课程信息和教学日历等与教学有关的文档，学习者可以根据需要下载或在线查看。（2）课程工具功能：该功能为课程教学提供了多样化工具，便于教师进行教学和课程信息的发布及与学生通过各种手段进行沟通，如电子邮件、论坛等。（3）评价管理功能：为更好地保证课程质量，课程平台应提供一些检测教学质量的环节，如教师发布作业题、考试题、测试题、问卷等，在线批改作业、修改考试成绩，学习者可以通过在线答题或者上传作业等其他方式来完成老师布置的任务。（4）用户管理功能：一个完整的网络教学平台包含三类用户：一是管理员，可以管理该平台的全部课程与用户，如初始化新的课程，分配课程资源，删除课程，为课程设计者设置个人账号信息等；二是教师，可以创建课程，建设课程，管理学生用户等；三是学习者，可以浏览课程内容，参加测试，提交作业，参与讨论等。

三　完善政策机制保障

（一）提供政策支持

在全球终身教育和资源共享的大趋势下，教育部提出推进文化传承创新，加强公共文化产品供给、经费保障、优秀文化产品普及和推广，满足受众对优秀文化产品多层次、多样化的需求，于是共享课应运而生。[①] 共享课属于文化资产，属于公共产品；是推动高等教育开放，服务社会主义先进文化建设，增强我国文化软实力和中华文化国际影响力的重要举措。[②] 目前教育部通过政策规划、精品导向、结构调整、控制总量、优化布局、机制引入等措施，对共享课建设提供了政策、技术、经费等支持，

---

① 《文化建设是国家软实力提升的核心》，http：//www.chinavalue.net/Story/52974.aspx，2012 - 12 - 10。

② 教高〔2011〕8 号，《教育部关于国家精品开放课程建设的实施意见》。

高校及社会各界纷纷响应，学习者对知识的渴求，这些都为共享课建设提供了极好的发展契机，提供了优越的社会环境。此外，通过网络媒介进行知识的生产与再生产，通过知识的重组，将共享课内容与当前社会环境相融合，更好地实现知识的传承，完善公共文化服务体系。

教育部应加大对共享课建设扶持力度，颁布相应政策文件，打破部门和地区之间的界限，统一标准，相互协调，避免重复建设，减少人力、物力、财力的浪费，创造良好的政策环境。以往精品课程在实施过程中，出现了执行主体的利益冲突、配套制度和监督体系缺乏等偏差；共享课的政策应具有规范约束、调控分配、发挥目标导向等功能[①]，应对其目的、意义、方向、要求、标准做不同程度的规定性约束，优化课程的整体配置和使用，协调各利益主体建立共同愿景，引导各利益主体积极参与，在共同认知目标的基础上沟通协调实现优质资源共享和可持续发展的目标。

（二）健全共享机制

共享课是教育部主导的资源共享项目，其效果体现的关键在于能否有效地构建一种可持续发展的共享机制，以实现资源共享的有效性和持续性。即在共享课提供者、使用者和教育行政部门之间形成利益平衡，使三者都有动力去推动共享的可持续发展。共享课共建共享机制的建立需要教育部、省市教育主管部门、高等院校、专家和企业的支持。教育部应承担起政策制定、资金支持和宏观指导工作，建立政府投入长效机制；省市教育主管部门负责规划区域课程资源、彰显地域特色、构建高校联盟；高等院校是资源共建共享的主体，应在教学模式、教学内容、资源建设和实施共享等方面发挥作用；专家主要提供咨询，进行认证和评价；企业主要是提供技术和实践的支持。[②] 此外，各利益主体还应提供奖励、激励机制，建立共享课建设专项资金制度及其使用审查机制，确保资金使用的收益，促进共享课共享、可持续发展。即加强共享课的统筹规划、协调建设与管理，建立和完善优质资源开发、遴选和利用的良好体系，扩大共享使用范围，逐步建立不同层次上的资源共建共享机制。[③] 这里我们可以借鉴英国的做法：将开发出的产品通过民间学术协会 Becta 和 QCA 专家和用户的

① 胡小勇：《教育信息化政策执行偏差分析与对策研究》，《中国电化教育》2011 年第 5 期。

② 丁新：《网络教育优质资源共享机制分析与思考》，《中国远程教育》2003 年第 21 期。

③ 胡小勇、卞金金：《信息化进程中教育资源配置的区域性差异研究》，《远程教育杂志》2010 年第 6 期。

评估，评估通过的产品发布到国家课程在线网站。①

以往的精品课程采用学校先行建设、省区市择优推荐、教育部组织评审、授予荣誉称号、后补助建设经费方式进行。这种方式的弊端：一是前期建设学校投入不足，导致课程质量下降；二是课程在授予荣誉称号期满后，没有经费支持的跟进，使得课程的可持续发展难以为继。为了促进共享课建设和共享的可持续发展，相关部门应保证课程建设经费的充分供给，形成有效的资源共享投入机制；鼓励多方投资，形成国家主导下的多元化投入格局，建立可持续的共享课经费来源机制，加强对政府投入的监督管理，做到专款专用，提高课程的建设质量；将共享课的建设列入各级政府的教育经费预算，形成稳定的财政资金投入渠道；② 建立国家长效投入机制，保证各级政府相互配合、相互协调，群策群力，提高资金使用效率；发挥地方政府及教育主管部门积极性，建立课程建设的专项经费审核机制，促进共享课建设的长效发展。③

（三）完善服务保障机制

精品课程在建设和管理中条块分割、缺乏有效的统筹协调和管理体制、自行其是，这些因素已成为精品课程可持续发展的障碍。要改变这种状况，必须建立健全服务保证体系，如监督评价机制、推送服务机制，这需要教育部、省市教育主管部门、高等院校和精品课程相关教师共同参与才能完成。共享课的优化配置与共享是一项复杂的系统工程，应该在政府驱动和宏观指导下，高等院校等机构，通过整体布局、资源重组、机制创新，构建资源体系完整、结构合理、技术统一、管理规范、服务能力强的共享服务体系。具体措施为：第一，教育主管部门应明确界定共享课的内涵、宗旨等，以便资源提供方能够提供最优质的资源及其服务；应对资源共享进行宏观规划与指导，提供制度框架，以政策的建立和完善为引导，拓宽优质资源共享渠道。④ 第二，加大技术开发投入力度，提高资源共享技术水平，提供统一资源平台，完善资源共享技术设施。第三，建立完善

① 《我国教育信息化建设与应用现状调研与战略研究报告》，高等教育出版社 2010 年版。

② 陈荣明：《教育资源优化配置与共享的现实基础与制度安排：以南京市为例》，《南京理工大学学报》（社会科学版）2009 年第 8 期。

③ 《我国教育信息化建设与应用现状调研与战略研究报告》，高等教育出版社 2010 年版。

④ 罗尧成、姚俭：《优质资源共享与研究生教育强国路径选择》，《高校教育管理》2011 年第 5 期。

的共享课共享信息网络，以保证各相关主体及使用者能够获得高质量的信息服务，为各利益主体架构起交流的桥梁，扩大共享的范围。第四，建立多元化项目评估机制及动态检测机制，确保共享课的质量。[①] 第五，推广与实施是课程建设的重要组成部分。因此，一方面，相关部门应加强课程建设经验交流，定期举办培训会议及研修班，开展校际合作，如西南大学通过校园网、校报等媒介，积极向师生宣传精品课程的建设成果，这些举措打破了部门与各课程之间的界限，为实现资源共享、推广做出了大胆而有益的探索与实践。[②] 另一方面，新媒体时代，媒介间的关联与整合已成为未来发展的主旋律，尤其是智能手机等新媒介的使用，使得学习者可以以直线的、跳跃式的方式随意浏览学习资源。Web2.0 时代，传受双方间的界限越来越模糊，与新媒介融合实现移动学习，将是共享课传播共享的主要趋势。

四　完善学习支持服务

以往精品课程没有统一的共享平台，缺失高效能的资源共享环境，资源的建设、应用和共享机制未完全形成，缺乏对课程建设与教学应用过程的有效管理监控和支持服务，较难统一管理。[③] 当下，共享课建设迫切需要关注资源的生成、设计、聚合、整合。统一的共享平台需要好的服务器，需要改善课程的教学条件、实现科学规范的管理，实现教学方法和教学手段的现代化。[④] 应对其建设过程进行动态监测，并在实践中不断完善。相关院校应组织专家对课程网站采取定期或不定期的检查（尤其对课程网站建设质量及资源更新频率的实时监测），并着重强调内容资源集约整合能力的重要性，强调内容资源的集成化建设、模块化建设，加强系统质量管理、过程管理、完善评估监督机制等，保障课程质量。[⑤] 通过提高课程质量、保证资源内容的有效性和实用性，并积极借助媒体宣传树立品牌效应，形成以品牌建设保障精品课程建设项目的可持续发展。

---

①　李敏：《创新扩散理论框架下的精品课程共建与共享》，《现代教育管理》2011 年第 8 期。

②　廖小明、姚元军：《高校精品课程资源共享的社会效应及其阻塞机制分析》，《西南农业大学学报》（社会科学版）2011 年第 5 期。

③　王斌：《开放型网络课程资源建设比较研究》，硕士学位论文，湖南师范大学，2007 年。

④　丁兴富等：《北京市精品课程网上资源运行情况专题调研及主要结论》，《中国大学教学》2006 年第 5 期。

⑤　蒋红：《上海开放大学服务学习型城市建设的功能及路径研究》，《开放教育研究》2012 年第 10 期。

共享课建设需要全方位的学习支持服务，学习支持是教学空间活动的延伸、媒体的扩展，包括资源服务和媒体技术支持，营造学习环境，提供海量资源库等，如对教育信息的独立存储、利用、加工和再现，以保证课堂教学环境的扩张、辐射。此外，学习支持服务还包括更深入的层面，内化到学习资源对学习者认识活动、学习心理活动的软技术支持，使学习更加多维、综合、高级，如为学习者提供辅导、答疑、讨论等功能，见图5-16。

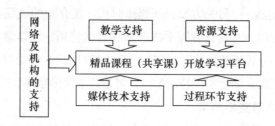

图5-16　精品课程（共享课）的学习支持服务

如华中师范大学赵呈领教授的国家级精品课程《信息技术与课程整合》[1] 提供了电子笔记本等学习支持工具，方便学习者对内容的分类、整理、记录和理解；同时课程还提供全国高等学校精品课程、湖北省高等学校精品课程、华中师范大学、华南师范大学、北京师范大学、华东师范大学、南京师范大学的精品课程资源相关链接，为广大学习者提供了丰富多样的学习支持。

五　营造虚拟课堂氛围

以往的精品课程由于精品意识不强，造成资源浪费和品牌损失，降低了广大学习者对优质资源的使用欲望与价值追求。因此，共享课建设必须把提高课程质量作为首要位置，必须深刻认识到质量对共享课建设及共享应用的重要意义。卡洛尔·汤姆林森（Carol Tomlinson，2005）认为，教师可以改变四个要素来满足学生的学习需求：内容、过程、产品和学习环境。内容是教给学生的知识及学生如何获得学习的材料。过程是学生为了掌握内容要参加的一系列活动。产品表明了学生学到的知识。学习环境是课堂运转的方式及营造的课堂气氛。多样性是课堂活动的调味剂，在编写

---

① 《信息技术与课程整合》，课程网址（http://jpkc.ccnu.edu.cn/gjj/2008/xxjsykczh/youqing.htm）。

教学目标时，应认识到认知目标多样化的重要性，调整设计以满足学生的不同需求。[①]

　　共享课的教学环境是指网络资源中呈现出来的课堂氛围，包括授课录像中教师的主讲风格、资源的互动讨论形式、在线答疑、交流、反馈、学习进程的监控和评价等。其中，主持教师的授课方式、授课技巧、对授课内容的组织和安排，采用的媒体形式、教学活动的设计等都称为课堂环境。因此，共享课应克服既往精品课程的不足和缺点，加强师生互动、反馈和交流，对教学内容和教学活动精心组织和安排，提供课程的全程教学录像，努力营造真实的课堂，使课堂原生态地搬到网络中，而不是部分教师的表演课。只有虚拟的课堂氛围和真实的课堂差距较小或优势更突出时，才足以引起学习者的学习兴趣，提高课程的传播共享效果。如华南师范大学徐福荫教授的《电视教材编导与制作》中"现代传播制作与虚拟演播室"，营造了虚拟的学习环境，可代替各种现代传媒设备，节省了昂贵的实验设备费；完全个别化的学习方式，可以满足不同学习条件的需要，有助于提高学习者的学习效率。[②]

第六节　以受众目的为关键

　　从精品课程传播共享角度看，发布信息的目的是希望信息能进一步扩散。信息的扩散，实际是信息在网络中不断复制与传播的过程，信息扩散通常是一个网状渗透型结构；信息发送的方式与方法：必须以学习者的接收能力与心理习惯为依据。信息本身的价值性越大，越是与接收者的价值判断和取向相吻合，就越可能得到认可和提升。传播者要做到信息设计的层次结构与所面向的多数接收者的一般认知心理与习惯尽量接近。信息间的关系是线性的，有先后顺序之分，受众的接收与阅读一般也是线性的，越是靠前的信息，通常被接收的可能性越大。精品课程的学习者广泛分布于不同高校，学习者的学习能力、学习时间、学习态度和信息素养都不一样。

　　共享课受众主要指网络资源的接收者或网络资源的使用者，已经脱离

---

① 霍尔特、凯斯尔卡：《教学样式：优化学生学习的策略》，沈书生等译，华东师范大学出版社2008年版。

② 《电视教材编导与制作》，课程网址（http://202.116.45.198/dsjc/wlkc/site/vlab/index.htm）。

了传播学中"受众"的概念，已由信息的被动接收者变为信息活动的主动参与者，传播者与受众的界限变得越来越模糊，传受双方的角色也趋向统一。受众使用共享课的主要目的是寻求信息，此时的使用者即受众，当网站为使用者提供了多种发布信息的途径，如在线论坛、微博时，使用者又变成了传播者。为了使共享课产生最大效益，信息的发送者应该对接收者进行一定的分析与预测，如接收者是否对发送的信息感兴趣，如何改善内容与发送方式等，即在信息组织上考虑学习者的认知机制。因此，受众的信息需求、受众的信息素养和信息行为影响其对共享课的采纳程度，影响共享课的传播共享效果。

一 受众特征分析

学习者在浏览网络信息过程中有着与自己经历和教育程度相应的固定行为。这种行为具有很强的潜意识作用，影响学习者对信息的选择，包括性别、爱好、教育程度等。学习者的阅读速度、阅读数量，可以决定一个页面中发布的信息数量。信息发布者的信息分类，如果与接收者的相一致，将影响接收者查找某个特定信息的成本。信息接收者如果有些特殊的兴趣点没有在首页或高层中得到满足，就会影响他对于整个网站信息的兴趣。发送者与接收者在信息价值判断方面如果有偏差，将直接导致接收者兴趣的衰减，以及对传播者信任度的降低。信息发送者要做到自己设计的层次结构与所面向的多数接收者的一般认知心理与习惯尽量接近。把握学习者特征有利于传播者构建网络信息资源，是精品课程（共享课）有效传播的基础。[①] 总的来说，学习者具有以下特征：

（一）个体性

网络技术使学习者作为一个个体存在有了意义，每个学习者的背景、知识结构、学习风格、经验不同。不同的学习者在认知、情感、态度和价值观等方面表现出差异，了解不同学习者的学习环境和背景可以帮助教师更好地进行教学设计，教师在对学习者的预期学习目标和教学方法进行设计时，了解学习者已有的知识基础和经验，对教学的有效性也具有积极意义。

（二）自主性

学习者是自由的传播者、自由的受众。网络的非线性传播方式给受众的"个人主义"倾向提供了广阔发展空间。网络环境下受众会根据环境

---

① 彭兰：《网络传播学》，高等教育出版社 2009 年版。

扮演不同角色，网络"匿名"使得受众的需求可能会发生一些偏离。学习者的需求与其性格、兴趣等个人属性相关，学习者可以根据自己的心理期待引导自己的浏览行为，根据自己的需求"拉出"信息，选择自己喜欢的信息，具有充分的自主性。

（三）参与性

精品课程（共享课）受众从多角度理解具体阅读情景，发散思维堆积，自主建构知识，突破线性结构，不仅仅是旁观者，还需要加入传播过程，借助聊天室、BBS 等手段，提出个人对信息的需求，可以对传播的内容提出看法，也可以将个人认为有价值的信息传到网上；可以对信息进行加工、控制，参与传播的途径，也可以修改信息、生成信息，成为信息的生产者和传播者。

（四）高能动性

精品课程（共享课）传播中，受众在信息生产方面应具有能动性，可以利用博客、个人网页、社区等多种方式发布他们创作的内容；在信息消费方面也应具有能动性，在获取信息的时间、方式、广度和深度方面具有自主权。受众表现为网络信息的互动，点击信息后的直接反馈，发表评论、在线交流等。受众的高能动性，使得参与信息传播的可能性增强，对信息传播各环节的作用越来越明显。

精品课程（共享课）旨在实现优质资源共享，促进学习者认知、情感、态度与价值观的全面、协调发展。在各项认知因素中，思维是核心、最高级的因素，人的创造力水平和思维品质密不可分，它决定着学习者的基本素质和基本能力。情感是个体在活动中对客观事物所持态度的体验，学习者的知识、经验、需要、兴趣不同会表现不同的体验。态度与价值观是个体依据客观事物满足其社会与个人的需要程度而对其做肯定或者否定评价的观念体系。因此，共享课建设应根据课程认知、情感、态度与价值观目标的要求，考虑学习者需求、行为特征、心理特征，结合学习者的信息素养进行合理规划和设计。

二　网络传播结构对受众的影响

网络传播结构指网络传播中各要素的关系构成与运动方式，即传播者、受众、传播内容、传播渠道、传播环境的相互作用方式。[①] 根据信息

---

① 彭兰：《网络传播学》，高等教育出版社 2009 年版。

生存周期的几个阶段，将网络传播结构分为：信息的发布结构、信息的扩散结构和信息的循环结构。信息的发布机构是信息传播结构的起点，是探明信息如何才能进入受众的接收区域，用何种方式来影响或干预受众的接收过程。信息扩散结构是揭示信息内容如何才能扩散，扩散的模式如何，信息扩散模式体现了信息中期传播的作用机制。信息的循环结构，通常考虑受众的目的与需求及利用搜索引擎技术能否找到所需要的内容等。

　　西蒙斯（Simens）认为，网络时代知识形成发生了根本变化，知识不是静止的，而是在个体、群体和组织之间不断流动循环。学习是沟通内部网络和外部网络的过程，学习者通过元认知主动反思网络的形态，并尝试改变网络外的生态，如图 5 – 17 所示。① 技术的连通性促进了信息在网络中的自由流动与相互渗透。实际上，精品课程（共享课）传播也是一种散布型网状结构，突破了人际传播一对一或一对多局限，在总体上是一种多对多的网状传播模式，具有人际传播的交互性、大众传播的扩散性双重特性；精品课程（共享课）传受之间的角色可以转换。

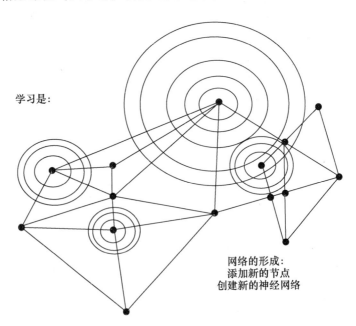

图 5 – 17　知识网络的形成和发展

① G. 西蒙斯：《网络时代的知识和学习——走向联通》，詹青龙译，华东师范大学出版社 2009 年版。

三 明确目标受众

精品课程传播共享在一个信息扩散的空间和范围内，受众具有不确定性。以往的精品课程由于目标受众不明确，使用效率不高、传播效果不理想。而共享课的服务主体（核心受众、目标受众）是高校师生及社会学习者，应对这些群体给予更多的关注，并适当调整课程内容和授课方式，以满足广大学习者的需求。目标受众确定后，再进行有针对性的政策宣传和推广，势必提高其传播效果。目标受众是指传播活动中特定媒介渠道或媒介内容的诉求对象，具有一般受众的意义；目标受众决定着传播渠道和传播活动形式和传播策略，同时又为传播内容提供方向和依据。正确识别和了解目标受众对传播效果至关重要，如受众的地理位置，他们如何获得信息，他们现有的观念、知识、需求、倾向以及行为如何等，对目标受众分类越细，越能获得更多的信息，并获得更好的传播效果。[1]

四 满足受众的诉求

以往精品课程一方面由于对技术的迷恋与崇拜，造成信息失控和无组织，未能考虑学习者之间的差异导致信息获取不准确，学习者的作用未完全发挥；最终造成精品课程网络学习环境构建上人的"异化"、"人的缺席"和"人的不在场"，即忽略了学习者的需求，忽略了学习者的情感体验和价值观，致使信息泛滥。[2] 另一方面教育部在精品课程建设上居于主导地位，被赋予过多话语权和控制权，各种信息经过层层筛选、过滤和把关，最终生产出符合评价标准的信息产品，受者无法直面原始、丰富的信息源，选择权较弱，受者的反馈受到了极大的限制。[3] 此外，使用者对信息需求的迫切性、强烈程度等制约着他对信息的反应和接受状况。研究应借助"使用与满足理论"，把使用者看作是有特定"需求"的个人。[4] 网络传播中，共享信息是传播者的出发点，也是传播的目的与归宿，传播不是单向的、线性的，而是相互的、互动的。

因此，应从学习者需求出发建设精品课程（共享课），关注学习者的行为活动和心理诉求，创建支持学习者思维和行动的学习环境；重视交互

① 受众，http://baike.baidu.com/view/188481.htm，2013-03-12。
② 龙恩保：《互联网络中信息传播新模式及其对现实社会的影响》，《经济与社会发展》2007年第3期。
③ 严三九：《网络传播概论》，化学工业出版社2012年版。
④ 安佳：《"使用与满足理论"在SNS网站的运用》，《新闻爱好者》2009年第12期。

性设计，考虑学习者已有文化水平、智力水平、接受能力、学习方式及身心发展规律，深入思考学习内容的组织方式、学习资源的特点；应通过个性化技术、搜索技术、聚合技术等对信息进行分类，利用博客、播客、视频等方式传送学习者需要的信息，使学习者成为信息传播的主体，实现传受双方彼此之间的联系和交流。本书在借鉴谢新洲提出的网络传播基本模式上，构建了"以受众需求满足为关键"的目的策略，见图5-18。

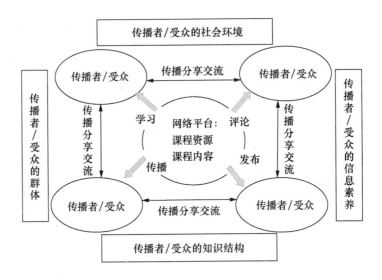

图5-18　"以受众需求满足为关键"的目的策略

图5-18显示，超链接的思想改变了网络信息结构方式，信息之间的联系不再是线性的、一元的，而是网状的、多元的。传受双方角色逐渐融为一体，两者之间的沟通是一种共同协作。受众并非在一个封闭空间里获取信息，而是处于一个社会化的环境中，受众之间会产生各种各样的联系，形成相互的影响，这意味着信息流或意见流流动的四通八达，也意味着一种高度的聚合性，它使分散的、隐藏的个人选择化为一种集体的选择。此外，传受双方的群体不同、知识结构不同、信息素养不同、所处环境不同对信息的传播交流也有着一定的影响。

第六章　案例研究：精品课程到精品资源共享课的转型升级

个案研究是以个人或由个人组成的团队为研究对象，在对研究对象了解和认识基础上，设计并尝试一些积极的教学方案和措施，以促进身心发展的一种研究方法。[①] 本书选取华东师范大学国家级网络教育精品课程《异常心理学》为研究分析个案，对课程进行转型升级，升级为共享课，验证精品课程传播共享的方案。

第一节　个案研究概况

一　个案的选取

根据"目的性抽样"原则，本书选择华东师范大学国家级网络教育精品课程《异常心理学》作为样本。样本的选择主要是基于以下原因：

第一，华东师范大学为985高校，无论地域、资源配备、师资队伍，在全国都处于领先位置，同时该课程的主持教师是著名心理学专家，教育部"明德优秀教师奖"获得者，华东师范大学"最受学生欢迎的教师"。第二，该课程属于通识类课程，课程内容和生活、工作、学习紧密相关，对不同的学习者都有实用价值，学习者的学习兴趣较高。第三，该课程体现了应用型人才培养目标，教学组织适合于成人业余学习和终身学习，遵从了网络教育规律，强调教学过程组织和支持服务功能，以促进学习者学习行为的自主化。

总之，从所属院校、制作团队及主持教师看，该课程能够发挥"意见领袖"的作用；同时课程服务对象是各层次学习者，课程内容更加全

---

① 陈向明：《质的研究方法与社会科学研究》，教育科学出版社2004年版。

面、表现手法更加多样，更加强调远程学习、终身学习的重要性，迎合了当下"精品开放课程"以普及共享优质课程资源为目的、服务学习者自主学习的网络传播理念。因此，该样本选取具有一定的代表性和典型性。

二　个案研究内容

个案研究内容包括课程的使用情况、使用效果、存在的问题，课程升级改造为共享课的可改进之处。如何将精品课程传播共享的策略方案应用到课程升级改造中，体现在课程内容的设计与组织上，涉及教学内容的组织、页面设计、导航方式、教学活动的设计、案例资源的扩充、互动的增强、评价方式的转变。

三　个案研究目的

在前文研究提出的精品课程传播共享策略的基础上，结合华东师范大学国家级网络教育精品课程《异常心理学》的开设情况，在课程升级改造过程中，将理论知识与方法应用到具体的、实践性的学习环境中，并通过实践验证本书中提出的精品课程传播共享策略方案。

四　个案特色

《异常心理学》课程于 2010 年被评为国家级网络教育精品课程。依据 2009 年评审指标，该课程在教学理念与课程设计、教师队伍、教学内容与学习资源、教学活动组织与实施、学习支持服务和教学效果方面具有一些特色。课程按章节内容划分为五大模块，模块之间具有相对独立性，课程结合案例研究，注重理论知识的传授和操作技能的训练，学习者可以根据自身情况选择不同的学习内容；该课程也是华东师范大学心理学专业的专业课程和第二专业的辅修课程，在校外也有一定的受众群。

《异常心理学》课程在教学活动的组织和安排上，每章提供了热身活动，设计了通用的学习流程，学习者可以随时进入每一步骤学习，也可以是多入口学习、多方式参与学习、多角色体验学习。在内容丰富程度上，课程关注社会热点，并在每章后都附加了一定的拓展资料和案例分析，信息量较大；在学习过程管理上，提供了"学习周历"和"学习进度"查询功能；在学习效果评价上，采用校外专家评价、学生评价和自我评价相结合的评价方式，将学习参与度与平时作业、期末考试结合起来考察。见图 6－1。

图6-1 精品课程《异常心理学》的教学活动

第二节 个案升级改造的前测分析

《异常心理学》课程被评为国家精品课程后，使用效果如何；升级改造为共享课需要在哪些方面做出调整和改进。为此，本书采用了定量和定性研究相结合的方法，定量研究通过问卷调研，定性研究通过学生访谈。问卷调研借助网络问卷展开，调研的对象是正在学习《异常心理学》课程的网络学院大三年级学生；调研回收有效学生卷36份，其中，女生卷26份，男生卷10份。访谈通过电话进行，共访谈了4位同学，其中男女生各2名。

一 定量研究分析

（一）课程的使用频率

图6-2显示，经常使用《异常心理学》课程的学生占33.33%，偶尔使用的学生占66.67%，课程的使用频率不高。

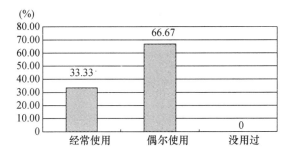

图6-2 《异常心理学》课程使用频率

（二）课程存在问题

《异常心理学》课程存在着结构不清晰，不能顺利找到所需资源，课程的视频不够清晰；老师讲解过于理论化；与老师、同学的交互活动少；课程的教学评价不合理等问题。图 6-3 显示，交互活动少及教师讲课过于理论化是较突出的问题。

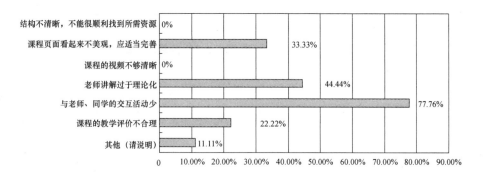

图 6-3　《异常心理学》课程存在的问题

（三）课程的教学内容组织方式发生变化，是否喜欢呢

在教学内容的组织上，将打破教材的章节结构重新组织学习内容，主要采用教学活动（如案例分析、情境再现、主题探究、问题解决）的形式进行教学内容设计、组织和呈现，对于这些变化，学生是否喜欢呢？

图 6-4 显示，学生喜欢根据教学内容选择恰当的资源组织形式，通过设置教学情境、教学活动激发学生学习的热情。

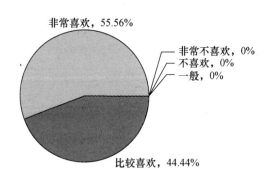

图 6-4　对于课程内容呈现方式变化的认可度

（四）学生喜欢的资源媒体呈现形式是什么

调研可知，学生最喜欢的课程资源呈现形式依次是文本、图像、视频、在线讨论和音频，部分同学希望提供案例分析和拓展资料。

（五）对反馈和互动的需求

图6-5显示，在作业及在线讨论活动中，学生都希望得到教师的及时反馈和提醒。

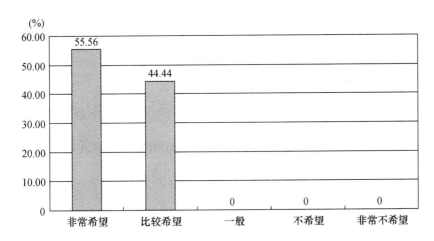

图6-5　是否希望得到教师的及时反馈和提醒

（六）是否需要完善作业提交、学程监控、课程评价模块

图6-6显示，77.78%的同学认为，课程在提交作业、学程监控、课程评价等方面需要完善。

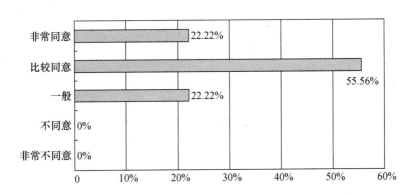

图6-6　是否需要完善作业提交、学程监控、课程评价模块

（七）课程导航栏目的重要性

课程包含导入（学习指导）、电子讲义、教师讲堂、案例分析、拓展资料、情境体验、习题等主导航栏目，这些栏目的重要性如何、是否都有存在的必要？图 6-7 显示，33.3% 的学生认为"导入（学习指导）"比较重要，66.6% 的学生认为"电子讲义、教师讲堂及习题"是重要的导航栏目，77.8% 的学生认为"案例分析、拓展资料和情境体验"非常重要；其中，"教师讲堂、案例分析、电子讲义、拓展资料、情境体验"是学生认为必不可少的导航栏目。

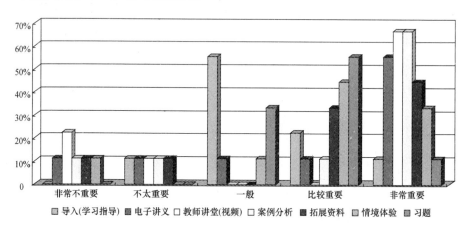

图 6-7　导航栏目的重要性

二　定性研究分析

（一）《异常心理学》课程需要在哪些方面加强，还需要添加哪些信息

该课程应增加活动的设计，尤其是针对具体内容设计的教学活动；应增加案例资料，尤其是案例讲解、点评，做到理论与实际相结合；应将视频资源和教材对应起来，方便学习者的自学；应添加和课程内容相关的热点资源，及时更新课程信息。

（二）《异常心理学》课程存在哪些问题，如何改进和完善

访谈获知，课程的理论内容太多，教师"照本宣科"明显，应添加实用性强的内容，丰富课程内容。如案例、讲座和视频资源，界面友好度、资源的组织与呈现方式，PPT 质量，还应加强师生的互动，增加在线测试，将 QQ 软件嵌套到论坛中，开展基于课程内容的讨论；增加案例讲

授与分析，提供讲义资料，方便学习者同步或异步学习；增加专业人员的咨询，增加师生的面授机会。

三 结论与思考

调研获知，《异常心理学》课程部分内容设计缺乏深度思考，是文字教材的电子化；互动交流人性化设计不够，参与问题探讨的学习者不多，讨论氛围不够浓，课程使用频率不高。学习者希望课程内容在呈现上微型化、高质量、可以拆分和重组，可以下载到智能手机、平板电脑等移动媒体上，方便学习者移动学习、随时随地学习。对此，进一步梳理如下：

（1）提供清晰的导航图示：保证学习者能顺利地找到所需资源，不至于迷航；

（2）丰富资源：增加案例分析、拓展资源、提供微型化的视频资源；

（3）加强互动：增强师生互动，完善课程的评价、学程监控功能；

（4）设计教学活动：根据教学内容及知识点设计教学活动；

（5）调整资源的组织结构：资源呈现的模块化、单元化、活动化和微观化；

（6）重组和共享：注重资源和知识点的移植性、再生性及可扩展性，提供资源承载的平台；

（7）以学习者为中心：提高视频资源及 PPT 的质量，保证授课内容与教材的匹配。

本书提炼主要改造思想为优化课程结构、完善课程设计、建立统一的技术标准。

第三节 个案升级改造的设计规范

从因子分析获知，课程资源是影响精品课程传播共享的决定因素，为此课程改造主要体现在课程整体设计理念、资源呈现方式、教学活动设计、课程维护几个方面上，重点围绕课程的结构改造、视频改造、平台改造进行。

一 设计结构：课程—学习单元—知识原子

共享课主要由课程/课程模块、学习单元和知识点三层组成。知识原子处于知识体系的最下层，是通过技术表征的某一知识点或技能，知识点可以采用学习活动的方式组织；学习单元是指包括内容、活动、练习、交互及教法和学法在内的自封装的一个小粒度的学习单位；具有学习、活动、测试评价等教学属性；一个学习单元中至少需包含一个知识原子，一门课程或一个课程模块中至少应包含一个学习单元。课程可以直接由学习单元组成，也可以通过不同层次的课程模块将学习单元聚合而成。①

以往的精品课程基本上由媒体素材和课程模块组成，缺少知识原子和学习单元：教师只能起参考作用；学习者只能被动接受教师组织好的静态资源，而不能修改、评注其中的内容，限制了学习者学习的积极性和自由度，致使课程的重用、共建共享效果不理想。本书提出了共享课课程结构的设计思路，媒体素材、知识原子、学习单元和课程模块的关系及应用状况，如图6-8所示。

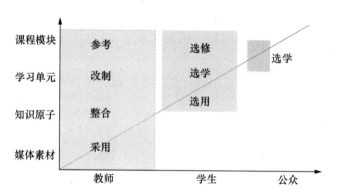

图6-8　共享课课程模块、学习单元和知识原子的关系及作用域

二　设计理念：基于教学样式的设计

《异常心理学》课程隶属理论导学型设计样式，该样式注重学科内容固有知识体系和逻辑结构，以学科内容为中心，通过教师的知识讲解，并辅以一定实践活动和练习测试，以帮助学习者达到一定的学习目标。该课程是按照"课程—章—节"分成三层，每一章的学习环节分成"准备"、"研习"、"活动"和"后测"四部分，在课程界面左侧设置了一个总体导航区，如图6-9所示。

---

① 祝智庭、刘名卓：《精品资源共享课研发方案》，2011年10月。

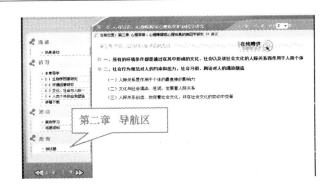

图6-9　《异常心理学》课程结构

共享课应采用合理的技术平台，在追求个性化程度上要适度，不应让学习者寻找自己所需要的栏目和内容；要做到网站使用方便、访问快捷，将尽量多的栏目设置成一级栏目，放在首页，以减少单击次数；应结合学科特点，对栏目进行增减。为此，梳理出"理论导学型"共享课信息结构，如图6-10所示。

		课程首页	教师队伍	课程导学	课程介绍	课程学习	特色资源	作业测试	互动交流	学习评价
共享课程的组织结构	章/模块的组织结构		本章/导学模块							
			本章/概述模块		学习目标		重点、难点		关键词	
		学习单元的组织结构	学习指导（单元学习目标、重点难点、关键词……）							
			问题引入（问题式导入、案例导入、学前测试……）							
			教师讲堂（内容解析、课程学习）							
			电子讲义（主要学习内容）							
			案例讨论（案例评析、互动交流……）							
			拓展资源（与知识点相关的内容）							
			自测习题（练习、作业……）							
			本章/作业模块							
			案例库	习题库	拓展资源	主题讨论	常见问答	作业	……	
			本章/学习支持模块							
			答疑	搜索	书签	笔记	……			
			课程用户	版本信息	运行环境	其他	……			

图6-10　理论导学型共享课信息架构

《异常心理学》课程总的模块设计（一级栏目）为：课程首页、教师队伍、课程导学、课程介绍、课程学习、特色资源、作业测试、互动交流与学习评价；导学模块主要是呈现本章学习目标、重点难点和关键词；学习单元采用了"学习指导"、"问题引入"、"教师讲堂"、"电子讲义"、"案例讨论"、"拓展资源"、"自测习题"等5—7个环节，这一层结构是可选的，课程也可以直接由学习单元组成，学习单元主要向学习者展示课程的内容和相关资源。

作业模块提供章节的测试题。学习支持模块利用平台提供的工具来支持教和学，如利用论坛工具搭建学习论坛，供学习者、教师交流，方便教师及时了解学习者的学习状况；学习支持模块可以根据课程内容取舍。其中课程用户包括教师用户和学生用户两大类。教师用户是教师对课程进行管理，包括上传课程内容、组织教学活动、管理学生用户，管理员也可以参与进来，对整个学习系统进行管理；学生用户能浏览课程内容，参与讨论和调查、在线考试。

这种模块化的课程结构设计方式结构简单、清晰明了，导航便捷，便于学习者学习；尤其是学习指导中的"学习建议"采用可视化的流程图式导航，层次清晰，栏目固定，便于学习者完整、全面地了解课程资源体系，如图6-11所示。

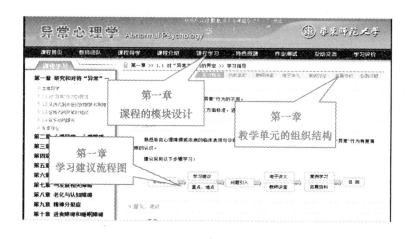

图6-11 《异常心理学》共享课的信息架构

这种结构方式在某种程度上弱化了课程申报网页化（将申报表内容变成网页、网站重复堆砌）、教学形式化（为申报设置不能用的互动教学模块）、资源网页化（将大量的 Word 和 PPT 转化为网页，弱化了课程共享与资源更新的程度）、文件堆砌化（将资源体系清晰地呈现出来）、网站文字化（访问一个基于 HIML 网页的网站无异于阅读一个文字化的申报表）、栏目个性化（无异于学习者查找学习内容）等缺陷。

三　设计原则：多维化

应根据教学大纲的要求，科学、合理地组织教学内容。本书在课程改造中的原则是：

（1）课程内容模块化。课程内容以教学单元和知识点为依据划分为相应模块，模块之间具有相对独立性。

（2）教学单元完整化。一个教学单元包括学习指导、热身活动、教师讲堂、电子讲义、案例讨论、拓展资料、自测习题等环节。

（3）关键知识多元化。重要内容提供了多种形式和多层次的知识单元体系结构。如视频资源、电子讲义、案例资源与拓展资源等多种形式。

（4）内容表现多样化。根据具体内容要求采用文本、声音、图像、动画等多种媒体表现形式。

（5）导航设计清晰化。主菜单清晰，标题有意义，保证学习者在任何位置都能回到课程首页，从课程开始不超过三次点击就可到达所需要位置。

（6）组织结构开放化。组织结构开放、可扩充，以便于课程内容的更新，课程应为动态层次结构，要建立知识点间的关联，确保用户在学习或教学过程中根据需要跳转。

我们在课程改造中运用启发性策略，如同在课程中设计了一个无形、虚拟的教师，不断引导学习者探究知识、掌握知识，促进学习者独立自主地学习。如"热身活动"中利用情景动画或漫画的形式创设问题情境，激发学习者的学习兴趣；又如"案例讨论"和"拓展资料"等各种学习活动，让学习者有机会思考或表达自我意见，给学习者提供开放性问题的讨论交流机会，为学习者提供了思考及探索的空间，如图 6-12 所示。

四　设计策略：实用化

（1）多媒体呈现。可以增加教学内容的真实性、科学性和趣味性，激发学习者学习的积极性。

（2）超文本组织。非线性结构符合人的认知规律，可以实现信息的灵活获取，有利于学习者进行联想思维。

（3）系统性指导。应在章节学习指导中给出学习建议、学习策略及学习目标，以便学习者高效完成任务。

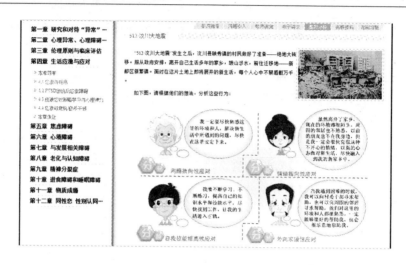

图 6 – 12 《异常心理学》共享课教学资源

（4）内容整合性。知识内容的组织应由简单到复杂，便于学习者渐进学习。各内容之间应具有关联性，帮助学习者获得系统观点。①

以"化学物质成瘾障碍概述"热身活动为例，综合采用文字、图片、动画、字体变化等多种媒体表现形式，如图 6 – 13 所示。

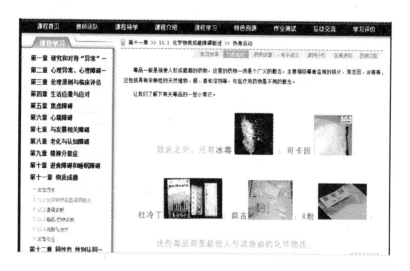

图 6 – 13 《异常心理学》共享课教学资源

① 张一春：《网络精品课程设计》，南京师范大学出版社 2008 年版。

网页是网络传播的主要呈现形式，它直接关系到传播效果是否有效。页面在屏幕上的表现、色彩搭配、网页栏目名称等决定资源能否被用户较好地吸收[①]；应对网页文件大小、图片数量和质量、导航、音频、视频、动画进行精心的设计。

第四节　个案升级改造的设计与实现

精品课程的传播共享由其内容传播速度和质量决定。精品课程不是课堂教学的复制，资源呈现、内容选择、媒体表现应符合学习者特点、关注学习者的需求，应对教学内容、教学环节、知识结构、视频资源及互动教学资源等内容进行科学、合理的设计，以提高传播的有效性。本书将精品课程资源设计与实现的核心要素确定为教学设计、教学资源、学习活动、学习支持、教学评价等。

一　系统化的教学设计

教学设计涉及教学内容、学习导航、学习支持、互动交流、教学环境、评价系统设计。

（1）教学内容系统。包括课程简介、教学大纲、课程安排、教学课件、重点难点，这在课程介绍和课程学习模块中得以体现，课程在每章导学及每节学习指导中对学习目标、学习建议、重点难点都做了详细描述，如图 6-14 所示。

（2）学习导航系统。包括内容检索、路径指引等。课程在改造过程中，导航按钮清晰、直观，便于学习者快速了解其含义，不会产生迷惑感。

（3）学习支持系统。如电子笔记本、书签等学习工具，辅助完成学习任务。

（4）互动交流系统。如讨论版、答疑，用于加强师生间、生生间的人际交流、促进人际传播。

（5）开放的教学环境系统。包括相关内容、参考文献、网址等。

（6）评价系统。包括学生自测、问题研讨、作业评价等。[②]

---

① 严三九：《网络传播概论》，化学工业出版社 2012 年版。

② 张一春：《网络精品课程设计》，南京师范大学出版社 2008 年版。

图6-14 《异常心理学》共享课教学内容系统

二 模块化、单元化、微型化的教学资源

(一)模块化、单元化的非视频资源设计

根据共享课设计规范和理念，结合实证数据、个案特点及学习者需求，本书提出"课程—课程模块—教学单元—知识点"的课程设计方案，即从宏观、中观和微观的角度进行资源的组织，每个教学单元、知识点或学习活动之间既相互独立又相互关联，便于拆分、重组和共享，共同组成了课程整体的教学内容。共享课的课程内容应具有松散耦合的结构，见图6-15。

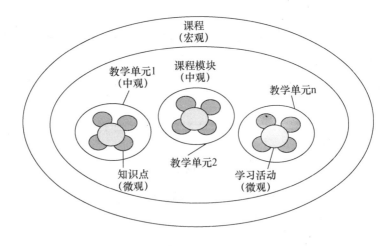

图6-15 《异常心理学》共享课设计愿景

根据知识传递顺序和组织方式，可将共享课资源分为结构化资源和非结构化资源两类。结构化资源指经过设计按照一定结构组织起来的学习材料、练习和测试题。非结构化资源包括同步或异步交流、外部链接。非结构化资源具有结构不稳定、内容动态变化的特点，采用非线性的知识传递方式。① 共享课的学习模块可以采用结构化资源的设计模式，而互动交流或学习活动可以采用非结构化的资源，并根据教学内容将两者结合起来。

改造后的课程提供了基础资源和拓展资源，对学习者充分开放。其中基础资源包括课程介绍、教学大纲、教学日历、教学录像、教学案例、自测习题、文献资源、常见问题、媒体素材；每一章节都提供了拓展资源，包括与知识点相关的视频、文本、案例分析、相关网站、报刊资料、博文、博客、电子图书等。这些资源采用良好的结构方式，导航清晰，有着合理的"颗粒度"与涵盖面。此外，还提供了经典案例、教师讲堂、直播回放等拓展资源。拓展资源有助于学习者对所学内容进行深度思考和探究，并为学习者构建有效的数字化学习环境。在资源的媒体表现上，以文本为主，但热身活动、学习活动等以图片展示、视频为主，如图 6 - 16 所示。

图 6 - 16 《异常心理学》共享课教学内容组织与安排

（二）微型化的视频资源的设计与呈现

改造前视频资源以章节为主，持续时间较长，教师讲授内容和 PPT 内容不匹配，部分内容讲解过于理论化。改造中将视频做成微型课，一个知识点做一节视频，并将视频和 PPT 教学内容完全吻合。其间笔者对所有视频资源进行了审查，重点审核视频质量、声画同步性、持续时间，动画的呈现方式；在 PPT 和视频的同步性方面，利用演播室摄录一体化设

---

① 武法提：《网络课程的设计与开发》，高等教育出版社 2007 年版。

备，后期利用 Sony Vegas 软件进行编辑；改造中尽量保证视频资源的制作规范，删除了喝水、低头看表等镜头，以保证高质量的视频。

改造中将视频播放窗口设置为弹出窗口，可以脱离网页独立播放，播放中可控制播放进度，如图6－17所示。改造后的视频资源可以轻松地下载到智能手机、ipad等移动媒体中，方便学习者的移动学习，满足网络学习者碎片化学习时间的安排，有助于提高课程的使用效率。

图6－17 《异常心理学》共享课视频资源设计窗口

三 情境化、问题化、案例化的学习活动

（一）学习活动的内涵及分类

学习活动是指课程实施时师生之间和学习者相互之间进行的人机答疑、评价或讨论等操作的总和。这里的学习活动是指师生间的交互活动。一般来说，从教学策略的角度划分，学习活动可分为讲授型、自学型、体验型、案例型、情景模拟型、问题解决型等类型；按照学习发生的进程看，学习活动包括学习发生前的导学活动、学习进行过程中的辅导活动和学习结束后的评价活动。① 从设计方式上分有两种：围绕学习资源组织学习活动和围绕学习活动进行学习资源的优化整合。这里是指围绕学习资源组织学习活动（以学习资源为中心），以多媒体学习资源为主体，通过学习活动促进学习者对学习资源的探究和学习。②

1. 导学活动

导学是"导"和"学"的组合。"导"的主体是教师，"学"的主体是学生。教师是教学活动的组织者，在教学中应侧重教学过程的组织，对学生学习的建议及学习重点难点和思路方法，并给予学生指导，从而提高学

---

① 武法提：《网络课程的设计与开发》，高等教育出版社2007年版。
② 黄荣怀等：《网络课程开发指南》，高等教育出版社2010年版。

生的自学能力。导学强调教师对学生的学习活动、学习过程和学习方法的指导。一般可采用网上学习指导、播放课程引导短片、开课首次见面会和学习风格调查问卷等方式。其中教学引导短片是在每个教学单元开始之前，通过一段视频或者一个简单的 Flash 动画，介绍单元重点和难点的导学方式。

2. 辅导活动

网络教学必须设计教师的辅导活动来帮助学习者有效开展网络学习。辅导活动通常是讨论和答疑两类教学活动。讨论按照时间可以分为同步讨论和异步讨论，同步讨论通常在聊天室内进行，教师就某个话题组织学生进行讨论；异步讨论通过 BBS 论坛实现，由教师抛出讨论主题，同学们跟帖发言，体现为阅读、观察、欣赏、写作、演算、制作、讨论、辩论、表演、角色扮演等。教学活动结束后，教师应展开对此活动的评价。

学习活动的最终表现是学习任务及完成学习任务的行为过程。学习活动设计中，任务设计最关键，因为任务与学习目标有着最直接的内在联系。[①] 通过规定学习者要完成的任务目标、成果形式、活动内容、活动策略和指导学生完成任务方法来引导学习者内部认知加工和思维，从而达到发展学习者心理机能的目的，即应考虑以下几个要素：活动主题、活动说明（引导语、活动的目的、活动的安排或学习建议）、活动展开方式、活动成果、活动资源（包括在线资源和非在线资源）、活动的自我核查（辅助学生反思的问题）。

《异常心理学》课程学习中师生分离，教学以学习者自学为主，学习者容易产生孤独感、疲倦感和学习动力不足的情绪，需要教师组织网上学习活动，建立起有效的交流和沟通的渠道。调研获知学习者对学习活动的呼声较高。为此，本书结合课程内容设计了课程讨论、头脑风暴、测试练习、模拟试题、在线作业等学习活动。下面以笔者设计的案例型学习活动《文森特·梵高》为例进行分析。

（二）《文森特·梵高》教学活动的设计

该案例主要包括情境创设、案例研习、成果展示和学习评价等活动，并根据内容选择合适的媒体表现形式，根据问题展开答疑讨论。由于信息较丰富，采用了"查看"折叠式窗口来完成（点击显现，再次点击返回

---

① 杨开城：《以学习活动为中心的教学设计理论——教学设计理论的新探》，电子工业出版社 2005 年版。

上层），如图 6 - 18 所示。

图 6 - 18　《文森特·梵高》教学活动设计

1. 情境创设——认识梵高（文字 + 图片 + 视频）

活动说明：个人活动，在进入本案例学习之前，先认识梵高。首先，给出梵高的人物简介；其次，给出梵高作画的艺术特色；再次，观看梵高生平的视频；最后，观看有关梵高的文字资料。这种按照教学活动的流程组织教学内容的方式，有助于激发学习者的学习兴趣和求知欲，激发学习者进一步学习的欲望。具体呈现形式如下。

第一步：给出梵高自画像，尤其是割掉耳朵的自画像，如图 6 - 19 所示。

图 6 - 19　《文森特·梵高》情境创设第一步

第二步：给出梵高的作品。以图片展示为主，如图 6 – 20 所示。

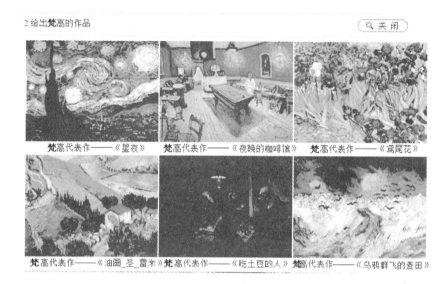

图 6 – 20 《文森特·梵高》情境创设第二步

第三步：给出视频资料，提供一段《想念梵高》的视频，如图 6 – 21 所示。

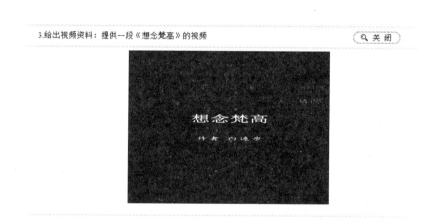

图 6 – 21 《文森特·梵高》情境创设第三步

第四步：给出文字材料：阅读关于梵高行为的材料。

通过情境创设，我们对文森特·梵高有了较多的了解，也对其行为有了进一步的判断，便于后续知识的学习和领悟。

2. 学习任务（案例研习）

任何活动的任务都会转化为一系列微观学习活动任务的组合。学习任务是学习目标的具体化，对学习步骤有引领作用。学习步骤是对每个学习任务具体实施过程的描述，将学习任务中具体操作的顺序及内容描述出来。学习任务的类型包括自学自测（介绍、必读材料、选读材料、问题、讨论、在线测试）、视频讲解、讨论交流、案例分析与讨论、头脑风暴、学前和学后反思等。具体通过以下五步实现：

第一步：回忆并思考。回忆前面学习的文森特·梵高资料。思考文森特·梵高的行为。

第二步：听讲（视频或音频）。听教师讲解文森特·梵高。思考文森特·梵高为何割掉耳朵。

第三步：收集信息（图片、文本、音频、视频）。（1）收集文森特·梵高的作品。（2）收集异常行为的社会文化鉴别标准、统计学标准以及功能鉴别标准的相关资料。（3）收集其他行为异常的案例资料。该活动属于个人活动。

第四步：拓展资源（文本）。快速阅读提供的相关资料，整体感知文森特·梵高的代表作品、感情生活、家庭背景、自杀原因等，如图 6 - 22 所示。

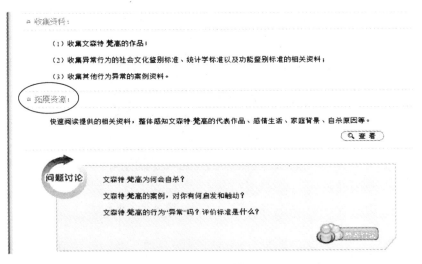

图 6 - 22 《文森特·梵高》案例研习设计

第五步：问题讨论（论坛）。 （1）文森特·梵高为何会自杀？（2）文森特·梵高的案例对你有何启发和触动？（3）文森特·梵高的行为"异常"吗？评价标准是什么？

小组活动（班级活动）：通过论坛讨论，链接进行后台"在线答疑"模块，参与课程内容讨论，如图6-23所示。这种方式增强师生之间的互动，学习者不仅可以实时解答疑难问题，还能分享教师为其他学习者解答的问题，还可以由教师抛出讨论主题，学习者发言等，极大地发挥了学习者学习的积极性，调动了学习者主动追求新知的兴趣，有助于实现协作式学习和探究式学习。

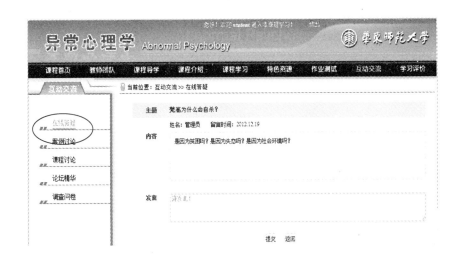

图6-23 《文森特·梵高》在线讨论设计

3. 成果展示

（1）将学生收集的梵高作品以图片形式展现。

（2）将对文森特·梵高自杀的原因归类，提炼几个主要观点。

（3）提供"异常"行为评价标准的资料。

班级活动：成果展示采用折叠窗口呈现，如图6-24所示。

4. 学习评价

根据活动的目标、任务和过程设计适当的学习评价方式。注意将外部评价与自我反思评价相结合，突出自我反思评价；个人评价与小组评价相

图 6 – 24　《文森特·梵高》成果展示设计

结合，突出小组评价；结果评价与过程评价相结合，突出过程评价。该学习活动体现为教师评价和学生评价的个人活动，如图 6 – 25 所示。

图 6 – 25　《文森特·梵高》学习评价设计

综上所述，《文森特·梵高》案例，围绕"问题情境"展开学习资源、教学策略、学习支持、学习评价等教学活动的设计。该过程让学生阅读、观看、收集资料，有助于激发学习者学习兴趣，培养主动探究意识及独立分析问题、解决问题的能力。该活动的设计对于学生知识与技能、过程与方法、情感态度与价值观的养成具有重要的引导作用。

四　人性化的学习支持

武法提认为，网络教学的学习支持系统包括学习过程跟踪和记录系统、学习反馈系统、学习导航系统和学习工具系统等。学习过程跟踪与记录系统是基于电子档案袋技术，记录学习者的基本信息、学习目标和学习过程，收集学生的电子作品。学习反馈系统是通过监控学习过程，根据教学决策主动为学习者提供帮助、建议、提示和演示。学习工具是学习过程中帮助学习者收集、查找、处理、存储、发布信息和思考的工具，这些工具可以直接从网络学习支持平台中调用。[①] 学习导航不仅要让学习者明白自己的位置，更让学习者明白需要学习哪些内容。[②] 利用数据库管理技术和双向交互功能，改造后的课程在学习工具、交流互动、学程跟踪等方面得以增强和完善。

（一）学习工具系统

课程学习平台在每个学习界面中，为学习者提供了四个学习工具，以方便学习者学习过程的思考记录，包括学习笔记、检索系统、电子书签和答疑工具。

笔记：可以第一时间把问题、心得、感受写下来，有助于记录学习过程中遇到的重难点，逐渐形成电子笔记，促进学习者养成在线学习"反思"的习惯。

检索：为了更好地学习，课程提供了大量的资源，检索系统有助于学习者快速地找到所需相关资源。

书签：可以在退出学习前插入书签，帮助学习者记录当前的学习位置和时间，有助于学习者随时标识和查找学习节点，方便下次学习，是学习过程的简单记录。

搜索：有助于对本课程的学习内容和知识库（词汇库、试题库等）进行检索，提高学习效度，如图6-26所示。

---

① 武法提：《目标导向的网络课程设计》，中国广播电视大学出版社2009年版。

② 杨开城：《以学习活动为中心的教学设计理论——教学设计理论的新探》，电子工业出版社2005年版。

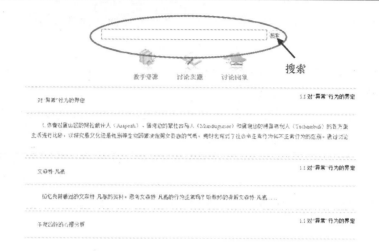

图 6 - 26　《异常心理学》的搜索工具

（二）互动交流系统

改造前的课程缺乏学习者之间、学习者与教师之间的即时交流和互动，影响学习效率和效果。改造中增强了课程互动交流模块的功能，并在改造后通过可用性测试软件 Morae 对课程互动交流模块进行测试，以期更加符合学习者学习的需求。学习者在学习过程中可以点击"互动交流"模块中的"在线答疑"，向助教提出问题，也可以点击"案例讨论"进入论坛，围绕某个内容进行讨论，或点击"课程讨论"展开互动交流，如图 6 – 27 所示。

图 6 - 27　《异常心理学》课程答疑系统

改造后的课程交互功能大大增强，通过主题讨论、BBS、电子邮件等多种沟通渠道，使师生之间、生生之间、学生和教学管理人员之间、学生和学习支持服务人员之间建立了相互了解、相互信任的关系。生生之间可以在网络中聊各种话题，组织各种活动，建立协作伙伴关系，同时还可以获得他人关于某些疑问的回答和意见。通过提问、留言、讨论、回帖等形式，提高了学习者的学习积极性和热情，弥补了网络教育学习氛围不浓的缺陷。

（三）学习过程跟踪和记录系统

课程提供了科学的学习过程管理，并通过电子学档完成。电子学档是对学生成长及学习过程的一种跟踪，强调学习者对学习的自我评价、自我反思和自我管理。电子学档有助于远程学习者清楚掌握学习进度和学习情况，从而适时地调整学习计划，促进反思性学习。在学习者学习过程中，网站会自动记录学习者登录的次数，学习的时长，以帮助学习者更好地学习，如图 6-28 所示。此外，课程设置了便于学习者参与的学习活动，以保证学习者在学习过程的每一环节都有参与的机会和相应的评测与反馈，使得学习者的学习处于监管状态，增强对学习者学习过程的监管和指引。

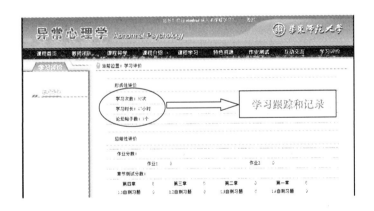

图 6-28　《异常心理学》课程的学习过程跟踪和记录系统

（四）学习导航的设计

学习导航是一种帮助学习者顺利掌握学习材料各节点的技术，其目的是提高信息通达的便捷性，并对学习者学习过程进行有效引导，防止迷航和超载。良好的页面设计是激发学习者学习兴趣的重要因素，可减轻学习者的认知负荷，突出课程主体内容，提高艺术感染力。在改造过程中，课程采用了学习路径和内隐链接导航，如导航条、学习路径导航图、显示当前位置、主页的链接等；教学内容设计了主要导航线，并对非主干线上次要节点的链接进行了限制，以降低迷航的可能性和导航系统的复杂程度，以便帮助学习者更快、更好地学习；从页面布局看，仍沿用了三分屏界面，在改造中遵从以下原则：

（1）一致性：统一的绿色系界面，规范的界面元素，相同的信息表现方式，如字体、颜色等。

（2）清晰性：界面结构简洁、导航清晰，不复杂，这在每一节的学习指导中体现得较明显。

（3）艺术性：符合美学规律和原则。

（4）反馈性：及时提供对话框、错误等提示信息，这体现在每章节的热身活动中。

（5）安全性：要有一定的容错保障，对可能的错误提出建议或警告。

这些原则的具体体现如图6-29所示。

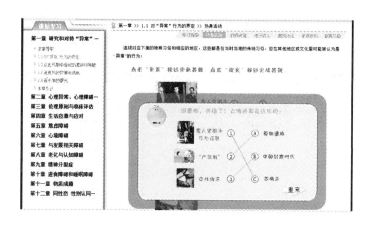

图6-29 《异常心理学》共享课的页面

改造后的课程页面整体风格统一，文字精练准确，构图合理、美观、画面清晰，色调悦目、色彩搭配和谐，页面信息量适度，符合学习者的认知习惯，如图6-30所示。

五 多维化的教学评价

（一）教学评价含义

教学评价指在网络环境中，依据一定的教学目标、借助网络技术与工

图6-30　《异常心理学》共享课的页面

具，采用相应的评价方法，对网络教学过程及其结果进行测量，并作出价值性判断。通常情况下的评价指对学生学习、教师教学及教学资源支持服务系统的评价。①

（二）教学评价特点

教学评价，首先，强调评价对象的广泛性，不仅涉及学生、教师、教学内容与媒体评价，还涉及学习支持和服务系统的综合评价；不仅涉及学习效果的评价，还应涉及学习者对知识的应用能力、探究能力、信息处理能力、自我意识培养。其次，强调评价主体的多元性，不仅是教师的评价，还包括学生、专家的评价，应提供多元的评价方法，对学习者活动参与的多个维度做出综合评价。再次，强调评价过程的动态性，即评价必须贯穿学习的全过程。最后，强调评价结果的效益性，即及时反馈评价的结果，提高评价的效益。

（三）教学评价内容

教学评价涉及学生、教师、教学资源和学习支持服务系统。在对学习者进行评价时，不仅关注对学习者学习结果的评价，更注重对学习者学习过程的评价。学习过程评价包括对学习者参与活动情况的评价，如交互程度、答疑情况及解决问题的能力；还包括对学习者资源利用状况的评价，如在线学习时间、讨论区的发言情况、对主题的理解；还包括对学习者态

---

① 谢幼如、尹睿：《网络教学设计与评价》，北京师范大学出版集团2010年版。

度的评价。学习结果的评价是教学后学生达到教学目标的程度、完成任务的情况及信息素养的提高等。

精品课程学习中，教师已成为学习资源的设计者和开发者、网络教学的研究者、学生学习的评价者、学生学习过程的指导者、组织者和协调者。对教师的评价主要从教学活动的组织（是否对学生的讨论情况进行记录和分析），学习资源的提供和学生成绩（教师是否根据学生的成绩进行多元评定）等方面进行。网络教学资源的质量是反映课程教学质量的重要指标，对学习资源的评价主要涉及学习资源的目标与内容、结构与功能、超链接与导航、多媒体表征与技术规范等。

（四）《异常心理学》课程评价

教学评价是一个动态的循环往复过程，需要教师、学生和管理者在使用过程中不断通过论坛、问卷、访谈等形式进行。[①] 改造后的《异常心理学》课程以过程性评价和阶段性评价为主。重点关注学习者的过程性评价，这使得评价不仅涉及学科知识的掌握，还关注学生能力（如自学能力、探索能力、信息收集能力、问题解决能力）、情感和态度（如学习活动的开展）等方面的培养；评价主要包括作业评价（师评＋机评：平时练习、章节测试、模拟测试和在线作业）、在线自测（自评）、在线讨论如专题讨论（互评）等。课程还体现了对章节学习中每一环节的控制，课程每一节中都设置了"自测习题"，每章都安排了"本章作业"，这些测试习题评价及时，便于学习者展开课程内容学习。这种评价方式有助于教师更好地了解学习者学习情况，加深学习者对学习内容的理解，提高学习者的学习成就感，有助于学习者形成自学—自练—自评的良好习惯。

六　多种传播媒介与传播方式的融合

作为网络传播的载体，网络媒体在传播过程中不仅是信息传播平台，也是连接传播者和受众的桥梁。《异常心理学》课程为同一教学内容或知识点提供了多种媒体表现形式，如视频讲解版、文字讲解版、MP3 版，并都提供了下载功能。学习者可以根据个人的媒体取向，选取喜欢的资源类型，如下载 MP3 格式的声音文件，存储到 MP3 中随时随地学习；也可以下载教师的授课视频，存储到智能手机、ipad 等移动媒体终端上，方便学习者的移动学习。这极大地迎合了 Web2.0 时代网络学习者的学习诉

①　谢幼如、尹睿：《网络教学设计与评价》，北京师范大学出版集团 2010 年版。

求，即学习形式的移动性、学习过程的交互性、学习内容的微型化及学习时间的碎片化。课程对多种媒体终端的适配性和可移植性，有助于调动学习者学习的积极性，提高学习效率，将成为支持共享课创新学习模式的新途径。[①]

从传播形式来说，《异常心理学》课程体现了大众传播、组织传播、群体传播、人际传播融合的特点，是多种传播方式的融合。一方面，课程中的互动交流、在线答疑、电子邮件、BBS 等功能体现了人际传播特点；另一方面，课程开发团队（包括课程主持教师、相关制作人员、管理人员等）在课程所在学院、学校校园网等网站上设置专门的链接专区，向学习者提供获取信息、资源和服务；教育部、相关教育主管部门通过门户网站对课程进行宣传推广；师生之间、生生之间将对课程的质量、使用效果相互宣传，相关网站对课程建设的政策、背景、意义的报道，又体现了大众传播、组织传播和人际传播的特点。

七　情境化、市场化、政策化的教学环境

此次课程改造，无论是课程资源的内部环境，还是外部环境都受到多方关注，并提供了极好保障。

第一，课堂教学气氛营造真实。首先，在非视频资源呈现上巧妙地运用启发性导读策略，如同在网络中设计了一个无形、虚拟的教师，不断地指引学习者学习知识，增强学习者自主学习的兴趣和信心。如设置"热身游戏"、"头脑风暴"、"案例讨论"和"拓展资料"等学习活动，创设具有启发性的问题情境，给学习者提供思考和交流的空间，激发学习者的学习兴趣。其次，视频资源由资深心理学专家、华东师范大学最受学生欢迎的教师主讲，教师阅历丰富，并将案例引入教学，课程内容实用，采用案例或问题引发，以知识点为中心进行教学内容的讲授，重点难点突出、层次分明，教学方法得当。最后，课程提供强大的学习支持服务，满足了学习者的多种诉求。

第二，创建高效和谐的优质资源共享环境。大多数高校能够共享少数一流高校（或一般高校的一流学科）精品课程建设成果，这是改变当前高校优质教育资源稀缺的一种办法，也是共享课建设的目的。共享是一种趋势。目前，共享课项目由教育部提供经费支持、高等院校积极响应。多

---

① 胡来林：《精品资源共享课建设策略研究》，《远程教育杂志》2012 年第 6 期。

数高校期望有完善的共享机制、通用平台、高质产品，并将为社会提供优质教育资源当作建设世界一流大学的重要组成部分。笔者访学所在的华东师范大学网络教育学院，从领导到课程相关教师都非常重视精品课程、网络课程的建设，注重优质资源的设计、开发与共享，并提供了政策及经费支持，保证了课程的顺利推进。

第三，网络运营服务和开发商的迅速成长，为优质资源建设与共享的市场化提供了广阔空间。此次升级改造的国家级精品课程，引入了第三方制作公司（E-Learning 公司），即由公司提供平台，提供管理运营服务。通过网络管理系统完成课程发布、用户管理、权限管理、课程统计、课程评价方面的教学管理工作；依托网络教学平台系统使得视频授课，网络学习、答疑、作业、测试等教学活动顺利实现。在课程资源设计上，严格按照 CELTS、SCORM 标准制作，按 SCORM 标准工具打包后的资源可以部署到任何一个符合标准的学习平台中，具有可操作性、可移植性、开放性和易获得性，能够适应多种平台、多种协议、多种流行的数据库系统。当课程被评为共享课后，可以很轻松地将课程资源移植到教育部的管理平台中，使得共享得以实现。

第五节　个案升级改造评析

此次由精品课程到共享课的转型升级涉及教育部文件的执行、学校课程制作及课程改造本身。

一　高校特色发挥述评

作为课程建设主体，各高校都充分认识到精品课程升级改造为共享课的重要意义，都认识到各自在课程改造中所扮演的角色，并实行主管校长负责制，相关部门协调，在政策、经费和人力等方面予以保障，多部门联动，精心组织课程建设。此轮改造的课程几乎都是相关高校、院系极具有特色及发展潜力的课程。

在课程共享上，《异常心理学》课程的校内外共享效果较好，一方面源于课程内容本身，心理学内容是大家都普遍关心的话题，具有普适性；另一方面课程对同地域、不同地域的高校学生也完全开放，如上海交通大学、同济大学、东华大学、中国政法大学、中国公安大学、首都师范大学、中山大学等校的学习者乃至有兴趣的中学教师都可以选修该课程，课程的校校间、校际间共享应用较好。目前，该课程已被纳入上海市共享课程库；上海市共享课程库是上海市教委的重要举措，旨在凝聚全市优质教育资源，搭建统一平台，为教师专业发展提供支撑，这无形中也扩大了课程的影响力，促进了课程的区域内共享。

在课程整体设计上，依据团队起草的共享课设计规范；在资源呈现方式上，以学习单元为主，视频资源改造幅度较大，呈现出微型化取向；视频资源和课程 PPT 内容完全融合，更凸显出视频的重要性，迎合了受众学习诉求；PPT 设计变化幅度较大，更加易读易用；课程整体风格统一，避免了视觉的跳跃性，更加符合人的视觉审美；在教学内容呈现上，针对知识点设计了教学活动，增强了互动交流功能；在资源丰富度上，提供了大量的拓展资源；在课程平台开发上，采用第三方制作公司提供平台的管理运营服务；通过校企联合，实现了优质资源建设与共享的市场化选择，使得高校与企业之间互利互惠，既保证了课程质量，又达到了共享共赢的目的。从某种程度上来说，也体现了华东师范大学对优质资源建设、共享的政策、态度和方法，体现了学校特色。

二 课程转型升级述评

(一) 学生评价

课程改造后，为了了解学习者对改造课程的满意度，我们对授课学生进行了调研，结果如表 6-1 所示。

表 6-1　　　　学生对《异常心理学》课程改造的满意度调查　　　　单位:%

题序	调查内容	非常同意	比较同意	一般	不同意	非常不同意
1	课程的整体设计风格较好	55	34	11	0	0
2	课程使用起来很方便	74	17	9	0	0
3	页面信息设置合理、简洁	53	22	25	0	0
4	借助导航可轻松找到所需内容	50	25	25	0	0
5	师资配备合理	25	75	0	0	0
6	课程栏目设置合理，关系明确	25	75	0	0	0
7	课程的目标描述清晰	75	25	0	0	0
8	内容设置的微型化、小模块，符合碎片化学习的需要	50	25	25	0	0

续表

题序	调查内容	非常同意	比较同意	一般	不同意	非常不同意
9	课程内容结构清晰，与标题相符	75	25	0	0	0
10	教学内容的媒体呈现方式合理	54	56	0	0	0
11	课程文字表述清晰、易懂	76	24	0	0	0
12	拓展资料形式多样，对我有帮助	55	0	45	0	0
13	每次学习都提供明确的任务	75	25	0	0	0
14	课程的活动合理、丰富	25	25	50	0	0
15	课程中的各种活动对我有帮助	53	47	0	0	0
26	评价方式多元化	75	25	0	0	0
17	学习过程中反馈及时	20	30	50	0	0
18	我愿意经常使用课程来学习	82	10	8	0	0

栏目	拓展资料	教师讲堂	电子讲义	案例分析	主题讨论	试题
最好的栏目是	95	89	85	95	85	87

由表 6 - 1 可知，学生对改造后的课程在师资配备、教学内容组织安排、页面风格、易用性、方便性、媒体表现、活动设计、互动反馈及评价等方面基本满意。

（二）教师评价

华东师范大学新闻传播学院院长严三九教授认为，受众对网络媒介的满足形态决定了网络的传播效果。[①]《异常心理学》课程的受众主要是网络学院的学生，都是成人、都是远程学习者，其需求、性格、行为特点、年龄、上网阶段、信息素养等都不同。因此，课程建设应更加强调应用型人才的培养，强调在职从业人员业余学习和终身学习的特点；课程建设应更加全面，表现手法也应多样化，更加强调学习支持服务，强调远程导学与学习活动的组织。

课程改造采用"以受众为中心"的设计理念，强调导学和学习活动的设计。其中，导学设置了课程导航，以便提示学习中的重点、难点、学习方法和建议；学习活动强调案例教学、实践教学和专题教学，以基于资源的自主学习为主。课程资源根据内容选择恰当媒体形式，采用多种策略对学习者的学习活动进行指导；在交互性方面，提供了在线答疑、互动交

---

① 严三九：《网络传播概论》，化学工业出版社 2012 年版。

流、电子邮件等沟通方式，反馈及时，以弥补远程学习者交流的障碍；在学习支持方面，提供了学习过程和学习行为记录、学习笔记本、学习内容检索等多种个性化学习支持工具；在课程评价方面，评价方式多样化，综合运用了形成性评价和总结性评价。[①]

改造后的课程受众诉求和需求得到较大满足，体现为：第一，满足受众获取信息的需求，课程提供了丰富的信息资源，检索功能提高了信息的获取效率。第二，满足受众情感交流的需求，论坛等及时反馈交流促进人际交往的多元化，网络独特的交往方式有利于表达真实情感。第三，满足受众主导心理的需求，在学习者适合的时间和空间内学习，学习者具有主导满足支配权和对媒介内容选择满足的主控权。第四，满足受众利用工具的诉求，课程提供了辅助学习的支持工具，方便学习者的学习。第五，满足受众参与的需求，在学习过程中遇到疑问时，学习者可以向学习伙伴、助教、教师及课程制作人员、管理人员提出质疑和提问，所有的学习者都有权对既定的话题、问题展开讨论和辩论。[②]

（三）专家评价

改造后的《异常心理学》课程已于 2012 年 12 月 20 日提交精品资源共享课评审平台，专家依据网络教育类共享课评审指标，从课程的教学理念与课程设计、教学开发团队、教学内容与学习资源、学习支持及学习效果、共享效果、课程特色等方面展开评价。目前该课程已被评为国家精品资源共享课，并在爱程网共享使用。

作为"十二五"期间"本科教学工程"项目的重要组成部分，共享课是国家精品课程建设项目的延伸和拓展。共享课不是精品课程的推倒重来，而是在以往基础上的继承、创新和发展。共享课建设应从文化资产的视角，运用技术手段，以教师、学生和广大社会学习者为服务对象，以共享推动课程建设，强调以共享为目标的多种课程活动；突出建设过程、使用过程和评价过程；评价应充分听取专家、教师、学生和社会公众的意见，这些构成了共享课建设的核心。共享课项目的稳步实施和推进，对促进优质资源共享，促进教育教学观念转变，引领教学内容和教学方法改革，提高人才培养质量，建立服务学习型社会具有重要的指导意义。

---

① 武法提：《目标导向的网络课程设计》，中央广播电视大学出版社 2009 年版。
② 严三九：《网络传播概论》，化学工业出版社 2012 年版。

第七章 总结及展望

第一节 研究结论

本书基于信息传播理论，关注精品课程传播共享的现状、影响因素及发展策略；同时以创新扩散理论、混合学习理论及认知负荷理论为指导，利用文献研究、内容分析、问卷调查、访谈、比较研究、因子分析和案例分析等研究方法。探讨精品课程传播共享的现状、影响因素、构建精品课程传播共享策略，并以华东师范大学国家级网络教育精品课程《异常心理学》转型升级为个案，开展实证研究。主要结论如下：

一 归纳分析了精品课程与精品资源共享课的异同

本书说的精品课程是指旧形态的精品课程和各级各类的精品课程。精品资源共享课作为精品课程建设项目的延续和拓展，应遵循"精品、开放、共享"的原则，主要包括资源必须优质和共享程度必须最大两个衡量标准。此外，精品课程与精品资源共享课在建设目标、建设内容、建设标准、实施模式、监督管理、资源要求与粒度、技术支持与要求、知识产权、应用载体、宣传推广、共享平台及开放程度上存在差异。

二 调研获知了精品课程传播共享的现状

（一）精品课程受到学习者普遍欢迎

精品课程受到学习者普遍欢迎，新手教师和低年级学生尤为喜欢。教师普遍认为精品课程项目意义重大；愿意使用精品课程来支持教和学（不愿意的占 1.8%）、愿意投入精力建设一门精品课程（不愿意的占 2.9%）、看到好的精品课程愿意和他人分享（不愿意的占 3.5%）。学生愿意浏览、参考、学习精品课程（不喜欢的占 8.9%）、愿意参与课程的互动讨论（不愿意的占 12.1%）；学生利用精品课程的学习热情较高，其中 211 高校和西部院校的学生最喜欢学习精品课程，低年级学生学习精品课程的热情比高年级高。

（二）精品课程对学习者帮助较大

精品课程对师生的工作学习都具有较大的帮助。53.4% 的教师认为精品课程对工作和学习有帮助，65.5% 的教师使用精品课程是为了备课参考，58.5% 的教师认为精品课程丰富了自己的专业知识，50.3% 的教师认为提高了自己的教学水平和能力。59.7% 的学生使用精品课程是作为课堂学习的补充或替代未开设的课程；211 高校和西部院校学生认为精品课程对学习最有帮助。

（三）精品课程的传播共享效果不理想

精品课程的使用频率不高、传播共享效果不理想。14.6% 的教师及 23.9% 的学生没听说过也没使用过精品课程，没使用过校外精品课程的学生占 28.8%；学生每周使用 1 次精品课程的占 16.9%，教师每周使用 1—2 次的仅为 9.9%，35.7% 的教师偶尔使用；61.4% 的教师和 56.2% 的学生认为国内精品课程的共享、重用和复用率低；仅 39.8% 的教师和 27.2% 的学生认为已建精品课程（含国家级、省级和校级）在教学中实用性好，达到预期效果。

（四）精品课程建设需系统规划

（1）合理配置精品课程，体现在精品课程涉及的专业、学科、课程性质、地域均衡上。尤其是 985 高校、211 高校和普通高校，东部、中西部高校及沿海、内地高校之间，应缩小差距。

（2）精品课程建设应提供专家和政府支持，提供课程设计与制作标准、技术支持、课程设计模板，资金支持及统一的资源共享平台，尤其应提供统一的共享平台和资金支持。

（3）精品课程应转变评价体系，采用专家评价、教师评价及学习者评价相结合，校内评价与校外评价相结合，总结评价与形成性评价相结合的多维评价体系。教育主管部门对此应足够重视，并提供政策帮助和多方位支持。

（4）教师应积极营造精品课程传播共享的氛围，并使用课程网站来支持教和学（同意的占 67.3%），扩大课程的影响和覆盖面。

（5）采用多种渠道扩大精品课程的宣传推广。49.1% 的教师获知精品课程是通过教育部门或学校公告，43.3% 的学生是授课教师提供；通过报纸、杂志、电视及其他渠道获知精品课程的极少。51.6% 的教师及 54.2% 的学生认为宣传推广影响了精品课程的使用。67% 的教师希望扩大精品课程的宣传推广。

（五）必须优化精品课程的课程结构及教学设计

师生普遍认为应优化精品课程的课程结构及教学设计，具体如下：

（1）应采用"课程—教学单元—知识原子（知识点、活动）"的设计方式组织教学内容和学习资源。

（2）教学设计形式多样化，应根据课程内容将教学内容设计为案例、问题探究、情境模拟、技能训练等形式。

（3）在媒体呈现形式上，74.3% 的教师及 80.1% 的学生希望以"视频"呈现为主和以"文字"为主的师生分别为 50.3% 及 41.5%。

（4）提供学习辅助及学程监控等学习支持工具，尤其是交流互动工具（如在线论坛，52.5% 及 60.2% 的师生赞同），信息搜索工具（如百度，45.3% 及 35.1% 的师生赞同），学习记录工具（如记事本，35% 及 51.5% 的师生赞同）。

（5）增加互动交流功能。仅 28.3% 的学生认为精品课程的互动功能强，79% 的教师希望增强课程的答疑和互动交流功能。

（6）完善课程的导航设计，80.7% 的教师希望增强课程的导航功能，学生喜欢的导航形式是课程导学流程图解（占 57.4%）和以章节为目录的导航（占 49.9%）。

（六）国家精品课程与国外开放课程存在差异

国家精品课程与国外开放课程在传播共享效果、教师授课风格、课程设计、传播推广等方面存在差异，要求我国精品课程在国际影响力、知名度、应用范围、应用效果及开放共享方面，需要做出努力。

三 因子分析梳理出精品课程传播共享的影响因素

通过因子分析，本书梳理出师生使用精品课程的主要因子为传播者、传播内容、受众、传播环境和传播媒介，其中传播内容影响程度最大。

（一）课程实施者因子（传播者）影响精品课程的传播共享

课程实施者因子由课程主持教师影响力、课程所属学校知名度决定，师生在主因子上的载荷分别为 0.826、0.772 和 0.572、0.552；整体载荷值较高，说明课程实施者影响精品课程的传播共享。

（二）课程学习者因子（受众）影响精品课程的传播共享

课程学习者因子由个人学习习惯、动力兴趣及计算机技术能力决定。其中教师在主因子上的载荷分别为 0.826、0.837 及 0.673；学生则由个人学习动力兴趣、学习习惯及个人知识决定，它们在主因子上的载荷分别为 0.572、0.553 及 0.510，说明学习者的个人情况影响精品课程的传播共享。

（三）课程资源因子（传播内容）决定精品课程的传播共享

教师认为课程资源因子由网站资源的可获取性、课程内容的吸引力、网站流畅性、课程内容的教学设计、课程网站的页面设计决定，它们在主因子上的载荷分别为 0.766、0.669、0.730、0.520 及 0.534；学生认为课程资源因子由课程网站的页面设计及课程内容的教学设计决定，它们在主因子上的载荷分别为 0.514 及 0.837。研究的整体载荷值都较高，是影响精品课程使用的决定因子。

此外，反馈因子包括师生、生生间互动交流，学程监控及评价，它们在主因子上的载荷分别为 0.794 及 0.648，载荷值较高，是影响精品课程传播共享的主要因子，也属于课程资源设计的范畴，可以将反馈因子归结为课程资源因子。

（四）课程环境因子（传播环境）影响精品课程的传播共享

课程环境因子由课程网站平台多样及课程网站宣传推广等决定，师生在主因子上的载荷分别为 0.759、0.744 和 0.653、0.504；载荷值较高，可以认定传播环境影响精品课程的使用。此外，课程的评价机制、激励机制也是精品课程传播共享的影响因素。

（五）传播渠道（媒介、通道）影响精品课程的传播共享

目前精品课程获知渠道单一，需要扩大课程的宣传推广，提供多种传播媒介或多样化传播通道，以提高精品课程的传播共享效果。

四　理论阐述构建了精品课程传播共享的策略模型

本书在对影响因素分析的基础上，构建了精品课程传播共享的策略模型。该模型展示了精品课程传播系统内部各要素之间的相互关系，包括传播者、传播媒介、传播内容、传播环境及受众等因素及针对这些因素采用的策略方案。精品课程的传播共享，必须关注外部动力及内部动力；其中内部动力来源于传播系统内各要素及其作用；外部动力来源于外部环境对传播系统的作用，二者共同推动着精品课程的传播共享。具体如下：

（一）以传播者"顶层设计、区域协调、高校本位、教师组织"为动力规划策略

本书从传播者作为精品课程建设的推动力进行策略构建，从国家宏观、区域中观和微观层面进行规划。宏观层面重在制定发展战略和提供方针政策引领；微观层面在于制定具体的解决方法；区域规划则介于两者之间。精品课程建设应采用"自上而下"发起的组织实施模式及"校级—省级—国家级""自下而上"的三级遴选推荐机制相结合的工作开展机制。但教育部等相关职能部门无论如何把关，最终会进入某一个网站，进入某一个微观的把关人的势力范围内，即课程教师对课程内容的选择、组合、设计中。

此外，应采用多元联动、各利益主体共建共享；发挥地域优势，典型高校联盟；依托地域特点，从区域内到区域间共享；发挥学科优势，建立专业主干精品课程群；"政产学"合作一体化；立足校本课程，孕育精品；加强校际合作、协同培养；开展校企合作、搭建第三方共赢机制等方式实现精品课程可持续发展。

（二）以传播内容"实用性、标准化、可获取、可理解"为核心的设计策略

精品课程借助网络平台完成传播，其信息资源不能太复杂，不应花费学习者较长时间去识别，资源应具有拆分、重组功能，可以吸引学习者的注意。本书重点从"学习单元"和"学习模块"两个层面进行学习资源和教学内容的设计与开发。

（三）以传播渠道"大众传播与人际传播融合"为基础的推广策略

精品课程以网络媒介为载体，将个人的课堂教学延伸为全球性课堂，为受众创造立体化的信息接收平台。精品课程是融合了人际传播、群体传播、组织传播及大众传播等多种传播方式的一种网络传播。Web2.0时代，精品课程建设迫切需要借助线上媒体和线下媒体，将大众传播渠道和人际传播手段融合，以扩大优质教育资源的宣传推广。

（四）以传播环境"软硬件环境营造"为保障的支持策略

精品课程传播共享需要平台支持，该平台应具有资源管理、完全开放、系统管理和交互管理等功能，还涉及平台建设、管理、机制与技术等；平台开发还应遵循开放标准和协议，秉承"开放、共享"核心理念。

（五）以受众"需求获得满足"为关键的目的策略

精品课程学习者广泛分布于不同地域、不同层次、不同高校，学习者的学习能力、学习时间、学习态度和信息素养都不一样。信息发送者要做到设计的信息及其层次结构为所面向的多数接收者的一般认知心理与习惯尽量接近。受众的信息需求、信息素养和信息行为影响其对精品课程的采纳程度，影响精品课程传播共享，应以学习者为中心进行课程的规划、设计与开发。

五　个案研究验证了精品课程传播共享的策略方案

本书最后一部分为个案的实证研究，针对华东师范大学网络教育学院《异常心理学》课程升级改造为精品资源共享课实践，重点从传播者、传播内容、传播环境、受众和传播媒介角度验证精品课程传播共享策略的可行性和正确性。本书对该课程的结构设计、教学设计、资源设计、平台等方面进行了重点改造。在前文分析的基础上，本书梳理出理论导学型共享课的信息架构。

根据该信息架构图，本书对《异常心理学》课程进行了系统规划、设计与开发，遵从教学样式的设计理念，重点从导航清晰化、内容模块化与单元化、知识点活动化、视频资源微型化、师生交互多样化等层面进行设计，尤其是教学活动、反馈互动、学习支持工具、视频资源及学习评价等设计。目前该课程的转型升级已完成，并被评为国家精品资源共享课，本书构建的策略方案将得以验证，并以此指导共享课的设计与开发。

第二节　研究创新

一　研究视角的创新

本书基于信息传播理论，以新的思维分析精品课程应用实践中存在的问题；梳理出精品课程传播的过程模式，该模式是探究精品课程传播共享影响因素及策略构建的基础。研究发现：传播者、传播内容、传播渠道、传播环境和受众是精品课程传播共享的主要影响因子，并从这五个方面构建了精品课程传播共享的策略模型。

二　研究内容的创新

本书运用信息传播理论、创新扩散理论、混合学习理论及认知负荷理论，对精品课程的应用现状及发展趋向进行了专题研究，提出了相应的策略方案，并将该策略应用到精品课程转型升级的实践中，有利于解决精品课程传播共享效果不理想的现状，扩大课程的传播共享范围，对共享课的设计与开发将为精品课程的建设、可持续发展和实践注入新的元素。

三　研究方法的创新

首先，研究应用了因子分析法探究精品课程传播共享的主要因子，并依据专家调研完善了影响因子，提高了研究的可信度；其次，从主要因子出发构建了精品课程传播共享的策略模型；最后，从主要因子，尤其是决定因子完成了精品课程到共享课的个案转型升级，优化了精品课程的结构设计及教学设计，提高了精品课程的可用性。

第三节　研究不足

一方面，精品课程传播共享影响因素及策略的研究涉及信息传播过程的各个要素，如传播者、传播内容、传播媒介、受众、传播效果、传播环境等，同时涉及政策制度、共享机制、课程评价及服务支持环节。因此，全面深入构建精品课程传播共享的策略，并验证其效果是一项系统工程，需要多方配合。另一方面，探索学术前沿具体"点"的研究问题，需要精深的写作功底、扎实的写作态度及对研究问题的敏锐性，需具备"面"的宽度和广度。由于本人的学术水平、学识素养、研究水平及研究敏感度等限制，本书还存在以下不足：

一　精品课程传播共享影响因素的梳理及策略的提出需进一步凝练，需在理论上和实践中补充和完善

本书产生的核心理论成果——精品课程传播共享影响因素及策略方案还比较粗糙，需要在后续研究中进一步凝练。一方面，影响因子的得出是否可信，是否还存在其他影响因素需要深入研究；另一方面，传播共享策略还有待于进一步充实和完善，以便提高研究结果的说服力和推广性。因此，可适当提炼出一套系统的精品课程传播共享的应用步骤和操作指南，以提高精品课程传播共享策略的可操作性。

二 研究样本的代表性和典型性需要专家认定

研究样本的典型性和代表性需要专家认定。本书仅选取了国家级网络教育精品课程为个案，未选取本科类、高职高专类的课程案例。因此，研究样本的说服力和可推广性还需要进一步论证。

三 研究周期不够

个案研究以精品课程转型为共享课。首先，教育部专家评审需要时间；其次，学习者对学习内容的掌握、学习能力的变化及学习效果评价需要至少一个学期的观察；再次，多种传播渠道对课程的宣传推广，要获得学习者广泛的认知，需要一定的周期；最后，共享课如何提高教学质量和教学效率也需要时间来检验。本书整体的研究周期较短，还需要学习者学习过程中的验证性数据。

第四节 研究展望

"十二五"期间，教育部组织高校建设 5000 门共享课，本书虽然在精品课程传播共享现状、影响因素及策略构建的理论与实践层面做了一些探索，后续还应在以下几个方面做出更为深入的研究。

一 精品课程传播共享的策略在实践中需要进一步验证和完善

受时间及研究环境等主客观条件的制约，本书提出的精品课程传播共享策略仅在网络教育类精品课程升级改造为共享课的案例上开展，没有针对本科、高职高专及教师教育类课程。因此，后续研究还需要选取这几个层面精品课程，以便更有针对性地开展个案研究，对策略进行验证，并在实践中进一步修正和完善。

二 精品课程传播共享的本质是优质资源的普及，涉及信息的扩散研究

作为国家精品课程建设项目的延伸和拓展，如何规划共享课的开发与实施，如何保证课程的传播共享效果，是课程建设、实施及运营的重要动力。当下，共享课建设的动力主要来自政策驱动，由国家项目引动，体现了国家意愿，短时间内成效明显，但在可持续发展方面存在一定的"瓶颈"。因此，如何充分调动多方的参与动力，构建共赢的动力机制与共享机制，为共享课建设提供保障，需要国家层面统筹规划，需要均衡精品课

程各利益相关者的收益。

三　精品课程及精品资源共享课建设项目属于世界开放教育资源的一部分，可以展开两者间的对比研究

国外开放课程无论在共享利用，还是质量保障、推广等层面都取得了较好效果。在后续研究中，将借鉴国外开放课程，尤其是 MIT OCW 的成功经验建设共享课，并在具体问题和教学实践中展开对比研究，以进一步探索精品课程传播共享的影响因素，构建可行性策略方案，提高精品课程的应用效果、扩大辐射范围，实现精品课程的可持续发展。

总之，精品课程研究是国家中长期发展规划提出的优质资源可持续发展的重要课题；精品课程建设项目又是一项系统工程，涉及诸多现实问题。要将精品课程可持续发展研究工作做到尽善尽美，需要在实践中对具体问题不断分析、探索、修正和完善，最终实现优质课程资源能够促进供给教育质量的提升，形成中国特色高等教育内涵式发展道路。

附　录

"高校精品课程传播共享情况" 调查问卷（教师卷）

尊敬的老师：

　　您好！非常感谢您参与本次调研，为了了解高校精品课程传播共享情况，我们设计了这份问卷。请您根据自己的实际情况，在选定的选项中打"√"。数据的运用，我们信守保密原则。若您对所回答的问题还有进一步思考，请通过电子邮箱 wjuan8@163.com 与我们联系。衷心感谢您对本次调查的大力支持！

西北师范大学教育技术与传播学院

下面是一些有关个人基本情况的问题，请如实填写。

1. 您的性别：

A. 男　　　　　　B. 女

2. 您的工作单位：＿＿＿＿＿＿

3. 您的最高学历：

A. 博士　　　　B. 硕士　　　　C. 学士　　　D. 其他

4. 您的年龄：

A. 30 岁及以下　B. 31—40 岁　C. 41—50 岁　D. 50 岁以上

5. 您的教龄：

A. 5 年及以下　　B. 6—10 年　　C. 11—15 年　D. 15 年以上

6. 您的职称：

A. 初级　　　　B. 中级　　　　C. 副高级　　　D. 正高级　　　E. 其他

根据您对国家级、省级或校级精品课程的了解，请回答以下问题：

1. 您是否主持或参与过精品课程的建设？

A. 是　　　　　　　B. 否

2. 您的课程被评为精品课程（含国家级、省级和校级）的门数：

A. 1 门　　　　　　　　　　B. 2 门

C. 3 门及以上　　　　　　　D. 无

3. 您认为国家精品课程建设工程有重大意义吗？

A. 非常同意　　B. 比较同意　C. 一般　D. 不太同意　E. 不同意

4. 已建的精品课程在教学中实用性好，达到了预期效果，您同意吗？

A. 非常同意　　B. 比较同意　C. 一般　D. 不太同意　E. 不同意

5. 您认为精品课程对您的工作和学习有帮助吗？

A. 帮助非常大　B. 帮助较大　C. 一般　D. 帮助较小　E. 没帮助

6. 您访问精品课程的频率：

A. 每周 3 次以上　　　　　　B. 每周 1—2 次

C. 每月 1—3 次　　　　　　　D. 每学期 1—3 次

E. 偶尔使用　　　　　　　　F. 其他（请注明）＿＿＿＿＿

G. 没用过

7. 您访问精品课程的主要目的是（可多选）：

A. 查看设计理念，以便开发网络课程　　B. 备课参考

C. 了解本专业精品课程建设情况　　　　D. 掌握相关专业知识和技能

E. 满足自身兴趣爱好　　　　　　　　　F. 没什么目的，随意浏览

G. 其他（请注明）＿＿＿＿＿　　　　　H. 没用过

8. 您认为精品课程建设对您的影响是（可多选）：

A. 精品课程是评职称的优先条件，我的申报积极性很高

B. 使我开始"以学习者为中心"进行教学设计

C. 提高了我的教学水平和能力

D. 使我形成了良好的网络学习方法

E. 丰富了我的专业知识

F. 拓展了我的交流范围

G. 满足了我的兴趣爱好

H. 没什么影响

I. 其他（请注明）＿＿＿＿＿

9. 您认为精品课程建设的主要目的是（可多选）：

A. 受国外开放教育资源运动的影响

B. 促进教育优质资源的开发与共享

C. 获得荣誉称号，提高学校知名度

D. 部分院校为提高个人知名度

E. 促进高校专业和学科建设

F. 促进教学成果和教材的推广

G. 满足学习者的学习需求

H. 其他（请注明）＿＿＿＿＿

10. 您认为影响您使用精品课程的因素有哪些？（在您认同选项上画"√"）

调查内容	非常同意	同意	一般	不同意	非常不同意
课程主持教师的影响力					
课程所属学校的知名度					
同事都在使用（从众心理）					
个人学习习惯					
个人学习动力和兴趣					
个人计算机技术能力					
课程网站的畅通性					
课程内容本身的吸引力					
课程网站的页面设计					
课程内容的教学设计					
课程资源平台多样、繁杂					
课程的宣传推广					
课程网站存在大量无用信息					
课程网站缺少适当休闲娱乐信息					

11. 为提高精品课程的传播共享，您希望采取哪些措施？（在您认同选项上画"√"）

调查内容	非常同意	同意	一般	不同意	非常不同意
提高网站资源的更新频率					
增强网站的导航功能					
增加课程视频录像的比重					
增加对学习过程的监控和评价					
增强答疑和互动交流功能					

调查内容	非常同意	同意	一般	不同意	非常不同意
资源的媒体呈现形式多元化					
增强学习支持工具					
完善课程结构设计					
任课教师使用网站来支持教和学					
课程开发应考虑学习者需求					
扩大课程的宣传和推广					
对评审过的精品课程，复评					
完善激励与评价机制					

12. 您认为精品课程建设哪个环节花费时间和精力较多？

A. 整体规划：根据对教学目标、教学内容、教学环境、教学条件以及学习者学习需求等的分析，确定教学大纲、教学队伍，制定课程开发计划等

B. 网络教学系统设计：包括网络教学流程设计（即教学系统架构）、教学内容设计、教学策略选择、教学媒体与教学活动设计、教学评价及教学资源设计等

C. 网站建设：根据总体规划和设计，进行网页等资源制作及管理和维护等

D. 其他（请注明）＿＿＿＿＿＿＿

13. 您希望精品课程建设在哪些方面得到专家或政府的支持？（可多选）

A. 提供课程设计与制作标准　　B. 提供课程设计与制作标准培训

C. 提供技术培训　　　　　　　D. 提供课程设计模板

E. 提供课程设计样例　　　　　F. 提供资金支持

G. 提供统一的资源共享平台　　H. 提供版权保护机制

I. 其他（请注明）＿＿＿＿＿＿＿

14. 您认为精品课程哪些模块是不可缺少的？（可多选）

A. 课程大纲　B. 课程录像　C. 课程讲义（PPT）　　D. 课程作业

E. 课程案例　F. 课程评价　G. 课程讨论及互动　　H. 参考资料

I. 知识检索系统　J. 学习工具　K. 演示/虚拟/仿真实验实训系统

L. 在线自测/考试系统　M. 素材资源库　N. 其他（请注明）＿＿＿＿＿

15. 您希望精品课程教学设计形式是：（可多选）

A. "以虚拟实验为主"展开　　　B. "以案例专题形式"展开

C. "以问题探究为主"展开　　　D. "以情景模拟为主"展开

E. "以技能训练为主"展开　　　F. 其他（请注明）_____

16. 您希望精品课程需提供哪些支持工具？（可多选）

A. 支持性软件（如视频播放插件等）

B. 交流互动工具（如QQ，在线论坛）

C. 信息搜索工具（如百度）

D. 学习记录工具（如记事本）

E. 其他（请注明）_____

17. 您希望精品课程资源网站的信息如何呈现？（可多选）

A. 以"视频"为主　　B. 以"文字"为主　　C. 以"动画"为主

D. 以"图片"为主　　E. 以"音频"为主

F. 其他（请注明）_____

18. 您是通过何种渠道得知精品课程的？（可多选）

A. 上网浏览偶然发现　　　　　　B. 教育部门或学校公告通知

C. 同事朋友告知　　　　　　　　D. 个人需要专门搜索

E. 离线媒体（报纸、杂志、电视）　　F. 其他渠道

19. 您认为不同高校相同或相近专业的精品课程开发需要相关部门统一规划吗？

A. 非常需要　　B. 比较需要　　C. 一般　　D. 不太需要　　E. 不需要

20. 您认为专业主干课程都应当建设为精品课程吗？

A. 非常同意　　B. 比较同意　　C. 一般　　D. 不太同意　　E. 不同意

21. 您认为精品课程的评价方式需要从"先评后用"转变为"先用后评"吗？

A. 非常需要　　B. 比较需要　　C. 一般　　D. 不太需要　　E. 不需要

22. 您认为精品课程建设是经过相关人员多方面层层把关的吗？

A. 非常同意　　B. 比较同意　　C. 一般　　D. 不太同意　　E. 不同意

23. 如果看到不错的精品课程，您会和其他人一起分享吗？

A. 一直会　　B. 经常会　　C. 一般　　D. 偶尔会　　E. 没有过

24. 您愿意使用精品课程来支持您的教学吗？

A. 非常愿意　　B. 比较愿意　　C. 一般　　D. 不太愿意　　E. 不愿意

25. 如果有机会，您愿意投入精力建设一门精品课程吗？

A. 非常愿意　　B. 比较愿意　C. 一般　D. 不太愿意　E. 不愿意

原因是：_____

26. 您认为精品课程在国内同行内共享、重用和复用率低吗？

A. 非常同意　　B. 同意　　　C. 一般　D. 不太同意　E. 不同意

原因是：_____

问卷到此结束，感谢您的配合！

"高校精品课程传播共享情况"
调查问卷（学生卷）

亲爱的同学：

　　您好！为了了解高校精品课程传播共享情况，我们设计了这份问卷。请根据自己的实际情况，在选定的选项中画"√"。数据的运用，我们信守保密原则。若您对所回答的问题还有进一步思考，请通过电子邮箱 wjuan8@163.com 与我们联系。

　　衷心感谢您对本次调查的大力支持！

西北师范大学教育技术与传播学院

下面是一些有关您个人基本情况的问题，请如实填写。

1. 您的性别：

A. 男　　　　B. 女

2. 您所在年级：

A. 大一　　B. 大二　　C. 大三　　D. 大四　　E. 硕士研究生

F. 博士研究生

3. 您所在学校：_____

4. 您所学专业所属的学科门类是：

A. 哲学　　B. 经济学　　C. 历史学　　D. 法学　　E. 教育学

F. 文学　　G. 理学　　H. 工学　　I. 农学　　J. 医学

K. 管理学　　L. 艺术学　　M. 军事学

您是否知道国家级、省级或校级精品课程？若是，请回答以下问题。

1. 您是从何种渠道得知精品课程的？（可多选）

A. 上网浏览偶然发现　　　　　　B. 教育部门或学校公告通知

C. 同学朋友告知　　　　　　　　D. 个人需要专门搜索

E. 离线媒体（报纸、杂志、电视）　F. 授课教师提供或推荐

G. 其他渠道（请注明）_____

2. 您愿意利用精品课程进行学习吗？

A. 非常愿意　　　　B. 比较愿意　　　　C. 一般

D. 不愿意　　　　　E. 非常不愿意

3. 您认为精品课程对您的学习有帮助吗？

A. 帮助非常大　　　B. 帮助较大　　　　C. 一般

D. 帮助较小　　　　E. 没帮助

4. 您访问精品课程（含国家级、省级和校级）的频率：

A. 每天多次　　　　B. 每天1次　　　　C. 每周1—3次

D. 每月1—3次　　　E. 每学期1—3次　F. 其他（请注明）_____

G. 没用过

5. 您访问精品课程的主要目的是：（可多选）

A. 获得学习资料，作为课堂学习的补充

B. 学习相关课程，丰富专业知识

C. 选学某些内容以替代尚未开设的课程

D. 形成良好的网络学习方法

E. 培养分析、解决问题的能力

F. 满足自身兴趣爱好

G. 没什么目的，随意浏览

H. 没用过

I. 其他（请注明）_____

6. 您认为精品课程的哪些模块不可缺少？（可多选）

A. 课程大纲　　　　B. 课程录像　　　　C. 课程讲义（PPT）

D. 课程作业　　　　E. 课程案例　　　　F. 课程评价

G. 课程讨论及互动　H. 参考资料　　　　I. 知识检索系统

J. 学习支持工具　　K. 演示/虚拟/仿真实验实训系统

L. 在线自测/考试系统　　　　　　　　　M. 素材资源库

N. 其他（请注明）_____　　　　　　O. 不清楚

7. 您主要关注精品课程的哪些网络学习活动？（可多选）

A. 讲稿等资源下载　B. 案例分析　　　　C. 互动讨论

D. 教学录像　　　　E. 在线测试　　　　F. 参考资料

G. 其他　　　　　　H. 没用过

8. 如果精品课程的交互功能强，您会参与课程的互动讨论吗？

A. 会　　　　　　　　B. 不清楚　　　　　C. 不会

9. 使用精品课程，达到了您的预期使用效果，您同意吗？

A. 非常同意　　　　B. 比较同意　　　　C. 一般

D. 不太同意　　　　E. 不同意　　　　　F. 没用过

10. 您希望精品课程的教学设计形式是：（可多选）

A. "以虚拟实验为主"展开　　B. "以案例专题形式"展开

C. "以问题探究为主"展开　　D. "以情景模拟为主"展开

E. "以技能训练为主"展开　　F. "以理论导学为主"展开

G. 其他（请注明）＿＿＿＿＿＿

11. 您希望精品课程资源网站的信息如何呈现？（可多选）

A. 以"视频"为主　　　　　　B. 以"文字"为主

C. 以"动画"为主　　　　　　D. 以"图片"为主

E. 以"音频"为主　　　　　　F. 其他（请注明）＿＿＿＿＿

12. 您希望精品课程提供哪些支持工具？（可多选）

A. 支持性软件（如视频播放插件）B. 交流互动工具（如在线论坛）

C. 信息搜索工具（如百度）　　D. 学习记录工具（如记事本）

E. 其他

13. 您最希望建设的精品课程（本科课程）的课程性质是：

A. 专业基础课　　　B. 专业课　　　　C. 公共课

D. 选修课　　　　　E. 其他

14. 浏览精品课程时，何种导航有助于您的学习？（可多选）

A. 以章节为依据的课程内容导航　B. 课程导学流程图解

C. 课程使用指南　　　　　　　　D. 其他（请注明）＿＿＿＿＿＿

15. 您认为精品课程中需要添加适当的娱乐消遣信息吗？

A. 非常需要　　　　B. 比较需要　　　　C. 一般

D. 不太需要　　　　E. 不需要

16. 精品课程的色彩搭配，画面构图及设计需要符合学习者的视觉习惯吗？

A. 非常需要　　　　B. 比较需要　　　　C. 一般

D. 不太需要　　　　E. 不需要

17. 如果看到不错的精品课程，您会和其他人一起分享吗？

A. 一直会　　　　　B. 经常会　　　　　C. 一般

D. 偶尔会　　　　　E. 没有过

18. 您和浏览过的精品课程教师联系过吗？

A. 经常联系　　　　B. 一般　　　　　C. 偶尔联系

D. 不联系　　　　　E. 没用过

19. 就浏览过的具体精品课程，下列观点您赞同吗？（在您认同的选项上画"√"）

若您没使用过，请直接勾选"没用过"。

调查内容	非常同意	同意	一般	不同意	非常不同意
网站通畅，能顺利打开					
网站信息量大					
网站资源更新快					
能在网站找到所需资料					
网站导航功能强					
互动交流功能强					
教师反馈及时					
提供了检索功能					
提供课件、视频等资源的下载					
视频、图片资源丰富					
教学方法、手段多样					
教学内容的组织经过系统设计					
学习支持工具多					
没用过					

20. 您认为影响您使用精品课程的因素有哪些？

调查内容	非常同意	同意	一般	不同意	非常不同意
课程主持教师的影响力					
课程所属学校的知名度					
同学都在使用（从众心理）					
个人学习习惯					
个人学习动力和兴趣					
个人知识有限，课程理解困难					

调查内容	非常同意	同意	一般	不同意	非常不同意
个人计算机技术能力					
师生、生生间的互动交流					
缺少对学习过程的监控和评价					
课程内容本身的吸引力					
课程网站的页面设计					
课程内容的教学设计					
课程平台多样、繁杂					
课程的宣传推广					
存在干扰学习的无用信息					
其他					

21. 精品课程在国内的共享、重用和复用率低，您同意吗？

A. 非常同意　B. 比较同意　C. 一般　D. 不太同意　E. 不同意

具体原因：＿＿＿＿＿＿

问卷到此结束，感谢您的配合！

"高校精品课程传播共享情况"
访谈提纲（教师）

姓　　名：＿＿＿＿　性别：＿＿＿＿　年龄：＿＿＿＿　学历：＿＿＿＿

工作单位：＿＿＿＿　职称：＿＿＿＿　教龄：＿＿＿＿

1. 您使用过精品课程吗？精品课程提供的资源能满足您的教学需要吗？您在使用精品课程过程中遇到的主要障碍和困难是什么？

2. 您认为影响您使用精品课程使用的主要因素是什么？如何提高精品课程的传播共享效果？

3. 贵单位如何激励教师申报、建设精品课程的？具体措施是什么？

4. 能介绍一个您熟悉的精品课程网站吗？在这个网站中您有哪些受益？

5. 您在教学过程中推荐学生使用精品课程吗？学生是否愿意使用？

6. 您认为目前高校的精品课程规划和建设如何？

7. "十二五"期间，将建设"精品开放课程"（包括视频公开课与精品资源共享课），已建的精品课程如何继续发挥效用？如何提高精品资源共享课的传播共享效果？

"高校精品课程传播共享情况"
访谈提纲（主持教师）

姓　　名：＿＿＿＿　性别：＿＿＿＿　年龄：＿＿＿＿　学历：＿＿＿＿

工作单位：＿＿＿＿　职称：＿＿＿＿　教龄：＿＿＿＿

1. 作为精品课程主持教师，您在教学过程中推荐学生使用精品课程吗？学生使用情况如何？

2. 您认为哪些因素影响了精品课程的传播共享？您在精品课程中是如何规避这些问题的？

3. 您认为您的精品课程能满足您的教学需要吗？需要做出哪些改进？

4. 您使用过其他教师的精品课程吗？有何收获和感想？

5. 贵单位如何激励教师建设、申报精品课程的，具体措施是什么？需要哪些改进？

6. 您认为目前高校的精品课程规划和建设如何？

7. "十二五"期间，将建设"精品开放课程"（包括视频公开课与精品资源共享课），已建的精品课程如何继续发挥效用？如何保障精品资源共享课的传播共享？

"精品课程与国外开放课程传播共享比较" 访谈提纲 （学生）

1. 你听说过精品课程吗？你是如何获知精品课程的？您使用精品课程的主要目的是什么？

2. 你使用过国外的开放课程吗？如耶鲁、哈佛的视频公开课。

3. 你使用过国内的大学视频公开课吗？有何感受？

4. 你喜欢何种类型、何种形式的精品课程？为什么？

5. 国内的精品课程、视频公开课与国外开放课程之间有何区别？如何借鉴国外开放课程的经验建设精品课程？

6. 哪些因素影响了你使用精品课程？

7. 国内的精品课程要取得好的传播共享效果，应该采取哪些措施？

"高校精品视频公开课传播共享情况" 调查问卷（教师卷）

敬爱的老师：

您好！非常感谢您参与本课题的调研，本问卷旨在了解高校精品视频公开课的传播共享情况，以促进优质教育资源的普及共享。本调查不记名，答案也没有对错之分，调查数据仅供研究使用。请您根据实际情况，在选定的选项中画 "√"。数据的运用，我们信守保密原则。

再次感谢您的合作！

西北师范大学教育技术学院

2012 年 3 月 15 日

下面是一些有关您个人基本情况的问题，请如实填写。

1. 您的性别：

A. 男　　　　　　B. 女

2. 您的工作单位属于：

A. 985 高校　　　　　　　　B. 211 高校

C. 普通本科院校　　　　　　D. 高职（高专）院校

3. 您的工作性质：

A. 教育技术中心人员　　　　B. 管理人员

C. 视频公开课主讲教师　　　D. 视频公开课建设人员

E. 其他人员

4. 最后学位：

A. 博士　　　　B. 硕士　　　　C. 学士

5. 您的年龄：

A. 30 岁以下　　B. 31—40 岁　　C. 41—50 岁　　D. 50 岁以上

6. 您的教龄：

A. 10 年以下　　B. 11—20 年　　C. 21—30 年　　D. 30 年以上

7. 您的职称：

A. 正高级　　　　B. 副高级　　　　C. 中级　　　　　D. 初级

您是否知道国外、国内高校视频公开课？若是，请回答以下问题。

1. 您是通过何种渠道知道视频公开课的？

A. 上网浏览偶然发现　　　　　　B. 教育部门或学校公告通知

C. 同事朋友告知　　　　　　　　D. 个人需要专门搜索

E. 离线媒体（报纸、杂志、电视）　F. 其他渠道

2. 您在什么情况下会观看视频公开课？

A. 有新的视频公开课就会看　　B. 学习、工作需要的时候会看

C. 同事朋友推荐的时候会看　　D. 没什么目的，想看就看

E. 其他

3. 您觉得视频公开课对您的工作和学习有帮助吗？

A. 帮助非常大　　B. 帮助较大　　　C. 一般

D. 帮助较小　　　E. 没帮助

4. 您关注视频公开课的最主要目的是：

A. 满足自身兴趣爱好　　　　　　B. 单纯系统地学习一门知识

C. 掌握专业知识　　　　　　　　D. 其他（请注明）_____

5. 您关注较多的是国内视频公开课还是国外视频公开课？

A. 国内视频公开课　　B. 不清楚　　C. 国外视频公开课

6. 您认为国内外视频公开课的主要区别是：

A. 课程制作　　　　　①　　②　　③　　④　　⑤

B. 课程内容　　　　　①　　②　　③　　④　　⑤

C. 教师讲课方式　　　①　　②　　③　　④　　⑤

D. 课堂教学气氛　　　①　　②　　③　　④　　⑤

E. 课程宣传推广　　　①　　②　　③　　④　　⑤

F. 考虑学习者需求　　①　　②　　③　　④　　⑤

7. 您希望视频公开课的时间长度为：

A. 15 分钟以下　　　B. 15—30 分钟　　　C. 30—45 分钟

D. 45 分钟以上　　　E. 其他

8. 您最喜欢哪一类的视频公开课？

A. 自然科学类（如数学、物理学、化学、天文学、地球科学、心理学等）

B. 人文与社会科学类（如语言学、文学、艺术学、新闻学与传播学等）

C. 工程与技术类（如能源科学、计算机科学技术、航空航天技术等）

D. 医药科学类（如预防医学与卫生学、药学、中医学与中药学等）

E. 农业科学类（如农学、林学、畜牧等）

F. 其他

9. 您认为影响您观看视频公开课的因素是：

A. 开课学校的影响力　　　　　　①　　②　　③　　④　　⑤

B. 主讲教师的授课方式　　　　　　①　　②　　③　　④　　⑤

C. 课程内容本身　　　　　　　　　①　　②　　③　　④　　⑤

D. 视频资源的流畅性　　　　　　　①　　②　　③　　④　　⑤

E. 媒体表现形式丰富度　　　　　　①　　②　　③　　④　　⑤

F. 课程辅助资源可获取性　　　　　①　　②　　③　　④　　⑤

G. 有无师生互动交流模块　　　　　①　　②　　③　　④　　⑤

H. 个人学习习惯　　　　　　　　　①　　②　　③　　④　　⑤

I. 学习动力和学习兴趣　　　　　　①　　②　　③　　④　　⑤

10. 除视频外，哪一项在视频公开课中是必需的？

A. 字幕　　　　　　　　　　　　　①　　②　　③　　④　　⑤

B. 互动交流　　　　　　　　　　　①　　②　　③　　④　　⑤

C. 教师简介　　　　　　　　　　　①　　②　　③　　④　　⑤

D. 课程说明　　　　　　　　　　　①　　②　　③　　④　　⑤

E. 讲稿下载　　　　　　　　　　　①　　②　　③　　④　　⑤

11. 您认为视频公开课的视频中可以穿插的媒体形式为：

A. 动画　　B. 图形图像　　C. 音频　　D. 文字　　E. 其他媒体形式

12. 您对视频公开课建设流程的熟悉程度：

A. 课程标准　　　　　　　　　　　①　　②　　③　　④　　⑤

B. 课程内容　　　　　　　　　　　①　　②　　③　　④　　⑤

C. 课程设计　　　　　　　　　　　①　　②　　③　　④　　⑤

D. 课程开发　　　　　　　　　　　①　　②　　③　　④　　⑤

E. 课程管理　　　　　　　　　　　①　　②　　③　　④　　⑤

F. 课程评价　　　　　　　　　　　①　　②　　③　　④　　⑤

13. 国内高校视频公开课的建设机制：

A. 政府行为　　　　　　　　　　　①　　②　　③　　④　　⑤

B. 需要层层选拔　　　　　　　① ② ③ ④ ⑤

C. 需要相关部门及教师把关　　① ② ③ ④ ⑤

D. 和精品课程建设机制一样　　① ② ③ ④ ⑤

14. 国内高校视频公开课建设目的：

A. 紧跟国际步伐，受国外公开课启发 ① ② ③ ④ ⑤

B. 旨在促进教育优质资源开发与共享 ① ② ③ ④ ⑤

C. 提高教师的人格魅力和学术影响 ① ② ③ ④ ⑤

D. 提高课程所属学校知名度　　① ② ③ ④ ⑤

E. 满足学习者学习需求　　　　① ② ③ ④ ⑤

15. 为提高视频公开课的共享效果，您希望：

A. 加强国家政策引导　　　　　① ② ③ ④ ⑤

B. 教师教学方式改变（加强互动等）① ② ③ ④ ⑤

C. 给教师教育自主权　　　　　① ② ③ ④ ⑤

D. 转变资源的媒体呈现形式　　① ② ③ ④ ⑤

E. 扩大课程内容的覆盖面　　　① ② ③ ④ ⑤

F. 扩大课程宣传推广　　　　　① ② ③ ④ ⑤

G. 制定统一的资源共享标准　　① ② ③ ④ ⑤

H. 从学习者需求出发开发课程　① ② ③ ④ ⑤

16. 如您主持或参与视频公开课建设，对下列问题您的看法是：

（1）您认为视频公开课建设哪个环节花费时间和精力最多？

A. 整体规划：根据对教学目标、教学内容、教学环境、教学条件及学习者学习需求等的分析，确定师资队伍，制订课程开发计划等

B. 网络教学系统设计：包括教学媒体、教学活动及教学资源的设计等

C. 视频资源的制作：涉及主讲教师的授课录像

D. 网站的建设：根据总体规划和设计，将视频资源上网及网站管理维护

E. 其他环节

（2）您希望视频公开课建设在哪些方面得到专家或政府的支持？（可多选）

A. 提供课程设计与制作标准　　B. 提供课程设计与制作标准培训

C. 提供技术培训　　　　　　　D. 提供课程设计样例

E. 其他

（3）您在视频公开课建设中遇到的主要问题是：

_____

_____

17. 您认为国内高校视频公开课的共享、利用率如何？为什么？

问卷到此结束，谢谢您的参与、合作！

精品课程传播共享影响因素
调查表（专家问卷）

各位专家好，目前我正在做关于"精品课程传播共享"的博士论文。要针对精品课程的应用效果探究精品课程传播共享的影响因素。经过一些国内外文献的调研，构建了如下的"精品课程传播共享的影响因素"。

麻烦各位专家给出宝贵的反馈意见，请您在认可的选项上画"√"，并对下面的三个开放性问题给出宝贵建议，在此对您的支持表示感谢。

问题1：五个维度是否合适？是否还有新的维度？

问题2：各维度内的因素是否考虑全面？有无交叉？

问题3：还有哪些影响因素需要考虑？

一级表述	二级表述	详细描述	非常同意	比较同意	不太同意	不同意
课程资源（传播内容）	网站资源的可获取性	网站资源易获得				
	课程内容的吸引力	课程主题的吸引力				
	课程内容的实用性	课程内容具有实际应用价值				
	网站的流畅性	网站能顺利访问				
	课程内容的教学设计	资源的系统性				
		资源的多媒体				
		资源的组织形式				
		资源的针对性				
		资源适于自学习				
	课程网站的页面设计	网站页面设计符合视觉审美				

续表

一级表述	二级表述	详细描述	非常同意	比较同意	不太同意	不同意
课程实施者（传播者）	课程教师的影响力	主持教师地位、知名度				
		主持教师对课程内容权威性				
		主讲教师的教学风格				
		主讲教师的教学技巧				
		教师责任心				
	课程所属学校知名度	是否为985高校、211高校或特色高校				
	相关部门（教育部、省市教育主管部门）	顶层设计的合理规划				
课程学习者（受众）	学习习惯	是否适应网络学习				
	学习动力和兴趣	对精品课程是否有学习兴趣				
	计算机技术能力	是否具有一定信息素养				
	知识储备	理解课程内容，并建立关联				
	个人需求的满足	个人需求应得到满足				
课程环境（传播环境）	课程网站平台	网络平台多样，标准不统一				
		课程平台的功能				
	课程网站宣传推广	相关部门宣传推广策略				
	课程的评价机制	具有完善的评价机制				
	课程的激励机制	建立相应激励机制				
传播渠道（媒介通道）	多种传播媒介融合	纸媒、移动媒体等				
	多样化的传播方式	人际传播、大众传播等				

参考文献

一 中文文献

[1] ［美］埃弗雷特·M. 罗杰斯：《创新的扩散》，辛欣译，中央编译出版社 2002 年版。

[2] 安佳：《"使用与满足理论"在 SNS 网站的运用》，《新闻爱好者》2009 年第 12 期。

[3] 帕梅拉等：《课程文化》，浙江教育出版社 2008 年版。

[4] 柏伟、何小松：《地方高校精品课程优质资源共享机制探索》，《教育与职业》2008 年第 7 期。

[5] 蔡春燕：《开放教育资源模式及运行情况比较研究——以 MIT OCW 与北京市精品课程网上资源为例》，硕士学位论文，厦门大学，2007 年。

[6] 蔡春燕：《开放教育资源运动的"开放"理念》，《厦门教育学院学报》2007 年第 11 期。

[7] 陈琳：《中国高校教育信息化发展战略与路径选择》，《教育研究》2012 年第 4 期。

[8] 陈琳等：《创建数字化学习资源公建众享模式研究》，《中国电化教育》2012 年第 1 期。

[9] 陈明选、徐旸：《人人网的成功对提高网络课程传播与互动绩效的启示》，《现代教育技术》2011 年第 5 期。

[10] 陈荣明：《教育资源优化配置与共享的现实基础与制度安排：以南京市为例》，《南京理工大学学报》（社会科学版）2009 年第 8 期。

[11] 陈胜可：《SPSS 统计分析从入门到精通》，清华大学出版社 2010 年版。

[12] 陈仕品、张剑平：《政产学研合作：探索我国教育技术发展的新途径》，《电化教育研究》2012 年第 7 期。

［13］ 陈向明：《质的研究方法与社会科学研究》，教育科学出版社 2004 年版。

［14］ 崔允漷：《校本课程开发：理论与实践》，教育科学出版社 2000 年版。

［15］ 崔允漷、朱伟强：《基于标准的课程设计：界定目标》，《外国教育研究》2008 年第 8 期。

［16］ 杜芳芳：《校际互动：学校优质与均衡发展的新思路》，《教育发展研究》2009 年第 24 期。

［17］ 丁金昌：《区域高职院校校际合作模式的探索与实践》，《中国高教研究》2010 年第 1 期。

［18］ 董建明、傅利民、［美］饶培伦、Gavrielsal Vendy：《人机交互：以用户为中心的设计与评估》，清华大学出版社 2007 年版。

［19］ 段鹏：《传播效果研究——起源、发展与应用》，中国传媒大学出版社 2008 年版。

［20］ 杜文超、何秋琳、江丽君：《开启世界课程资源共享的先河——MIT OCW 项目评析》，《现代教育技术》2011 年第 4 期。

［21］ 大卫·西沃特：《远程教育中的学生学习支持服务系统》，上海教育出版社 2000 年版。

［22］ 丁兴富等：《北京市精品课程网上资源运行情况专题调研及主要结论》，《中国大学教学》2006 年第 5 期。

［23］ 丁兴富、王龙：《麻省理工学院开放课件运动述评》，《中国电化教育》2004 年第 10 期。

［24］ 戴学琼：《精品课程资源共建共享研究与实践》，硕士学位论文，湖南大学，2010 年。

［25］ 杜瑛：《我国普通高等学校分类研究》，硕士学位论文，华东师范大学，2004 年。

［26］ 邓忆瑞：《网络环境下信息扩散的动力机制研究》，《情报杂志》2008 年第 4 期。

［27］ ［美］E. 莫洛根：《21 世纪的专业：信息架构学》，詹青龙等译，华东师范大学出版社 2008 年版。

［28］ 付道明：《信息传播学视野下数字化学习的优化策略与效果研究》，博士学位论文，华南师范大学，2009 年。

[29] 弗莱德·穆德：《利用开放教育资源推进终身学习》，《开放教育研究》2007 年第 8 期。

[30] 国家精品课程资源网，http：//news. jingpinke. com/，2012 年 10 月 13 日。

[31] 关力、凯利：《韦纳与归因理论》，《管理现代化》1988 年第 10 期。

[32] 郭立婷、宋彩萍：《关于精品课程建设的研究综述》，《太原大学学报》2007 年第 8 期。

[33] 郭庆光：《传播学教程》，中国人民大学出版社 1999 年版。

[34] 宫淑江、焦建利：《创新推广理论与信息时代教师的信息素养》，《教育发展研究》2002 年第 7 期。

[35] G. 西蒙斯：《网络时代的知识和学习——走向连通》，詹青龙译，华东师范大学出版社 2009 年版。

[36] 《关于促进我国高等教育资源配置与结构优化的提案》，http：// www. mj. org. cn/mjzt/2011nzt/2011nlh/2011lhtafy/201103/t20110303 _ 121504. htm，2012 年 12 月 20 日。

[37] 龚志武：《基于 INTERNET 的远程教育传播模式的特征及优化》，《电化教育研究》2001 年第 4 期。

[38] 黄宝玉、项国雄：《国家精品课程建设现状分析及思考》，《中国高教研究》2007 年第 9 期。

[39] 黄传慧：《开放教育资源整合与共享探索——主要模式、机制与形式探析》，《开放教育研究》2010 年第 2 期。

[40] 黄德群、陈丽亚：《在线教与学多媒体教育资源（MERLOT）项目评析》，《现代教育技术》2011 年第 5 期。

[41] 黄德群、毛发生：《广东高校精品课程网络资源共建共享模式研究》，《中国远程教育》2012 年第 8 期。

[42] 胡来林：《精品资源共享课建设策略研究》，《远程教育杂志》2012 年第 6 期。

[43] 黄立宏、李勇军：《精品课程数字化资源共建共享模式研究及探索》，《现代教育技术》2009 年第 12 期。

[44] 胡钦太：《信息时代的教育传播——范式迁移与理论透析》，科学出版社 2009 年版。

[45] 胡钦太：《论信息时代的教育传播研究范式》，《电化教育研究》

2010 年第 12 期。

［46］黄琼珍、黄颖：《高校网络教育资源共建共享机制探究》，《高教探索》2010 年第 3 期。

［47］黄荣怀等：《网络课程开发指南》，高等教育出版社 2010 年版。

［48］黄荣怀、周跃良、王迎：《混合式学习的理论与实践》，高等教育出版社 2006 年版。

［49］胡小勇：《区域教育信息化可持续发展研究》，北京师范大学出版集团 2011 年版。

［50］胡小勇：《教育信息化进程中区域性优质资源共建共享：理论框架与个案研究》，《电化教育研究》2010 年第 3 期。

［51］胡小勇：《教育信息化政策执行偏差分析与对策研究》，《中国电化教育》2011 年第 5 期。

［52］胡小勇：《区域教育信息化可持续发展研究》，北京师范大学出版社2011 年版。

［53］胡小勇、卞金金：《信息化进程中教育资源配置的区域性差异研究》，《远程教育杂志》2010 年第 6 期。

［54］胡小勇、赖露媚：《区域性教育信息资源均衡发展研究：案例比较与优化策略》，《现代远程教育研究》2010 年第 6 期。

［55］黄新斌：《我国高校精品课程研究的进展》，《当代教育科学》2010年第 17 期。

［56］Jakob Nielsen、Hoa Loranger：《网站优化——通过提高 WEB 可用性构建用户满意的网站》，张亮译，电子工业出版社 2007 年版。

［57］精品课程建设专家谈，http：//www. tech. net. cn/y － jxgg/kcgg/5285. shtml，2003 年 4 月 8 日。

［58］蒋红：《上海开放大学服务学习型城市建设的功能及路径研究》，《开放教育研究》2012 年第 10 期。

［59］焦建利、贾义敏：《国际开放教育资源典型案例研究之反思与展望》，《现代教育技术》2011 年第 12 期。

［60］焦建利、贾义敏：《国际开放教育资源典型案例：一个研究计划》，《现代教育技术》2011 年第 1 期。

［61］加涅、韦杰等：《教学设计原理》，王小明、庞维国等译，华东师范大学出版社 2005 年版。

[62] 景瑞：《网络游戏的传播机制解析及其对网络课程的启示》，《中国教育信息化》2009 年第 1 期。

[63] 江雪双、许晓东：《影响教育资源共享的因素分析》，《教学与管理》2009 年第 9 期。

[64] 教育部学位管理与研究生教育司：《2006—2007 研究生教育创新计划实施报告》，北京理工大学出版社 2008 年版。

[65] 贾义敏：《国际高等教育开放课程的现状、问题与趋势》，《现代远距离教育》2008 年第 1 期。

[66] 吉喆、焦丽珍：《连通开放教育资源——赖斯大学 Connexions 项目评析》，《现代教育技术》2011 年第 2 期。

[67] 金振坤：《论构建远程教育传播的理论体系》，《现代教育技术》2001 年第 2 期。

[68] 金振坤：《从传播学视角看远程教学过程——简析远程开放教育传播模式》，《远程教育杂志》2003 年第 5 期。

[69] 柯和平：《精品课程高效开发模式探索》，《电化教育研究》2008 年第 7 期。

[70] 柯和平、李春林：《基于网格技术的区域性教育资源库共建共享机制研究》，《电化教育研究》2008 年第 1 期。

[71] 克里斯托弗·K. 纳普尔、阿瑟·J. 克罗普利：《高等教育与终身学习》，华东师范大学出版社 2003 年版。

[72] 刘斌：《我国高校体育教育专业技术学科课程建设研究》，博士学位论文，上海体育学院，2009 年。

[73] 刘斌、张文兰、焦伟婷：《传播学视角下移动学习探究——基于要素分析的移动学习过程模型构建与解析》，《现代教育技术》2009 年第 6 期。

[74] 李秉德：《教学论》，人民教育出版社 1991 年版。

[75] L. C. 霍尔特、M. 凯斯尔卡，祝智庭、顾小清、沈书生、刘强编：《教学样式：优化学生学习的策略》，华东师范大学出版社 2008 年版。

[76] 李定仁、段兆兵：《校本课程开发：重建知识伦理》，《教育研究》2004 年第 8 期。

[77] 刘广：《后工业化理论对远程教育传播方式的影响研究》，《教育技

术导刊》2006 年第 5 期。

［78］刘广、郑重：《中国大学精品视频公开课的现状、特点与发展策略》，《现代教育技术》2012 年第 10 期。

［79］刘惠芬：《人际传播与网络交互性对教学的影响——再论数字媒体基础网络课程个案》，《现代远程教育研究》2003 年第 2 期。

［80］李海花、周元春：《美国麻省理工学院网络课件开放工程的启示》，《中国远程教育》2003 年第 5 期。

［81］刘海龙：《大众传播理论：范式与流派》，中国人民大学出版社 2008 年版。

［82］刘红霞：《我国公益性信息资源开发利用的发展现状与业务模式》，《图书馆情报工作》2011 年第 5 期。

［83］刘金梅：《开放教育资源运动视角下对中国大学视频公开课的评述》，《长春理工大学学报》2012 年第 12 期。

［84］李菊英：《教育资源对高校精品课程建设的支撑与推动作用》，《大学教育科学》2008 年第 3 期。

［85］李克东：《教育技术学研究方法》，北京师范大学出版社 2003 年版。

［86］刘莉：《开放教育资源运动：焦点与轨迹——2008 开放教育国际会议的几点启示》，《中国远程教育》2008 年第 6 期。

［87］刘良初：《课堂传播效果：研究的维度与理论的构建》，博士学位论文，湖南师范大学，2007 年。

［88］梁林梅、桑新民：《国家精品课程创新推广特性及策略研究》，《开放教育研究》2011 年第 4 期。

［89］柳礼泉、陈宇翔：《精品课程建设与一流教师队伍培养》，《高等教育研究》2007 年第 3 期。

［90］李敏：《创新扩散理论框架下的精品课程共建与共享》，《现代教育管理》2011 年第 8 期。

［91］刘名卓：《网络课程的可用性研究》，博士学位论文，华东师范大学，2009 年。

［92］李庆林：《从传播学的分类看传播学的研究重点》，《国际新闻界》2008 年第 3 期。

［93］李庆英：《高等学校精品课程的有效传播分析》，《新闻界》2012 年第 9 期。

［94］李蓉、李广建：《公益性信息服务的内涵与外延探究》，《情报杂志》2007 年第 11 期。

［95］罗尧成、姚俭：《优质资源共享与研究生教育强国路径选择》，《高校教育管理》2011 年第 5 期。

［96］兰维、张景斌：《义务教育均衡发展目标与学校发展模式的选择》，《教育研究》2002 年第 2 期。

［97］刘晓斌：《创新推广理论——教育技术学与传播学的新结合点》，《现代教育技术》2003 年第 2 期。

［98］刘晓林：《高校数字教学资源共享模式研究》，硕士学位论文，江苏师范大学，2011 年。

［99］廖小明、姚元军：《高校精品课程资源共享的社会效应及其阻塞机制分析》，《西南农业大学学报》（社会科学版）2011 年第 5 期。

［100］李小刚、马德俊：《我国大学视频公开课建设中的问题及其对策》，《现代教育技术》2012 年第 7 期。

［101］刘艳：《论网络课程的传播策略》，《中国电化教育》2002 年第 10 期。

［102］龙怡、盛宇、吴英、郭金兰：《国家精品课程资源网络化信息共享机制研究》，《情报科学》2009 年第 5 期。

［103］吕永峰：《远程教育传播过程中的互动研究》，《软件导刊·教育技术》2011 年第 5 期。

［104］李运林、曾艳：《教育传播理论是教育技术的基本理论》，《电化教育研究》2006 年第 1 期。

［105］李彦敏、周跃良：《基于开放课程构建校际协作学习新模式》，《中国电化教育》2012 年第 4 期。

［106］李亚婉：《世界开放教育资源运动与中国开放大学建设》，《现代远距离教育》2011 年第 2 期。

［107］马红亮、Li Yuan、Stephen Powell、傅钢善：《引入国外开放课程构建网络学习新模式》，《电化教育研究》2011 年第 9 期。

［108］［英］马克斯·H. 博伊索特：《知识资产：在信息经济中赢得优势》，张群群、陈北译，上海人民出版社 2005 年版。

［109］马志强：《问题解决在线学习活动设计》，博士学位论文，西北师范大学，2012 年。

［110］南国农：《发展现代远程教育：中国之路》，《中国远程教育》2005
年第 2 期。

［111］南国农：《我国教育信息化发展的新阶段、新使命》，《电化教育研
究》2011 年第 12 期。

［112］南国农、李运林：《教育传播学》第 2 版，高等教育出版社 2005
年版。

［113］南宏师、张浩编：《网络传播学》，国防工业出版社 2008 年版。

［114］欧阳汝梅：《影响国家精品课程传播效果的因素分析》，《中国教育
技术装备》2011 年第 15 期。

［115］彭兰：《网络传播学》，高等教育出版社 2009 年版。

［116］邱婧玲：《教师教育技术能力发展的差异性研究》，博士学位论文，
西北师范大学，2011 年。

［117］邱林：《医学类国家精品课程网上资源建设及应用状况调查研究》，
硕士学位论文，中南大学，2009 年。

［118］秦丽娟：《国家精品课程推广模式研究》，《中国电化教育》2009
年第 3 期。

［119］秦文生等：《集群架构在精品课程传播模式中的应用》，《计算机技
术与发展》2008 年第 10 期。

［120］秦炜炜、焦建利：《国家精品课程评价研究之内容分析》，《中国电
化教育》2009 年第 9 期。

［121］任英杰、徐晓东：《校际协作联盟：面向教育均衡发展的价值思考
与构想》，《远程教育杂志》2011 年第 3 期。

［122］任为民：《网络精品课程建设的标准要求与开发策略》，《现代远程
教育研究》2009 年第 4 期。

［123］任友群：《大学的开源何以可能》，《中国教育信息化》2009 年第
13 期。

［124］［美］赛弗林·斯坦德：《传播学的起源、研究与应用》，陈韵昭
等译，福建人民出版社 1985 年版。

［125］尚红云：《因子分析法在 SPSS 教学实践中应强调的几个问题》，
《统计与咨询》2008 年第 5 期。

［126］董景荣：《技术创新扩散的理论、方法与实践》，科学出版社 2009
年版。

［127］［英］斯各特·拉什：《信息批判》，杨德睿译，北京大学出版社2009年版。

［128］沙莲香：《传播学》，中国人民大学出版社1990年版。

［129］沈丽燕、赵爱军、董榕：《从精品课程到精品视频公开课的发展看中国开放教育新阶段》，《现代教育技术》2012年第11期。

［130］邵培仁：《传播学》，高等教育出版社2008年版。

［131］孙伟：《精品课程建设的最终目的：实现优质教学资源最广泛的共享》，《中国教育信息化》2008年第13期。

［132］苏小兵、祝智庭：《数字化教学资源的需求和供给模式研究——公共产品的视角》，《中国电化教育》2012年第8期。

［133］沈逸：《论远程教育信息传播过程及其优化设计》，《现代教育技术》2001年第4期。

［134］沈涌：《数字信息资源整合策略与服务共享模式研究》，博士学位论文，吉林大学，2009年。

［135］石中军：《体育类精品视频公开课制作策略研究》，《中国现代教育装备》2012年第11期。

［136］谭凤：《MIT OCW的成功之道对我国精品课程建设的启示》，《比较教育研究》2008年第2期。

［137］唐剑岚、周莹：《认知负荷理论及其研究的进展与思考》，《广西师范大学学报》（哲学社会科学版）2008年第2期。

［138］滕琴、刘传先：《校际间实验教学资源共享的实践与思考》，《实验室研究与探索》2008年第2期。

［139］唐燕儿、刘召山：《MIT OCW项目和国家精品课程建设理念与运行机制比较》，《现代远程教育研究》2011年第3期。

［140］汤益芳：《麻省理工学院网络课件开放工程评析》，《中小学电教》2005年第2期。

［141］唐知涵：《中外开放教育资源建设比较研究》，硕士学位论文，华中科技大学，2009年。

［142］王爱华、汪琼：《精品课程与国外开放课程共享利用的对比研究》，《中国远程教育》2010年第6期。

［143］王斌：《开放型网络课程资源建设比较研究》，硕士学位论文，湖南师范大学，2007年。

［144］［美］威尔伯·施拉姆、威廉·波特：《传播学概论》，新华出版社 1984 年版。

［145］［法］吴尔敦：《信息不等于传播》，宋嘉宁译，中国传媒大学出版社 2012 年版。

［146］Werner J. Severin、James W. Tankard、Jr.：《传播理论：起源、方法与应用》，郭镇之等译，华夏出版社 2000 年版。

［147］王帆：《教育技术学视野中的媒介素养教育研究》，中国社会科学出版社 2011 年版。

［148］武法提：《网络课程的设计与开发》，高等教育出版社 2007 年版。

［149］武法提：《目标导向的网络课程设计》，中国广播电视大学出版社 2009 年版。

［150］武法提编译：《国外网络教育研究和发展》，北京师范大学出版社 2003 年版。

［151］《我国教育信息化建设与应用现状调研与战略研究报告》，高等教育出版社 2010 年版。

［152］《文化建设是国家软实力提升的核心》，http：//www. china value. net/Story/52974. aspx，2010 年 1 月 10 日。

［153］William J. Rothwell、H. C. Kazanas：《掌握教学设计流程》，李洁、李元明译，北京大学出版社 2007 年版。

［154］王嘉毅：《课程与教学设计》，高等教育出版社 2007 年版。

［155］王娟：《信息传播视角下我国高校精品视频公开课建设现状的调查研究》，《电化教育研究》2012 年第 12 期。

［156］王娟、孔亮：《教育技术学专业精品课程建设现状及影响因素分析》，《中国电化教育》2012 年第 9 期。

［157］吴开亮：《关于高师院校课程群建设的探讨》，《江苏高教》1999 年第 6 期。

［158］韦克难：《现代管理心理学》，四川人民出版社 2006 年版。

［159］王龙：《中国高等教育精品课程资源共建共享的现状、问题、对策与相关分析》，博士学位论文，首都师范大学，2008 年。

［160］王龙：《回顾与展望：开放教育资源的七年之痒》，《开放教育研究》2009 年第 4 期。

［161］王龙、王娟：《麻省理工学院开放课件项目经验评述》，《开放教育

研究》2005 年第 8 期。

[162] 王龙:《开放教育资源可持续发展能力建设的再思考——美国犹他州立大学开放课件项目关闭的警示》,《现代远程教育研究》2010 年第 1 期。

[163] 王龙、丁兴富:《开放课件运动的国际拓展》,《中国远程教育》2006 年第 8 期。

[164] 王龙:《麻省理工学院开放课件项目执行报告概要及评述》,《中国远程教育》2005 年第 8 期。

[165] 王龙:《发展、应用、合作和可持续性——2008 开放教育国际会议解读》,《中国远程教育》2008 年第 6 期。

[166] 王琳、栾开政、张会杰:《MIT 开放课程的评价及对我国精品课程建设的启示》,《现代远距离教育》2007 年第 5 期。

[167] 王龙、周效凰:《中国精品课程建设的实践模式研究》,《现代远程教育研究》2010 年第 4 期。

[168] 文宁:《精品课程资源共享中的版权保护机制》,《现代教育技术》2010 年第 5 期。

[169] 王朋娇、田金玲、姜强:《高校精品视频公开课建设的问题及对策研究》,《中国电化教育》2012 年第 11 期。

[170] 魏奇等:《教育传播学》,江西教育出版社 1992 年版。

[171] 吴启迪:《千门精品课程上网络,打造高教新质量》,《人民日报》(海外版)2004 年 2 月 24 日。

[172] 王卫军:《农村中小学现代远程教育的传播模式分析》,《教育信息化》2007 年第 6 期。

[173] 王铟:《远程教育传播中的信息与符号研究》,《现代教育技术》2003 年第 5 期。

[174] 王永锋、张少刚:《开放大学国际化的理论与路径研究》,《现代远距离教育》2012 年第 5 期。

[175] 王佑镁:《国家精品课程网络资源的教学可用性研究》,《远程教育杂志》2010 年第 4 期。

[176] 王佑镁:《高校精品课程网络资源教学有效性的调查研究》,《开放教育研究》2010 年第 5 期。

[177] 王佑镁:《CMC 传播机制中的网络课程系统设计简析》,《远程教

育杂志》2004 年第 3 期。

[178] 王佑镁：《高校精品课程网络资源教学有效性的缺失与对策》，《中国电化教育》2010 年第 8 期。

[179] 王佑镁、祝智庭：《从联结主义到联通主义：学习理论的新取向》，《中国电化教育》2006 年第 3 期。

[180] 王芳亮：《高校精品课程后续建设存在的问题及对策》，《现代教育科学》2011 年第 1 期。

[181] 王运武：《基于协同理论的数字校园建设的协同机制研究》，博士学位论文，北京师范大学，2011 年。

[182] 翁朱华：《开放教育资源：实现全民教育的有效手段——2007 国际开放与远程教育理事会常设校长会议综述》，《开放教育研究》2007 年第 8 期。

[183] 王中义等：《网络传播原理与实践》，中国科学技术大学出版社 2001 年版。

[184] 王珠珠：《架起从理论走向现实的桥梁》，《中国教育报》2008 年 11 月 10 日。

[185] 熊才平、何向阳、吴瑞华：《论信息技术对教育发展的革命性影响》，《教育研究》2012 年第 6 期。

[186] 谢彩云、赵英、李华锋：《高校精品课程网站建设阻碍因素与有效传播策略》，《现代远程教育研究》2012 年第 6 期。

[187]《新的里程 新的起点——大学视频公开课上线课程超百门》，http：//www. icourses. edu. cn/news/details？uuid＝8408851b－13a1－1000－8255－95552996d3e1&objectId＝oid：8409432 4－13a1－1000－8290－95552996d3e1，2012 年 11 月 12 日。

[188] 徐恩芹、张景生、任立春：《基于技术接受模型的精品课程推广应用研究》，《中国电化教育》2011 年第 3 期。

[189] 徐辉、王正青：《大学—产业—政府的三重螺旋：内涵、层次与大学的变革》，《西南大学学报》（社会科学版）2007 年第 9 期。

[190] 许洁英：《国家课程、地方课程与校本课程含义、目的和地位》，《教育研究》2005 年第 8 期。

[191] 肖美丹：《知识资产与企业绩效关系实证研究》，中国农业出版社 2009 年版。

[192] 徐楠：《远程教育传播的传受双方研究》，《现代教育技术》2003
年第 2 期。

[193] 薛琴：《整合与共享：西部经济欠发达地区远程教育资源优化的实
现路径》，《甘肃广播电视大学学报》2010 年第 12 期。

[194] ［美］宣韦伯：《传播学概论》，余也鲁述译，海天书楼 1983 年版。

[195] 许晓东、陈国松：《基于辅修专业的国家精品课程共享模式构建》，
《中国电化教育》2009 年第 9 期。

[196] 谢一风：《高职高专国家精品课程建设比较分析与对策建议》，《中
国高教研究》2008 年第 9 期。

[197] 谢幼如、尹睿：《网络教学设计与评价》，北京师范大学出版集团
2010 年版。

[198] 谢振平、刘渊：《网络传播范式下的网站建设课程教学》，《软件导
刊》（教育技术）2009 年第 12 期。

[199] 叶冬连、焦建利：《国外开放教育资源的比较及启示》，《中国电化
教育》2010 年第 10 期。

[200] 袁方、林彬：《社会调查原理与方法》，高等教育出版社 1990
年版。

[201] 杨凤英：《教育产品的属性与政府职能的调整》，《教育学报》2006
年第 2 期。

[202] 杨改学、俞树煜：《现代远程教育传播模式的选择与评价》，《电化
教育研究》2004 年第 3 期。

[203] ［美］约翰·费克斯：《关键概念——传播与文化词典》，李彬译，
新华出版社 2004 年版。

[204] 杨红霞：《高等学校的分类分层发展——通向高质量高等教育的重
要路径》，《中国高等教育评估》2008 年第 3 期。

[205] 杨竣辉、吴阔华：《高校精品课程资源共享模式的研究与实践》，
《江西理工大学学报》2011 年第 4 期。

[206] 杨进中、张剑平：《国外开放课程平台及课程开发模式研究》，《中
国电化教育》2012 年第 4 期。

[207] 杨开城：《以学习活动为中心的教学设计理论——教学设计理论的
新探》，电子工业出版社 2005 年版。

[208] 亚克·德洛尔：《教育财富蕴藏其中（国际 21 世纪教育委员会向

联合国教科文组织提交的报告)》，北京教育科学出版社 1996
年版。

[209] 袁磊、何克抗：《认知负载理论及其在 E – Learning 中的应用》，
《现代远距离教育》2006 年第 5 期。

[210] 余利花等：《浅析视觉文化传播在网络课程设计中的运用》，《新课
程研究》2009 年第 9 期。

[211] 严三九：《网络传播概论》，化学工业出版社 2012 年版。

[212] 晏兴兵：《区域优质教育资源整合的实践模式研究》，硕士学位论
文，四川师范大学，2010 年。

[213] 俞树煜：《西部地区中小学现代远程教育资源研究》，博士学位论
文，西北师范大学，2007 年。

[214] 余鋆、董文瑾：《影响高校精品课程建设的因素探究》，《计算机与
信息技术》2011 年第 12 期。

[215] 杨豫晖：《数学教师教学决策研究——基于小学高年级教师的个案
研究》，博士学位论文，西南大学，2009 年。

[216] 袁昱明、施建华：《网络教育资源平台的理念、原理与技术》，科
学出版社 2010 年版。

[217] 袁志秀：《基于生态学的信息传播模式》，《情报杂志》2005 年第
3 期。

[218] 周超：《课程评价理论在国家精品课程中的应用研究》，博士学位
论文，西北大学，2007 年。

[219] 赵国栋、姜中皎：《高校开放教育资源建设模式与发展趋势》，《北
京大学教育评论》2009 年第 7 期。

[220] 张国良：《20 世纪传播学经典文本》，复旦大学出版社 2003 年版。

[221] 张国良：《传播学原理》，复旦大学出版社 2009 年版。

[222] 赵国庆、马超：《基于数字化学习资源的教师校本学习模式研究》，
《软件导刊》（教育技术）2009 年第 1 期。

[223] 张合斌：《新媒体传播视阈下高校精品课程建设探究》，《新闻界》
2011 年第 5 期。

[224] 张虹波、李玉顺：《教育资源共享环境及共享机制建设发展现状研
究》，《中国电化教育》2009 年第 11 期。

[225] 詹泽慧、梅虎、詹涵舒、陈亚芝：《中、英、美开放课程资源质量

现状比较研究》，《比较教育研究》2010 年第 1 期。

［226］郑家茂：《"课程"与"精品的课程"："精品课程"解读》，《国家教育行政学院学报》2005 年第 5 期。

［227］朱建平、殷瑞飞：《SPSS 在统计分析中的应用》，清华大学出版社 2007 年版。

［228］张静然：《教育资源建设与共享座谈会综述》，《中国电化教育》2011 年第 10 期。

［229］张克：《体态语与教育传播》，华中师范大学出版社 2010 年版。

［230］张凯、陈艳华：《高校精品课程优质资源使用的障碍因素分析》，《教学研究》2012 年第 1 期。

［231］赵明仁：《教学反思与教师专业发展——新课程改革中的个案研究》，北京师范大学出版社 2009 年版。

［232］周婷、叶静：《现代网络媒介的知识传播》，《传媒 e 时代》2012 年第 6 期。

［233］张秀梅：《精品课程评审指标体系分析》，《中国电化教育》2012 年第 10 期。

［234］张屹、黄磊：《教育技术学研究方法》，北京大学出版社 2010 年版。

［235］张一春：《网络精品课程设计》，南京师范大学出版社 2008 年版。

［236］张一春：《Web2.0 时代信息化教学资源建设的路径与发展理念》，《现代远程教育研究》2012 年第 1 期。

［237］张玉柯、梅玉明：《以质量为核心大力开展精品课程建设》，《中国大学教学》2004 年第 9 期。

［238］张胤、郑家茂：《实施精品建设工程——优化课程教学资源》，《高等理科教育》2005 年第 6 期。

［239］周远清：《精品课程教材建设是教学改革和教学创新的重大举措》，《中国高教研究》2003 年第 1 期。

［240］祝智庭、余平：《OER 典型项目的剖析研究》，《电化教育研究》2009 年第 10 期。

［241］祝智庭：《资源应用平台设计方案》2007 年 3 月 21 日。

［242］祝智庭、刘名卓：《精品资源共享课研发方案》2011 年。

［243］周子游：《国家级精品课程网络共享研究》，硕士学位论文，沈阳

师范大学, 2012 年。

二 英文文献

[1] Albright, P., Final Forum Report, UNESCO International Institute for Educational Planning, Internet Discussion Forum on Open Educational Resources, 2005.

[2] Baumgartner, P., Naust, V., Canals, A. et al., Open Educational Practices and Resources: OLCOS Roadmap 2012, http://www.olcos.org/cms/upload/docs/olcos_roadmap.pdf, 2012 – 09 – 30.

[3] China Open Resources for Education, http://www core. org. Cn., 2012 – 05 –30.

[4] Communication, http://mitocw. udsm. ac. tz/OcwWeb/HowTo/Communication. htm/, 2009 –02 –23.

[5] Dickinson, Emily, The Complete Poems of Emily Dickinson ed. Thomas H. Johnson, Boston: Little, Brown, 1960.

[6] Downes, S., Models for Sustainable Open Educational Resources, Interdisciplinary Journal of Knowledge and Learning Objects, March 2007, pp. 29 – 44.

[7] Editorial Open Educational Resources: Reviewing Initiatives and Issues, Open Learning, Feb. 2009, pp. 3 – 10.

[8] George Simens, Connectivism: A Learning Theory for the Digital Age, Instructional technology & distance learning, Vol. 2, No. 1, 2005, pp. 3 – 10.

[9] Harasim, L. et al., *Learning Networks*, London: The MIT Press, 2002.

[10] Henry Etzkowitz, Loet Leydesdorff, The Dynamics of Innovation: from National Systems and "Mode2" to A Triple Helix of University – in – dustry – Government Relations, Research Policy, No. 29, 2000, pp. 109 – 123.

[11] History of OCW (MIT & JOCW), http://www. jocw. jp/OCWHistory. htm, 2007 – 3 – 10.

[12] John Daniel et al., E – Learning and Free Open Source Software: the Key to Global Mass Higher Education, http://www. col. org/speeches/JD_ 0601eLearningKualaLumpur. htm, 2006 – 08 – 30.

[13] Johnstone, S., Open Educational Resources and Open Content, Back-

ground Note, UNESCO International Institute for Educational Planning, Internet Discussion Forum on Open Educational Resources, 2004.

[14] Joyce, A., OECD Study of OER: Forum Report, UNESCO International Institute for Educational Planning, Internet Discussion Forum on Open Educational Resources, Findings from an OECD Study, 2006.

[15] Lavie, N., Cox, S., On the Efficiency of Visual Selective Attention: Efficient Visual Search Leads to Inefficient Distractor Rejection, *Psychological Science*, Vol. 8, No. 5, 1997, pp. 395 – 398.

[16] Lavie, N., Hirst, A., Fockert, J. W. et al., Load Theory of Selective Attention and Cognitive Control, *Journal of Experimental Psychology*, Vol. 133, No. 3, 2004, pp. 339 – 354.

[17] Li Yuan, S. M. W. K., Open Educational Resources—Opportunities and Challenges for Higher Education, JISC CETIS, 2008.

[18] MIT Open Course Ware, 2005 Program Evaluation Findings Report, http://ocw.mit.edu/ans7870/global/05_Prog_Eval_Report_Final.pdf., 2012 – 12 – 20.

[19] MIT Open Course Ware, http://ocw.mit.edu/about/site – statistics/, 2008 – 04 – 01.

[20] MIT Open Courseware Evaluation Report, http://ocw.mit.edu/ans7870/global/05_Prog_Eval_Report_Final.pdf/2009 – 08 – 25.

[21] MIT Reports to the President 2002 – 2003, http://web.mit.edu/annualreports/pres03/02.08.html, 2013 – 02 – 01.

[22] M. S. Vijay Kumar, Open Educational Resources in India's National Development, Open Learning, Feb. 2009, pp. 77 – 84

[23] OCW Consortium, http://www.ocwconsortium.org., 2012 – 10 – 11.

[24] OCW site get over 13 million hits, http://web.mit.edu/annualreports/pres03/02.08.html, 2013 – 03 – 09.

[25] OECD, Giving Knowledge for Free: the Emergence of Open Educational Resources, 2007.

[26] Paas, F., Alexander Renkl and Sweller, J., Cognitive Load Theory and Instructional Design: Recent Developments, *Educational Psychology*, Vol. 38, No. 1, 2003, pp. 1 – 4.

[27] Paris Tech Graduate School, http: //graduate – school. pari – stech. org/, 2007 – 10 – 14.

[28] Robert Schuwer, Fred Mulder, Open ER, a Dutch initiative in Open Educational Resources, Open Learning, Feb. 2009, pp. 67 – 76.

[29] Sweller, J. , Cognitive Load during Problem Solving: Effects on Learning, Cognitive Science, No. 12, 1988, pp. 257 – 285.

[30] Sweller, J. , Van Merrienboer, Paas F. , Cognitive architecture and instructional design, *Educational Psychology Review*, Vol. 10, No. 3, 1998, pp. 251 – 296.

[31] Sinan Sinanovic, Don H. Johnson, Toward a Theory of Information Processing, Signal Processing, Vol. 87, No. 6, 2007, pp. 1326 – 1344.

[32] Surry, Daniel W. , Diffusion Theory and Instructional Technology, [EB/ OL], http: //www. gsu. edu/ ~ wwwitr/docs/diffusion/, 2011 – 11 – 20.

[33] Tom Caswell, Shelley Hensen, Martion Jensen, David Wiley, Educational Resources: Enabling Universal Education, Intennational Review of Researchon Open and Distance Learning, Sep. , 2008.

[34] Tuomi, I. , Open Educational Resources: What they are and why do they Matter, OECD, 2006.

[35] Unesco, Forum on the Impact of Open Courseware for Higher Education in Developing Countries, Final Report, UNESCO IIEP, 2002.

[36] UNESCO (2005), Forum on Open Educational Resources for higher Education, http: //www. unesco. org/iiep/virtualuniversity/forumsfiche. php? queryforumspages – id = 23, 2006 – 11 – 20.

[37] Van Merrienboer, J. J. G. , Sweller, J. , Cognitive Load Theory and Complex Learning: Recent Developments and Future Directions, *Educational Psychology Review*, Vol. 17, No. 2, 2005, pp. 147 – 177.

[38] www. irrodlorg/index. php/irrodl/aticle/469/1001, 2011 – 09 – 10.

后　记

本书是我博士论文的延伸，书稿从构思、写作到最终定稿出版，经历了四年时间，我也尽了自己的最大所能。但思维训练及科研素养的培养是一个艰苦漫长的过程，由于才疏学浅，文中定存有诸多纰漏和瑕疵。恩请各位读者批评指正。

回想而立之年破釜沉舟的考博决定，到有幸成为南国农先生与杨改学教授的弟子，聆听先生的教诲、感受先生关于"做人"、"做事"、"做学"的三种境界，是我一生最大的幸事！导师杨改学教授平易近人、对工作精益求精，数十年关注西部民族基础教育信息化，多次带我们接触基础教育实践，使我不仅学业有所成就，更谙熟做人之道，这将惠及学生终生！

读博期间，我有幸得到西北师范大学国内访学项目的资助进入华东师范大学研修，并得到我国教育信息化领域著名专家祝智庭教授的悉心指导。祝老师治学严谨，幽默风趣、多次不辞劳苦与我讨论研究思路，为我组织专题学术汇报。作为我学术成长的引路人，祝老师的国际化视野、学术敏锐性、开明与人文关怀，将是我今生学习、工作与生活享用不尽的财富！此外，网络教育学院的刘名卓博士也对我的论文提供了诸多建设性意见，我的论文也闪烁着她的智慧光芒；同时闫寒冰院长、吴永和、赵娜、杜龙飞、贺斌、王觅、魏非、许哲、许亚锋等老师、同学也多次与我讨论研究思路，在这里一并表示感谢。

感谢西北师范大学教育技术学院郭绍青教授、杨晓宏教授、李建珍教授、俞树煜教授、郭炯教授、王学翠等领导、老师在读博期间的支持与帮助。

感谢读博期间同行的王妍莉、杨彦军、王永军、李孔文、张胜武、崔向平、张炳林、马志强、施应龙等博士，难忘西北师范大学相处的日子，难忘一同走过的美好岁月！

感谢杨卉、李玉斌、邱婧玲、胡晓玲、李鸿科等博士对论文收集数据过程中给予的支持和帮助，感谢付道明博士后对书稿初稿完成后给予的修改意见。

感谢华南师范大学的谢幼如教授，华中师范大学的赵呈领教授，浙江大学的张际平教授，华东师范大学的任友群教授、吴刚教授、张剑平教授，首都师范大学的王陆教授、河南大学的汪基德教授、江苏师范大学的陈琳教授、杨成教授对书稿撰写中提供的指导及专家调研。

感谢家人对我工作学习的支持，使我可以全身心地投入到书稿写作中。

感谢江苏师范大学的蔡国春教授、陈琳教授、贾林祥教授、汪颖教授、马德俊教授、杨成教授、王运武博士等领导、老师对我的帮助和关心。

感谢江苏师范大学的领导所创立的宽松活跃的学术环境，这是本书完成的有力支撑。感谢任平校长在百忙之中为本书写序，感谢校社科处张文德处长对本书修改和出版的关心和支持，衷心感谢江苏师范大学哲学社会科学优秀学术著作出版基金的资助。

中国社会科学出版社对本书的出版给予了大力支持，编辑为本书的出版花费了大量精力，在此向他们表示深深的谢意。

王　娟

2015 年 2 月 6 日